Archiv für juristische Methodenlehre

法学方法论论丛

第三卷

舒国滢◎主编

中国法制出版社
CHINA LEGAL PUBLISHING HOUSE

卷首语

寻找方法论之争的边界

——一般理论与具体问题

近年来法学方法的问题一直是国内学界关注的热点。这其实并不是一个新问题，在欧美学界，法学方法的问题自二十世纪六七十年代就已集中呈现，直到今天依然占据法学研究的重要一隅。而国内学者则在经历了不可避免的早期简单模仿和粗糙吞咽之后，开始了更为系统的自我反思与理论深化。去年的教义法学与社科法学之争未免不是这种由方法而至方法论之趋向的一个标志。

毫无疑问，方法论的觉醒是中国法学发展的必然一步。随着中国法治建设的重心从立法转移到司法，在宪法、刑法、民法等部门法领域，越来越多的学者开始意识到教义学研究的重要性，很大程度上也支援了规范法理论和法学方法论的研究。如果我们不想让方法论上的论争陷入大而无当的各说各话的话，那么就要一方面从一般理论上对于各自研究进路的方法和立场进行更为清晰的界定，这不仅包括哲学的思辨还有赖于思想史的考察；另一方面，更需要的则是从一般理论下沉到具体问题的研究，这一层面的研究更多的是建立在部门法疑难问题和法律实践具体个案的分析之上的。

作为近来国内学界较早引入法律论证理论并着重于方法论研究的学者，我从来没有反对过运用社会学、经济学等其他社会科学方法对法律进行研究的重要性，也没有主张过法社会学、法经济学等交叉学科在法学教育和法学研究中就必然处于边缘状态。所要强调的是，这些都是有关法律（about law）的研究，是“法学外的法学”，而不是法律本身（of law）的研究，即“法学内的法学”。如果我们不想让自己的判断和想象完全流于无效，那么我们就必须用所谓理性、冷静、刚性的“法言法语”包裹起这种判断和想象，按照“法律共同体”之专业技术的要求，来逻辑地表达为法律共同体甚或整个社会均予认可的意见和问题解决的办法（“从方法论看抽象法学理论的发展”，《浙江社会科学》2004 年第 5 期）。如果我们不想让自己的思维浮离于法律实践之外，就必须将根基建立在现行法秩序之上。

新一卷的《论丛》依旧推出了一个重要的译文专题：法律中的可废止性。这一问题是近来法理论研究的一个重要课题，不仅关涉法律逻辑和法律论证的非单调性问题，也涉及法律规范的结构以及法体系的性质等法哲学问题，一时吸引了许多法学家的目光。本卷推出了由宋旭光和王志勇两位博士分别翻译的四篇代表性论文，力图清晰地呈现这一课题当前的讨论状态。亚普·哈格系荷兰中青年法学家的代表，早前专注于法律逻辑研究，近来更加倾向于法哲学分析，得益于其深厚的逻辑分析功底，他的《法律与可废止性》系统性地分析了可废止性的基本类型及其与法律论证的关系，成为我们认识这一问题最为重要的理论地图。阿伦德·舒特曼是另一位专注于法律逻辑和规范逻辑的荷兰法学家，他的文章专门论述了法律论证的可废止性是否需要一种专门的法律逻辑来处理的问题，并且给出了一个与哈格不一样的答案。作为德国年轻法学家的代表，卡斯滕·贝克尔的《规则、原则与可废止性》在阿列克西原则理论的基础之上，提出了可废止性作为区分原则与规则之标准的观点，成为从规范结构研究可废止性问题的代表作品。美国法学家弗里德里克·肖尔则从哲学的角度论证了将法律规则假设为可废止的是如何部分令人困惑、部分冗余和部分错误的，其背后当然暗含了他一贯的形式主义立场。

其他一些文章同样值得期待。付子醒的文章从罗马法律技术的革新以及罗马法学家对法学学科性质的认识两个面向分析了斯多葛辩证法对罗马法的影响，可能是中文世界首次对于这一问题进行系统阐述；由刘巧巧和王彬合作翻译的菲特丽丝的《不可接受结果之论证与法律的合理适用》从阿姆斯特丹论辩学派所主张的语用——辩证的视角分析和重构了诉诸合理性的不可接受结果之论证，让我们对于这一论证类型有了更为清晰的认识；马驰的论文面对的是一个经久不衰的问题："什么是法律规范"，他以约翰·塞尔理论为基础，从哲学的角度，将法律规范的本体论基础定位于某种特殊的制度性事实；霍菲尔德对于权利等基本法律概念的分析深刻地影响了西方法哲学的发展，张书友将霍氏的理论与当代分析哲学的发展相结合，系统论述了"授权性规则"的问题，赋予了其新的意义；所谓"有所为，有所不为"，白斌的文章坦诚面对了宪法教义学的有限性，正是以这种界限的存在为基础，宪法教义学的功能才能得到更有力的捍卫；石东洋法官的论文是一篇难得的理论结合实践的论文，他以张甲诉李乙离婚纠纷案的分析为基础，将法律续造的程式建构问题以一种更接地气的方式呈现出来；王春穗的研究同样是立基于个案分析，他将莱考夫和约翰逊提出的概念隐喻理论用于官方话语体系的分析，试图找出其修辞失效的法律原因；孙海波则以经验主义为视角，着重关注了指导性案例被滥用的种种可能情形，并以此提出了指导性案例的规范性使用的问题。

岁月如白驹过隙，未曾弹指，《法学方法论论丛》就已经三岁了。三年里，虽难言暴风骤雨，却也依旧筚路蓝缕；三载间，虽不说停辛贮苦，却也有过手足无措。也有憧憬，也曾彷徨。事非经过不知难，在此仍应感谢各位编辑的“不辞劳苦”和诸多作者的“不吝赐稿”。当然，力有不逮，错漏之处难免，最应该感谢的是读者的“多多包涵”。你们是大时代中这本小刊物能够继续存留下去的理由，更是赋予它生命力的源泉。

舒国滢

2015年6月18日

目　录

卷首语

寻找方法论之争的边界
——一般理论与具体问题…………………………………………………… 舒国滢 / 3

专题：法律中的可废止性

法律与可废止性 ……………………………………… ［荷］亚普·哈格（宋旭光译）/ 7

法律论证的可废止性需要特殊的法律逻辑吗?
………………………………………………… ［荷］阿伦德·舒特曼（宋旭光译）/ 29

规则、原则与可废止性
……………………………… ［德］卡斯滕·贝克尔（宋旭光译、雷磊校）/ 44

论法律规则被假设的可废止性
………………………… ［美］弗里德里克·肖尔（王志勇译、宋旭光校）/ 58

论　文

斯多葛辩证法及其对罗马法的影响
…………………………………………………………………………… 付子醒 / 77

不可接受结果之论证与法律的合理适用
………………………… ［荷］伊芙琳·T. 菲特丽丝（刘巧巧、王彬译）/ 104

什么是法律规范？
——一个本体论视角的追问…………………………………… 马　驰 / 124
霍菲尔德与授权性规则…………………………………………… 张书友 / 142
宪法教义学的功能与界限………………………………………… 白　斌 / 163

评　论

法律续造的程式建构
——以张甲诉李乙离婚纠纷案为中心……………………… 石东洋 / 183
官方话语体系修辞失效的法律原因探析
——以陈永洲事件为例……………………………………… 王春穗 / 197
“诠释学循环”
————概念、类型及运用…………………………………… 陈　雨 / 209

案例指导与指导案例

论指导性案例的使用与滥用
——一种经验主义视角的考察……………………………… 孙海波 / 223

《法学方法论论丛（第二卷）》勘误……………………………………… / 242

专题：法律中的可废止性

编者按：

近年来，可废止性（Defeasibility）逐渐成为国际法理论学界的热点话题。一方面，已有多次会议聚焦这一问题。例如，2008年3月，英国牛津大学奥里尔学院“法律可废止性”会议（论文集：*The Logic of Legal Requirements*，Oxford 2012）；2010年9月，德国法兰克福大学“伦理学、认识论、法律与逻辑的可废止性”研讨会（论文集：*Defeasibility in Philosophy*，Rodopi 2013）；2015年3月，法兰克福大学又召开了“法律中的可废止性”研讨会，与会学者包括克劳斯·京特（Klaus Günther）、乔纳森·丹西（Jonathan Dancy）、安德列亚斯·穆勒（Andreas Müller）、迈克尔·德·阿劳霍·库尔特（Michel de Araujo Kurth）、露丝·昌（Ruth Chang）、瑟·胡安·莫雷索（Josep Juan Moreso）、苏珊娜·曼特尔（Susanne Mantel）、马蒂亚斯·克拉特（Matthias Klatt）、卡斯滕·贝克尔（Carsten Bäcker）、安德鲁·马默（Andrei Marmor）等诸多大家。三次会议中，两大法系的法学家们汇聚一堂就一个主题进行讨论，可谓一时佳话。

另一方面，以此为题的论文数量显著增加。仅专著就已有数部，例如，亨利·帕肯（Henry Prakken）的《建模法律论证的逻辑工具：法律可废止推理研究》（Kluwer 1997），王鹏翔（Peng – Hsiang Wang）的《法律证立中的可废止性》（Nomos 2003），巴尔托什·布罗泽克（Bartosz Brożek）的《法律推理的可废止性》（Zakamycze 2004），路易斯德·杜阿尔特·阿尔梅达（Luis Duarte d'Almeida）的《容许例外：法律辩护与可废止性理论》（Oxford 2015）。其他论文更是汗牛充栋，H. L. A哈特（H. L. A Hart）、尼尔·麦考密克（Neil MacCormick）、亚历山大·佩彻尼克（Aleksander Peczenik）、卡洛斯·阿尔楚罗（Carlos

E. Alchourrón)、欧亨尼奥·布雷金（Eugenio Bulygin）、阿伦德·舒特曼（Arend Soeteman）、弗里德里克·肖尔（Frederick Schauer）、理查德·图尔（Richard H. S. Tur）等如雷贯耳的法哲学前辈，亚普·哈格（Jaap Hage）、乔瓦尼·萨尔托尔（Giovanni Sartor）、扬－R希克曼（Jan－R. Sieckmann）、胡安·卡洛斯·巴蓉（Juan Carlos Bayón）、威尔弗里德·瓦卢乔（Wilfrid J. Waluchow）、布莱恩·比克斯（Brian H. Bix）等青年才俊，都从各自不同的角度论述过这一问题。法兰克福大学米歇尔·德·阿劳霍·库尔特（Michel de Araujo Kurth）为我们提供了一个全面的文献目录（*Defeasibility in Philosophy*, 2013）。

一般认为，可废止性最早是由哈特在其20世纪40年代末发表的《责任与权利的归结》（*Proceedings of the Aristotelian Society*49, 1948 －1949）一文中率先引入的。"可废止的"（Defeasible）本意是指土地上的房产或利益之拘束力可被废止或者使其无效。哈特将其扩展为一切概念的性质，即在例外情况下，一个概念的初显性适用可被终结。他认为，不仅有"例外"的规则依然是规则，而且"例外"的清单也不可能完全提前确定。但是，这一理念却并没有在法律领域引起过多关注，甚至哈特本人其后都在怀疑这一主张的正确性。如今法律学者对于可废止性的关注是"出口转内销"的典型。受哈特启发，现代论证理论的创始人之一，斯蒂芬·图尔敏（Stephen Toulmin）将这一观念改造成其论证模型中的一个关键要素：反驳（rebuttal），并为修辞、论证以及非形式逻辑学界所接受。20世纪70年代，在乔治·波洛克（John Pollock）等人的带动下，可废止性观念逐渐成为认识论的主流。其后，又扩展到实践推理领域，约翰·塞尔（John Searle）、罗伯特·诺齐克（Robert Nozick）、约瑟夫·拉兹（Joseph Raz）、罗伯特·奥迪（Robert Audi）等人都对这一问题进行了相应的探讨。具体到法律领域，我们不能不提的另一位人物则是阿根廷法学家阿尔楚罗，正是在他的影响下，许多法学家开始从道义逻辑、规范结构或者法律论证的角度来看待这一问题。而非单调逻辑（nonmonotonic logic）的发展又为这一研究进一步推波助澜。当代可废止性的一个重要讨论就在于非单调性逻辑是否能够充分地形塑法律推理的特征。

从目前学界的争论来看，可废止性的研究主要从两方面入手：其一，沿袭哈特的路径从"例外"着眼，认为法律概念或者法律标准可能有着一些隐藏的例外，而且这些例外不可能在法律适用之前就被完全列出，因此它们是可废止的，这可能会涉及法律与道德（或正义、衡平等诸多价值）的关系，法律规则、法律原则、法律体系的特征，以及法律规则与法律原则的结构性区别等问题；其二，在法律与逻辑领域，认为法律领域内的推论在本质上并不是演绎的，而是可伸缩和扩展的，因此一些之前有效的推论可能由于新资料或者更强的反对理由的提出，而变得无法维持。

虽然可废止性已经成为法理论的一个核心概念，但是正如诸多学者所指出的，这个概念所指究竟为何，我们应当如何理解这一概念，它又与法律或者法律推理有着什么样的关系，对于这三个基本问题，学界却并没有一致意见。根据布罗泽克的总结（*Revus* 24，2014），可以被当作是可废止的现象至少有十四种：(1) 事实，(2) 信念，(3) 法律概念，(4) 规范表述（formulations），(5) 法律解释或意义，(6) 规范，规则或原则，(7) 法律推理，(8) 法律地位（positions），(9) 法律安排（arrangements），(10) 法律主张，(11) 法律结论，(12) 属性，(13) 论证，(14) 论证形式。如果不同学者使用"可废止性"这一概念所指称的现象并不一样，那么许多争议可能就是没有意义的"鸡同鸭讲"。

编者精选的第一篇文章，荷兰马斯特里赫特大学教授亚普·哈格的《法律与可废止性》面对的主要就是这样的问题。哈文提供了迄今为止对法律可废止性的基本问题最清晰的勾勒，鉴于此，IVR 百科全书的"法律与可废止性"词条即委托哈格撰写。他的论文主要处理了三个问题：(1) 可废止性所指为何？他区分了五种可废止性，即本体可废止性、概念可废止性、认知可废止性、证成可废止性以及逻辑可废止性，并一一给出界定。(2) 可废止性与法律或者法律推理有关系吗？他认为，与法律推理有直接关系的是证成可废止性，并且给出了三个理由：程序法上的证明负担是一个主张和反驳的过程；法律证成中发现的脉络是可废止性发挥作用的场域；法律规则可能在特定情境下有例外产生。(3) 法律推理的可废止性是否需要非单调逻辑？面对这个问题，哈格批判了两个著名的法学家即阿尔楚罗和舒特曼的论述，从而提出了自己的主张：法律推理的可废止性当然可以通过演绎推理加信念修正的方法来予以形塑，但是使用非单调逻辑来形塑这种特征却是一种更好的方法。

阿姆斯特丹自由大学荣休教授阿伦德·舒特曼给出了针锋相对的回应。他的文章从逻辑的角度讨论了，我们是否需要一种特殊的法律逻辑来处理法律论证中的可废止性？他的主要论点有三：其一，法律判断关涉重大，需要的是完全证成，而这种完全证成只能借由形式（单调）逻辑来完成；其二，非单调逻辑或非形式逻辑都不是形式逻辑的替代选项，它们位于发现的脉络，而不能用于法律判断的证成；其三，单调逻辑和非单调逻辑都可以用来处理可废止性问题，但是使用前者的优势在于它不仅将可废止性置入前提之中从而刻画了法律的可废止性，也保障了法律结论的完全证成。更为重要的是，通过本文的分析，我们能够更清晰地看到，形式逻辑的捍卫者与图尔敏、佩雷尔曼（Chaïm Perelman）所代表的论证（修辞）传统之间，虽有无法被忽视的重要歧见，但却并非一种绝对对立的或者替代与被替代的关系。一个看似有些简单却颇受启发的可能思路就在于：将内部证成划归于形式逻辑，而将外部证成当成实质论证的战场。至少，麦考密克等人就已经在做这种尝试。

德国基尔大学教授卡斯滕·贝克尔的《规则、原则与可废止性》无疑是从规范结构的角度讨论可废止性的代表论文，因此受到诸多关注。本文也被翻译成葡萄牙语在巴西刊出。贝克尔所捍卫的主题是：规范与原则具有结构上的差异，可废止性可以作为区分二者的标准。立基于阿列克西（Robert Alexy）的原则理论，他认为：作为确定性命令的法律规则之所以是可废止的，是因为引发未来案件出现的情境是未知的，因此总是可能出现未能预期的例外；而作为最佳化命令的法律原则之所以是不可废止的，在于最佳化意味着所有的相关情况都被纳入考量，所有支持例外的可能理由都已经成为适用原则本身的一部分了，因此原则无法容纳例外。行文最后，贝克尔还提出了原则的一个三维度观念：自然语言表达之原则陈述；作为规范的原则；原则的目标。

既然贝克尔的论证是建立在阿列克西理论之上的，作为当代法律论证理论的翘楚，后者对可废止性的看法当然值得一提。阿列克西教授虽然没有专文论述相关问题，但在其为帕肯著作撰写的书评（*Argumentation* 14，2000）中，还是可以探出几丝端倪：阿列克西并不否认可废止性是法律论证领域的一个重要问题，但是他却同时指出通过实质蕴含的方式同样可以形塑法律论证的可废止性，因此必须得论证为什么可废止蕴含比实质蕴含相比更有优势。这就回到了舒特曼与哈格所争论的问题之中，而对这一问题的讨论就超出了规范逻辑和规范结构的视角，而进入到实质考量领域之中。

而对于规则、原则与可废止性的相关讨论，贝克尔也仅代表了一种观点。他的文章中还讨论了萨尔托尔以及哈格与佩彻尼克的观点，前者和多数法律实证主义的观点类似，认为规则与原则之间的区分仅仅是程度上的，因此，即使可废止性可以作为一个区分标准，也无法从结构上对二者进行区分；而后二者则认为规则和原则都是可废止的，虽然二者可废止性的来源有所不同。除此之外，两篇专文的讨论也值得一提：托马斯·布斯塔曼特（Thomas Bustamante）的《原则、规则与可废止性》（SSRN，2011）以及曼努埃尔·阿蒂安兹（Manuel Atienza）和胡安·鲁伊斯·马内罗（Juan Ruiz Manero）的《规则、原则与可废止性》（*The Logic of Legal Requirements*，2012），二者大抵捍卫了与贝克尔类似的观点，只是前者更为强调了支持可废止性的规范理由：民主社会中反法律（*Contra Legem*）判决的可能，而后者则是通过指出法律的内在可废止性来源于规则无法正确实现其背后的价值（原则），从而反驳实证主义有关法律内容之识别无涉道德推理的观点。

美国弗吉尼亚大学法律特聘教授弗里德里克·肖尔是美国法学家中独树一帜的人物。在实用主义盛行的美国，他坚定地捍卫着法律形式主义的观点。肖尔教授著有多篇专文论述可废止性，例如《例外》（*The University of Chicago Law Review* 58，1991），《可废止性是法律的本质属性吗?》（*The Logic of Legal Requirements*，2012），《论法律的开放结构》（Defeasibility in Philosophy，2013）等。本专题的第二篇文章《论法律规则被假设的可废止性》是肖尔倾力颇多的一篇。和舒文不同，他的专注点不在于逻辑分析，而在于法哲学思考：是不是所有的法规范或法体系都必然具有可废止性？肖尔的观点是：法律规则是必然可废止的这一立场是部分令人困惑、部分冗余和部分错误的，虽然法律规范偶然具有可废止性未必是一件坏事情，关键在于我们要对引入这一偶然性质的产出－收入进行评价，也就是法律的适应性与稳定性之间的衡量和取舍。而在《可废止性是法律的本质属性吗?》（译文发表于《法律方法》第17卷，2015年）中，肖尔教授进一步扩大了论证的范围，他从柏拉图、亚里士多德进行追溯，再到近来的哈特－富勒论辩，可谓是旁征博引，论证细致。他首先承认：可废止性的观念和制度历史上早已有之；英美等国的法体系确实具有可废止性；可废止性有时候未必不是一件好事情。但是，这并不代表每一个法体系都必然具有可废止性，相反，形式主义也就是不可废止性反而是许多法体系的主流观念和选择。当然，肖尔的论证之根据主要在于：规则是无法自己决定自身如何适用的，对它的适用是一种现实选择，也就是说，法律规则和法律体系是否具有可废止性是一个描述性问题，而非规范性问题。

总之，法律中可废止性的问题所关涉的不仅是法律论证的可废止性或非单调逻辑之于法律推理的应用这样的技术问题，也关涉到法律规范（规则、原则）的逻辑结构、开放结构等分析问题，还关涉到法律的性质或合法性等哲学问题，目前又和法律作为行动理由的性质关联起来。虽然前述问题未必非要置于可废止性这一主题之下进行讨论，但是对于它们的讨论却使得可废止性成为法律理论的核心问题之一。对于可废止性（可辩驳性），中文世界已有於兴中（《法律方法与法律思维》2005年第3辑）、邱昭继（《法律科学》2005年第4期）等学者专文介绍，希望本专题的译文能为国内相关研究带来更多帮助。

法律与可废止性*

[荷] 亚普·哈格**著

宋旭光***译

一、导论

在过去几十年，关于所谓法律中的可废止推理颇有些文献发表。[1]然而，这一可废止性究竟所指为何，对此却甚少有人关注。[2]直观来看，法律推理的可废止性是法律或者法律推理的一个特征，对它的理解也是对法律中所运行之事物的理解。而逻辑体系（例如非单调性逻辑）只是用于洞察独立于这些体系存在的某种现象的方式而已。

当前，法律推理是否真的是可废止的这一问题已经带着几分急迫地被提出来了。[3]系统的关注也因此似乎更多投向了一般可废止性的性质，以及具体可废止性

* 自：Jaap Hage, Law and defeasibility, *Artificial Intelligence and Law* 11, 2003, pp. 221 ~243. 本文翻译得到作者授权，但译文未经其审核，一切翻译文责由译者承担，在此特别感谢哈格教授对于翻译工作的支持和帮助。

** 亚普·哈格（Jaap Hage），荷兰马斯特里赫特大学（Maastricht University）教授。

*** 中国政法大学法学理论2013级博士生，荷兰阿姆斯特丹自由大学联合培养博士生（2014—2015）。

〔1〕 例如J. Raz, *Practical Reason and Norms*, London: Hutchinson, 1975; F. Schauer, *Playing by the Rules*, Oxford: Clarendon Press, 1991; D. N. MacCormick, Defeasibility in Law and Logic, In Z. Bankowski et al. (eds.), *Informatics and the Foundations of Legal Reasoning*, Dordrecht: Kluwer Acadamic Publishers, 1995, pp. 99 -118; H. Prakken and G. Sartor (eds.), *Logical Models of Legal Argumentation*, Dordrecht: Kluwer Acadamic Publishers, 1997; H. Prakken and G. Sartor, The Three Faces of Defeasibility in the Law, *Ratio Juris* 17, 2004, pp. 118 -139; H. B. Verheij, *Rules, Reasons, Arguments: Formal Studies of Argumentation and Defeat*, Ph. D thesis, Maastricht University, 1996; J. C. Hage, *Reasoning with Rules*, Dordrecht: Kluwer Acadamic Publishers, 1997; H. Prakken, *Logical Tools for Modelling Legal Argument: A Study of Defeasible Reasoning in Law*, Dordrecht: Kluwer Acadamic Publishers, 1997。

〔2〕 一个例外可参见H. Prakken and G. Sartor, The Three Faces of Defeasibility in the Law (n. 1)。

〔3〕 J. C. Bayón, Why is Legal Reasoning Defeasible? In A. Soeteman (eds.), *Pluralism and Law*, Dordrecht: Kluwer Acadamic Publishers, 2001, pp. 327 ~ 346. （Pluralism and Law 原文错标为 Pluralism in Law。——译注）

与法律的相关性。而另一个需要关注的问题是：假设法律推理是可废止的，那么对于法律推理的分析是否需要运用某种非单调逻辑。当前已有之讨论的回答是否定的。[4]

本文的结构是这样安排的：首先，我将明确界定可废止性这一观念，在这一基础上区分五种不同的可废止性，分别是本体可废止性、概念可废止性、认知可废止性、证成（justification）可废止性和逻辑可废止性。其次，我将探讨在可废止性的上述任一意义上，法律、法律知识、法律推理或法律证成是否是可废止的。本文对此的回答是肯定的。在这一肯定回答的基础上，我将直面这一问题：可废止法律推理是否应当以所谓非单调逻辑的方式来分析。答案也是肯定的。

二、可废止性的类型

尽管常常有人主张法律推理是可废止的，但是很少或者根本没有人明确界定此一被断言的可废止性究竟所指为何。为了填补这一空缺，首先就要区分可废止性与非单调性。

（一）非单调性和可废止性

单调性和非单调性是（形式）逻辑体系的特征。一个逻辑体系是单调的，当且仅当它是这样的：如果一个语句集合 S' 是 S 的超集（superset），根据这一逻辑，自 S' 推导出的结论集合 C' 是自 S 推导出的结论集合 C 的超集。一个逻辑体系是非单调的，当且仅当它不是单调的。从这些定义可以看出，单调性和非单调性是逻辑体系的特征，与法律或法律推理，甚至与一般推理都没有太多关系。某种非单调逻辑对于形塑（model）法律推理可能是有用的，因为法律推理在它依然有待被特定化（specified）的意义上是可废止的。但是，即使如此，逻辑体系的非单调性也是与通过它得以形塑的推理的可废止性不一样的东西。[5]

---

〔4〕 A. Soeteman, Do We Need A Legal Logic? In A. Folgelklou and T. Spaak (eds), *Festskrift till Ake Frändberg*, Iustus Förlag: Uppsala, 2003, pp. 221 ~ 234. 也可见本期发表的这一文章的修正版（A. Soeteman, Legal logic? Or can we do without, *Artificial Intelligence and Law* 11, 2003, pp. 197 ~ 210. ——译注）和布雷金（E. Bulygin）对我文章的评论（E. Bulygin, Review of Jaap Hage's Law and Defeasibility, *Artificial Intelligence and Law* 11, 2003, pp. 245 ~ 250. ——译注）。

〔5〕 非单调性作为逻辑理论的特点，它与可废止性并不总是能够很好地区分。例如，哈格就将这一现象叫作论证的可废止性，即增加的信息可能会使得那些本来在这些信息缺失的时候能够推导出来的结论成为不可推导的。J. C. Hage, *Reasoning with Rules* (n. 1), p. 4. 帕肯（H. Prakken）和萨尔托尔（G. Sartor）引用共识推理的非单调性来阐释他们称为推论立基的可废止性。推论立基的可废止性这一概念已经预设了可废止性与推论有着某些关系，这里是指论证，而非这些论证所试图取得的东西（也就是证成）。H. Prakken and G. Sartor, The Three Faces of Defeasibility in the Law (n. 1).

（二）本体可废止性与概念可废止性

根据柯林斯（Collins）英语词典，“可废止性”原本是一个技术性法律词汇，表示不动产的性能或土地上的利益被废止，或者（这些东西）被判处无效。哈特（H. L. A Hart）在他的论文《责任与权利的归结》中，[6]将这一观念扩展到有着这一属性的所有**概念**，即它们有着一系列适用的条件，但是在某一或更多情况下，如果这些情况出现了，就会终止这一概念的初显（*prima facie*）适用。合同的概念是一个典型范例。在要约和承诺之后合同就成立了，但是在其中一方当事人有意援引一个废止条件（例如，错误的意思表示或不当影响）时，它就可能失去效力。由此看来，关键之处就在于废止条件实际上**被请求的**（invoked）；废止条件出现的纯粹事实还不足以废止一个合同。因此，废止者（defeaters）必须与合同成立的常规条件相区分，后者并不需要明示的援引。

对于可废止性的这种理解来说，关键之处还在于合同的废止有着溯及力。[7]如果废止是从现时开始（*ex nunc*）施行，那么就只存在一个事实的变化：在废止之前，合同是有效的，而在废止之后，它是无效的。这样一个事实的变化是十分常见的现象，并不需要可废止性此一特殊概念来指称它。例如，如果一个敞开的门被关闭了，那么在这一事件之前门是敞开的，而在这之后门则是关闭的。说门是敞开的这一事实被门关闭了这一事件所废止，这是非常奇怪的。

正是由于废止的溯及力，被废止的合同这一情况才显得特别。只要合同还没有被废止，它就是有效的，但是一旦合同已然被废止，它就将被自始视为无效。这是一个颇不常见的现象，且正是因为这一理由它才值得用可废止性这个特殊名称。因为这种可废止性关涉的是**事实**而非我们有关事实的信念的回溯性变化，我建议将其称作**本体可废止性**。

在《责任与权利的归结》对废止的讨论中，哈特是将废止与概念而非事实相关联。例如，“（有效的）合同”这样的概念是可废止的，因为如果不提供会废止其可适用性的那些条件，它们就无法被充分地界定。我们可以为概念的这种可废止性引入一个特殊术语，**概念可废止性**，尽管在我看来，将可废止性与特定概念相关联，比之将其与这些概念所指称的现象相关联，这并不是非常明晰。

---

〔6〕 H. L. A. Hart, The Ascription of Responsibility and Rights, *Proceedings of the Aristotelian Society* 49, 1948 ~1949, pp. 171 ~194. ——译注。

〔7〕 溯及力将废止与纯粹事实的变化相区分，这一点的重要性并没有被哈特在《责任与权利的归结》中强调。

（三）认知可废止性与证成可废止性

我们的信念，即使不是全部，那大部分也是可以修正的。我们所有信念之集合的某些变化是自然发生的，比如因为感官知觉，或因为我们忘记了一些自己曾经知道的事情。其他的变化则是由这样的洞见产生的：根据我们所相信的一些其他事物，某些信念应当被理性地接受或拒绝。这一洞见可以使我们接受应当被理性接受的新信念或拒绝应当被理性拒绝的已有信念。这一信念的可修正性（revisability）也可以称为“可废止性”，[8] 我将使用术语**认知可废止性**来表示这种可废止性。

在我看来，作为一个独立观念的认知可废止性并不是十分有意义，因为它仅仅表示已经作为可修正性而为人所知的一个现象的另一术语而已。更重要的是，信念可修正性是一个心理学现象，这样的现象与推理或逻辑只有间接的关系。为此，下文我将忽略认知可废止性。

但是，还有另外一种可废止性与认知可废止性紧密相关也容易相互混淆，而前者更加有意思。我们接受某些信念，是因为根据我们的其他信念接受它们是**正当化的**（justified）。例如，我们相信约翰（John）是应受惩罚的，因为我们相信约翰拥有色情作品且拥有色情作品是应受惩罚的。如果我们不再相信拥有色情作品是应受惩罚的，那么约翰应受惩罚的信念就失去了它的证成。如果我们有了这样的信念：约翰拥有色情作品纯粹是为了科学研究且为了科学研究而拥有色情作品是不应受惩罚的，那么结论同样如上。换种说法，约翰是应受惩罚的这一信念，根据原有信念集合曾是正当化的，但根据新的信念集合它不再是正当化的。我将这种废止，即作为其他信念之基础的那些信念之变化所导致的废止，称为**证成废止**（defeat）。

通常如果某人的信念不再是正当化的，他就会放弃这些信念，这意味着认知废止是证成废止的自然结果。但是并不总是如此。一个例外可能就在于，人们不去实现自身信念集合之变化的效果，因此导致理性要求的变化没有发生。进一步来说，有时候新的信念的取得或旧的信念的失去都是没有理由的（在证成性理由的意义上）。证成废止与认知废止很显然并不总是携手并进的，除了它们之间概念的区别，这也是区分它们的一个理由。

---

〔8〕 例如，参见J. L. Pollock, *Cognitive Carpentry: A Blueprint for how to Build a Person*, New York: MIT Press, 1995。巴蓉（J. C. Bayón）主张这一类型的可废止性是唯一一种与法律相关的可废止性。J. C. Bayón, Why is Legal Reasoning Defeasible?（n. 3）.

（四）证成废止与可废止推理

证成废止与推理的可废止性之间有着紧密关联。许多论证都是被用来正当化其结论的。这意味着提出这样一个论证的人，如果是真诚的话，其意在通过这种方式表明此一论证的结论是正当化的。根据新信息的涉入，如果这一结论不再是正当化的，那么原有论证（通过这种方式结论得以正当化）也失去了它的力量。可以说，**在这一意义上**这一论证实际也是可废止的。根据此一解释，需要注意的是，论证的可废止性是证成可废止性的结果（后者是通过论证的方式获得的），但是反过来却并非如此。可废止性主要不是论证而是证成的特点。

（五）可废止性与“不完全的”知识

从本文所区分的废止类型来看，证成废止与某些逻辑体系的非单调性有着最紧密的联系。若证成废止的发生是因为有新信息增添到某人的信念集合中，这就更加明显了。〔9〕如果约翰是应受惩罚的这一信念，因为新增添的信念（即约翰拥有色情作品纯粹是为了科学研究且为了科学研究而拥有色情作品是不应受惩罚的）而不再是正当化的，它就和这一现象很类似：一个推导于特定前提的有效论证，因为更多前提被增添进来而变得无效。一个信念集合和一个特定信念之间的证成关系与一个前提集合和一个来自于这些前提的可能结论之间的推导关系，是相互对应的。

因此，一个信念可被称作是正当化的有两种不同意义，对它们的区分是重要的。这里关键的是**相对证成**意义上的证成。一个信念相对于某个信念集合来说是正当化的，当且仅当如果接受这一信念集合（中的所有信念）那么接受这一信念就是理性的。〔10〕相对证成必须与绝对证成相区分。一个信念是绝对正当化的，当它本身就是绝对正当化的或它相对于一个本身是绝对正当化的信念集合是正当化的时候。绝对证成是信念的身份（status），正如在一个好的论证中可以从前提

---

〔9〕当某些信念被从某人的信念集合中清除出去时，这一证成废止也会发生，这一点是由卡罗吕斯·格律特尔斯（Carolus Grütters）向我指出的。

〔10〕在本文中，我将证成当做是信念之间的一种关系。这有点狭窄，在《法律与融贯》一文中，我将证成当做是“接受”（acceptances）之间的一种关系，这里接受包括信念也包括像规则、原则和价值等其他“东西”。J. C. Hage, Law and Coherence, *Ratio Juris* 16, 2004, pp. 87－105.

传递到结论的真一样。[11] 相反，相对证成更像效力（validity）。一个相对正当化的信念“来自于”特定的信念集合，但是这一信念集合中的信念是否正确却是保持开放的。

证成废止关涉的问题是某一信念相对于某人的信念集合是否是正当化的，**这里此一信念集合的内容并没有被特定化**。证成废止是由信念集合的变化带来的，它的效果则在于某一相对于旧的信念集合是正当化的信念相对于新的信念集合不再是正当化的了。对于一个特定化的信念集合来讲，证成废止就不会发生，因为相对于一个特定集合，某个信念要么是正当化的，要么不是，但是某个信念不可能相对于某一信念集合先是正当化的，其后相对于同一个信念集合又不再是正当化的。[12]

有时候，可废止推理也被描述为运用不完全的（incomplete）知识进行的推理。但是，通过上述分析，一个直接的结论就是，废止并不是不完全知识的结果。对于一个信念相对于某一信念集合是否是正当化的问题，信息不可能是不完全的。所有的相关信息通过定义已经被包含在这一信念集合之中了。对于决定一个信念**相对于**这一信念集合是否正当化的问题，这一信息是充分的，尽管对于决定这一信念是否是真的，它可能是不充分的。因为证成可废止性处理的是相对证成的问题，而非真或绝对证成的问题，不完全信息与证成废止并没有关联。

（六）逻辑可废止性

有时候，可废止性的观念也与条件句（conditionals）（逻辑算子）以及规则相关联。一个条件句 $p \rightarrow q$ 是可废止的，当下述一个或者更多的可能情况出现时：

---

〔11〕 绝对证成的观念常常在法律证成的讨论中占有一席之地（例如，参见 A. Soeteman, *Logic in Law*, Dordrecht: Kluwer Acadamic Publishers, 1989, p. 244f.），但是我怀疑这是否有意义。只有存在那些自身是绝对正当化的信念时绝对证成才会有意义，因为若非如此绝对证成的循环定义无法最终落定。但是，说一个信念自身是绝对正当化的到底意味着什么，在我看来，这是非常不清楚的，如果它不是指信念为真的话。而且如果它意味着信念为真，绝对证成的观念就和真理的观点（在信念的领域中）相互冲突并且因此成为多余的。但是为了当前的讨论，我将忽视对绝对证成的质疑。

〔12〕 这也有例外，那就是某人修正逻辑的情况，通过这种方式可以从某人已经相信的信念推导出正当化的信念。如果信念集合的观念被更为广泛的接受集合的观念所取代的话，例外就可以避免。一个接受集合包括某人接受的任何东西，不仅包括信念，也包括规则、原则以及合理（reasonable）推论的标准（与此处所论尤其相关）。关于接受集合，更多的内容参见 J. C. Jaap, Law and Coherence (n. 9)。

1. 如果 $p \rightarrow q$ 是真的，那么这并不是必然情况，即 $p \& r \rightarrow q$ 是真的（否定“加强前件”[13]）；

2. 如果 $p \rightarrow q$ 且 p 是真的，那么这并不是必然情况，即 q 是真的；

3. 如果 $p \rightarrow q$ 且 p 是真的，那么这并不是必然情况，即 q 被有效地（validly）推导出来（这里有效是在广义上使用的，而非仅仅指演绎有效，因为若仅指后者，第三种可能就与第二种可能重合了）。

规则“如果条件那么结论”是可废止的，如果这并不是必然情况，即如果条件被满足那么结论有效。[14]

条件句的可废止性和规则的可废止性都是通过与逻辑系统（可废止的条件句和规则在其中运作）相关联而界定的。这里关注的可废止性主要不是外在于逻辑的、可以借助某一逻辑理论来形塑的现象，而是某些逻辑本身的一个面向。为此，我将排除这些“逻辑可废止性”，之于法律或法律推理的可废止性而言，它们是不太有意义的现象。

更一般地说，对我而言，似乎在关涉法律可废止性的有关讨论中，预期的可废止性类型（如果存在一个清晰的意图的话）多是证成可废止性。[15] 因此，下文中，我就将对法律与可废止性的讨论仅限定在证成可废止性的界限之内。

三、法律推理是可废止的吗？

下文将要处理的问题是证成废止是否在法律推理中发挥作用。如果证成废止在法律推理中扮演着某一角色的话，那么前一问题就应当得到肯定回答。所有的法律推理都是证成可废止的，这并不是必然的。在下文，我将讨论法律推理为什么是可废止的三个理由。

---

〔13〕 参见 C. E. Alchourrón, Philosophical Foundations of Deontic Logic and the Logic of Defeasible Conditionals, In J. Meyer and R. Wieringa (eds.), *Deontic Logic in Computer Science*, Chichester: Wiley, 1993, pp. 43 ~ 84.

〔14〕 H. Prakken and G. Sartor, A Dialectical Model of Assessing Conflicting Arguments in Legal Reasoning, *Artificial Intelligence and Law* 4, 1996, pp. 331 ~ 368.

〔15〕 帕肯和萨尔托尔区分了法律领域中可废止性的三种面向，即推论立基的可废止性、过程立基的可废止性和理论立基的可废止性。在我看来，证成可废止性是法律中的相关观念是正确的，但推论立基的可废止性与理论立基的可废止性之间的区分并不成立，因为在这两种情况下关键的问题都是根据某人已经相信的东西持有一个（推论立基的可废止性）或更多（理论立基的可废止性）信念是否是正当化的。H. Prakken and G. Sartor, The Three Faces of Defeasibility in the Law (n. 1).

（一）证成废止与证明负担

至少某些法律结论会因为那些在做出决定时未被考虑进来的新信息的原因，而最终成为未被正当化的。这里举两个例子。第一个例子涉及证明负担的分配。假设维奥莉特（Violet）驾车超速且被予以公诉。如果检察官成功证明了她驾车超速且无其他事情发生，法官的结论（维奥莉特是应受惩罚的）就获得了正当化。但是如果维奥莉特通过陈述下列事实为自己辩护：自己的孩子身患急症且她是在为了及时送孩子去医院这一不可抗力的情况下超速的。如果这一辩护被法官接受，那么前述结论的证成就失效了。换句话说，维奥莉特是在不可抗力的情况下行动的信息，扮演了维奥莉特因为驾车超速而应受惩罚此一结论的证成废止者的角色。

也可以根据证明负担的分配对这一例子作出另一个解释。巴蓉（Bayón）已经指出，证明负担的分配同样可以以程序规则的方式进行解释，这些规则允许法官在犯罪行为被证明且不可抗力未被证明时确认被告人有罪。〔16〕这一解释关注的是程序面向而非犯罪嫌疑人是应受惩罚的这一结论是否是正当化的这一问题，废止似乎并非关键之处。

但是，在对证明负担的这一解释中，证成废止大概也发挥了一定作用。指示法官在哪一情况下能够确认犯罪嫌疑人有罪的那些程序规则，反映了在哪一情况下法官相信犯罪嫌疑人是应受惩罚的是正当化的。〔17〕法官的这一预设：某人是应受惩罚的，被默认为是未被正当化的（无罪推定）。因此，必须证明犯罪嫌疑人实施了应受惩罚的事实。当这一事实被证明时，法官相信犯罪嫌疑人是应受惩罚的就是仅此（*pro tanto*）正当化的。但是如果被证明（犯罪嫌疑人实行应受惩罚的事实）拥有证成根据，那么犯罪嫌疑人是应受惩罚的信念也就不再是正当化的了。因此，程序规则仅允许在犯罪嫌疑人从事犯罪行为被证明而且证成根据没有被证明时，法官才能确认犯罪嫌疑人有罪。程序规则之于证明而非事实的这种关涉，是某种形式的可废止性推理处于关键所在的显证（signs）。〔18〕

---

〔16〕 J. C. Bayón, Why is Legal Reasoning Defeasible?（n. 2）.

〔17〕 对我来说，帕肯和萨尔托尔将程序立基的可废止性作为法律领域中可废止性的三种面向之一，似乎正是认识到了法律程序的这一特点。H. Prakken and G. Sartor, The Three Faces of Defeasibility in the Law（n. 1）.

〔18〕 一般来说，当结论并非建立在存有的事实基础之上而是建立在已经被证明的事实基础之上时，可废止性才会发挥作用。有关过去的事实并不能改变，但是有关过去的信念包括那些已经被证明的有关过去的信念，都会随着时间的变化而变化。因此，建立在已经证明的东西之上的信念仍然会失去它们的证成，如果相关的事实不再像之前那样被当作是已被证明的而是被当作有待证明的时候。

（二）证成废止与发现的脉络

即使不考虑证明负担的分配问题，依然有证据证明证成废止在法律推理中发挥着作用。导向具体个案之解决的法律推理常被分为两个“阶段”。〔19〕在第二个阶段，有时被称为证成的脉络、〔20〕一阶证成〔21〕或内在证成，〔22〕特定案件的法律结论展现为一个演绎有效论证的结果。这一论证的大前提是（全称量化的）实质条件句（类属［generic］案件的描述作为它的前件，相应的法律后果作为它的后件）。小前提是对于当前案件（相关事实）的描述。第一阶段，称为发现的脉络、〔23〕二阶证成或外在证成，由一系列（一个或以上）论证构成，通过这些论证大前提的真（或有效性）被确定。

前述两阶段的区分，其背后的观念是法律判断必须是可普遍化的（universalisable）。如果某一案件有一个特定的法律结论，那么在所有相关方面类似的一切案件也都应当有着类似的法律结论。证成脉络的大前提确定了案件的哪一方面与附着于它的法律后果是相关的以及这一法律后果是什么。在下文中，我将称它为**案件－法律结论对**（case－legal consequence pair，CLCP）。案件－法律结论对是（之于类似当前案件的那些案件）法律是什么的一个具体化。论证的第一阶段就是去确定这一案件－法律结论对的内容。

如果法律推理在概念上可以分为上文所勾勒的两个阶段，证成的脉络（在其中案件－法律结论对被适用于当前的案件）可以演绎推理的形式来表示，证成废止在其中没有发挥作用。如果第二阶段的结论是不正确的，案件－法律结论对就同样也是不正确的。证成废止，如果其在法律中发挥作用的话，那么也应当是在第一阶段即发现的脉络中去寻找。〔24〕

〔19〕“阶段”之上的引号是说明这两个阶段并不总是能够分开，只是法律推理的两个逻辑上区分的面向而已。

〔20〕巴蓉以及舒特曼（A. Soeteman）暗示了这一点。J. C. Bayón, Why is Legal Reasoning Defeasible?（n. 2）；A. Soeteman, Do We Need A Legal Logic?（n. 4）.

〔21〕D. N. MacCormick, Defeasibility in Law and Logic（n. 1）, p. 101f.

〔22〕R. Alexy, *Theorie der juristischen Argumentation*, Frankfurt am Main：Suhrkamp, 1978, p. 273.

〔23〕至少有两种方式看待发现的脉络。其一是将其仅仅看作心理过程，这一过程的内容并不有趣，但它会导向一个可能会在合法化（legitimation）阶段得到正当化的假说。其二则是将其看作非演绎推理。只有在这一解释的基础上，发现的脉络才能与外在证成或二阶证成相等同，才能被看作一种证成。本文中的发现的脉络是第二种意义。

〔24〕这一观点为巴蓉和舒特曼所共享。J. C. Bayón, Why is Legal Reasoning Defeasible?（n. 2）；A. Soeteman, Do We Need A Legal Logic?（n. 4）.

就我来看，证成废止在发现的脉络中所发挥的作用似乎是显见的。让我们首先回到维奥莉特的例子中。她虽被发现有超速罪行，但是却因为某个被适用的证成根据而成为不应受惩罚的。维奥莉特不应因超速而受惩罚的结论可以通过下述的演绎论证而成为合法化的（legitimated）：

案件－法律结论对：确切说，那些驾车超速却没有超速之证成根据的人应当因超速而受惩罚

案件事实：维奥莉特超速了，但是却有这样做的证成根据

因此：维奥莉特并不应当因超速而受惩罚

由此来看，发现的脉络是由一个或更多以上述演绎论证之案件－法律结论对为结果的论证构成的。这一脉络首先可能在于，有一个规定超速应受惩罚的规则存在且因此那些超速的人会因为超速而应受惩罚。仅此，那些超速的人应因其超速行为而应受惩罚的信念就是正当化的。但是，如果将证成根据及其带来的效果考虑进来的话，这一信念就失去了它的证成。取而代之的是，仅此，根据规定了超速应受惩罚的规则和有关证成根据的规则，确切说，是那些驾车超速却没有证成根据的人应当因超速而受惩罚。显而易见，在两个或者更多规则结合成案件－法律结论对时，证成废止就发挥了作用。

让我们来考虑证成废止的第二个例子，它不仅仅阐明了在不同的法律规则结合成一个案件－法律结论对时证成废止是如何在发现的脉络中发挥作用的，而且阐明了有关非法律世界的事实是如何在这一过程中发挥作用的。假设一个叫作泰克斯皮亚（Taxopia）的国家引入了车辆税。各种车辆按照它们的重量进行分类。为此，三个立法文件分别被起草了。第一个立法引入了车辆税。它同时赋权政府建立对车辆进行分类的一套类型体系。第二个立法是政府制定的，即引入了上述类型体系。它同时赋权财政部长制定规章，通过这一规章将特定税额附加于不同类型的车辆。第三个立法就是财政部长行使这一权力的结果。因为在泰克斯皮亚，也在更多其他国家，税收是制定政策的一种方式，因此第四个立法就决定对轿车的车辆税提高20%。因此，萨克斯皮亚最终有了四个立法文件（其中三个是规定一般车辆税的，第四个是特别处理轿车的车辆税问题），这些立法文件涉及附加税数额：有关车辆的一般规定且通过增加税额为这一规定创设了例外。

上述对泰克斯皮亚税法的描述，正好遵循了立法的（主要）路径，也即法律渊源的路径。通过识别一系列案件类型且为每一种类型规定其经济后果，我们可以以案件－法律结论对的形式表征（represent）这一法律。理想上讲，这些案件

类型应当是相互排斥的，且在一起穷尽了所有的法律可能性。[25] 例如，假设立法区分了五种类型的车辆。第一种基本上是自行车或其他非机动车辆。第二种为小型机动车，例如大多数摩托车和机动脚踏车。剩下的三种类型基本上是各种轿车，也包括某些重型摩托车、卡车等。因为并不是所有后三种类型的车辆都是轿车，所以为了征税，这三种类型的车辆又被分为作为轿车的类型三至五的车辆和作为非轿车的类型三至五的车辆。这样，最终我们就有了八种车辆集合，每一种都有其自身的车辆税税额。这些集合都是这样的：每一集合的所有成员都附带相同的经济后果，但同一集合的成员不能附带不同的经济后果，一个成员不可能加入两个或以上这样的集合。

因此，重要的是要注意到，集合的数目不仅仅依赖于立法，也依赖于这个世界的其他事实。例如，类型三至五中是否存在除轿车以外的其他车辆，或者类型一和类型二中是否存在轿车，了解这些事实也很重要。而且，即使立法不发生变化，这些可区分的集合数量也可能变化，例如，由于重型电动车的建造，所以在类型五中引入了非轿车。

我们可以把描述法体系（的一部分）的第一种方式叫作通过渊源进行的（by sources）描述，第二种方式叫作通过案件－法律结论对进行的描述。如果我们只通过渊源进行描述的话，那么法律推理（即通过渊源进行的推理）就关涉到一个理论建构的过程，在这个过程中，所有对于当前案件有作用的规则都必须被考虑、被解释且如果必要的话还要被结合在一起。这一过程可以在发现的脉络中被辨识出来，它涉及可废止推理，因为将一个新的规则纳入考量，可能会导致根据最初考量的渊源而获得正当化的案件－法律结论对不再是正当化的。在有关世界（关于存在何种车辆，哪些是轿车）的新信念被纳入考虑时，同样也会如此。在上面的例子中，将有关轿车的特殊规则纳入考量，就导致了有关车辆税的一般案件－法律结论对失去了它的证成。

如果我们拥有一系列案件－法律结论对，我们就可以通过指出它们的类属案件以及附着于类属案件的法律后果在具体的个案中正当化法律决定。理想来讲（当这些案件－法律结论对是穷尽的且相互排斥的时候），某个具体个案落入一个以上相关的[26] 案件－法律结论对的范围之内是不可能的，因此一旦相关的案件

〔25〕 这一进路是受阿尔楚罗（C. E. Alchourrón）和布雷金（E. Bulygin）《规范体系》第二章中对类属案件的探讨所启发的，这可能会被要求更为精致地展现。C. E. Alchourrón and E. Bulygin, *Normative Systems*, Wien：Springer, 1971.

〔26〕 相关是在这一意义上来说的：案件－法律结论对的法律后果处理的是关键问题。

-法律结论对被找到之后就无须另寻其他。**运用**（with）案件-法律结论对进行的推理是在证成的脉络中被识别的，它是不可废止的。但是，**有关**（about）案件-法律结论对的推理是在发现的脉络中识别的，它是证成可废止的。

值得一提的是，通过渊源这一方式进行的可废止推理，依然可能直接证成一个特定个案的法律解决方案。这并不是必然的：先表述（formulate）一个一般的案件-法律结论对，再将这一案件归属于它，然后案件的法律解决方案就被正当化了。对于拥有自身法律解决方案的每一个案件来说，它们都应当有这样一个案件-法律结论对存在，这似乎是必然的，但是从这种必然性并不能推出这一案件-法律结论对必然在对这一案件之解决方案的证成中发挥作用。在发现脉络中，用以证成案件-法律结论对的那些论证，可以被重新表述（通过将它们具象化）以达到这样的效果，即它们能够直接导出当前案件的解决方案。如果这一进路被采纳，导向具体个案之解决的论证就完全为证成废止所影响。

似乎很明显，可废止推理在法律中发挥着作用，但是这并不意味着所有的法律推理都是可废止的。我们已经看到，将法律证成分为两个阶段是可能的，其中第一个阶段，即发现的阶段，包含着可废止性推理，然而第二个阶段，即证成的阶段，是由演绎的且因此不可废止的推理所构成的。但是，我已经简要地论证了，通过让发现阶段直接处理当前具体个案的法律后果可以绕开这一区分。如果这一进路被采纳了，那么这种唯一必要的推理就是可废止的。因此，我的结论是，在法律中，我们会同时遭遇可废止的推理和不可废止的推理，而用不可废止的推理部分代替可废止的推理部分是不太可能的，但是，至少在很多情况中，跳过不可废止的推理部分却是可能的。

（三）法律规则的可废止性

为什么法律推理是可废止的，第三个理由在于这一假设：发现常常无法提前确定的隐含例外总是可能的，在这一意义上，法律规则是可废止的。这一假设为人们所广泛地分享。[27] 但巴蓉却对此提出了异议，因为在他看来，这并不是法律规则的必然特点（它们因此才是可废止的）。即使规则是过度包含的（over-

〔27〕 巴蓉在脚注 21 中给出一系列参考资料（J. C. Bayón, Why is Legal Reasoning Defeasible? [n. 2]）。这包括：R. Alexy, Theorie der Grundrechten, 3e Auflage, Frankfurt am Main: Suhrkamp, 1996, pp. 88-89; G. Sartor, Defeasibility in Legal Reasoning, In Z. Bankowski et al. (eds.), *Informatics and the Foundations of Legal Reasoning*, p. 120f; H. Prakken, *Logical Tools for Modelling Legal Argument: A Study of Defeasible Reasoning in Law* (n. 1), pp. 47-48。这似乎也应包括 J. C. Hage, *Reasoning with Rules* (n. 1), p. 106f.

inclusive)，或在起草这一规则时某些相关原则没有纳入考量，一个法体系依然可以不允许规则有例外。我将通过一个例子讨论巴蓉对这一观点（法律规则是可废止的）的质疑。

正如其他法体系一样，荷兰法律也有有关无权处分人将动产转让给善意第三人的规定。这一规定必须处理的法律问题在于对至少两种利益之间的冲突予以解决。一种利益是被转让财产的所有者的利益，他想继续作为所有权人。另一种利益是善意第三方，他也期望成为被转让财产的所有权人。荷兰的规定（民法典第三章：第84~86页）平衡了这两种利益，规定在某些情况下第三方成为财产的所有权人，但在另一些情况下，原所有权人将继续保有所有权，无论如何都至少保有三年的期间。商业活力的利益也将对这一论题如何被规定产生作用。

假设在常规案件中民法典的规定为冲突利益带来了恰当的平衡。但是，假如在某些例外案件中这一规定却运行不佳，且如果我们想要为这些案件带来新的平衡，那么就应当做出不一样的结论。支持法律推理可废止性的一个论据就是，虽然在常规案件下这些规定能够提供良好的结果，但是这些规定却不应当被适用于特定的例外案件。例如，在特定的案件中，这一规定可能会选择保护善意第三人，在这些案件中，结论是善意第三人成为新的物权所有人的论证是初显（prima facie）正确的。但是，一旦新信息导致了例外情形的出现，这一结论就不再是可欲的了。

存在两种极端的方式来处理例外案件（在其中，规则为案件提供了“错误的”解决方案）。其中一个极端方式是，在这些案件中忽视相关的规则，依赖在背后支撑这些规则的原则以及所有最终可能相关的其他原则，在这些所有相关原则的基础上计算出最佳结果。根据这一进路，规则的出现并没有为法律决定的作出造成任何差异，因为只有在适用规则的结果与适用其背后原则的结果相互一致时，规则才会被适用。对于原则来说，规则成为多余的了；它仅仅是一个“经验法则”（rule of thumb）。[28] 其中另一个极端方式是依然适用规则，而不论这一结果根据相关的原则是否正确。根据这一“固化”（entrenched）模式，[29] 规则的可适用性使得处理当前案件的那些原则成为多余的了。

通过描述上述两种极端的方式，我认为一条中间道路是可能的。这一中间道

〔28〕 F. Schauer, *Playing by the Rules* (n. 1), p. 77. 但也可见104页以下。

〔29〕 F. Schauer, *Playing by the Rules* (n. 1), p. 52. 也可见J. Raz, *Practical Reason and Norms* (n. 1), p. 73, 他将命令性规范当作排他性理由。

路就是将可适用的规则作为作出法律决定的起点，但是却保留这一可能：当根据相关原则、规则的结论是不可欲的时候就背离这一结论。这一背离的可能是否应当被使用，不仅仅依赖于对相关原则进行衡量的结果，而且还依赖于这一事实：对规则的背离将会消减法律的确定性和立法者的权威，这两者都是不能背离规则的理由。规则的可适用性作为支持规则之结论的一个**独立**理由，附着于这一理由的分量大小决定了这一中间道路是更接近第一种极端还是第二种极端。[30]

如果巴蓉是主张规则的例外是否可能是一个法律问题，那么他是正确的。不允许任一规则出现例外的法体系是可以想象的。然而，我并没听说过任何这样的体系，而且我也怀疑巴蓉是否听说过。他并没有给出任何实例，而且我认为根本就没有这样的实例。法体系为什么应当偶然允许规则出现例外有着许多非常好的理由，对于为什么如此，肖尔（Schauer）所给出的有关规则之过度包含的描述已经提供了足够好的洞见。[31] 巴蓉所说的那种不允许规则之例外的法体系，其存在也许仅仅是纯粹理论上的可能性。

这样一个纯粹理论上的可能性是否不足以得出这一结论，即规则服从于（a-menable）例外不是一个逻辑问题？逻辑处理的是什么是逻辑必然的这一问题，一个不允许规则出现例外的法体系理论上存在的可能性就足以表明例外的可能性不是逻辑必然的。至少，巴蓉可能会这样论述。

在回答这一问题之前，我想指出的是，如果规则是可废止的，这并不意味着每一个规则都必须在一个或以上案件中存在事实上的例外。它甚至也不意味着多数规则在一个或以上案件中存在事实上的例外。它仅仅意味着，对于每一个规则来讲，存在这样理论上的可能性：在目前或未来的某一案件中应当为这一规则创设例外。只有这一理论上的可能性不存在的时候，规则才不是可废止的。不仅之于一般意义上的规则是如此，之于一个特定的规则也是如此。一个特定的规则是不可废止的，当在某一案件中应当为这一规则创设例外甚至在理论上都是不可能的时候。可废止性并不要求在实际案件中这样的例外存在，甚至也不要求某人能够想象其中存在某个例外的案件。无法想象并不表明规则就是不可废止的。只有当不可废止性是由作用于规则之逻辑行为上的限制推导出来的时候，它才能显现。除非某个法体系对于部分或全部规则的适用采取了极端的固化模式，否则那

〔30〕 这种处理规则的方式至少与肖尔所言的规则敏感的特殊论（rule - sensitive particularism）很相似。参见 F. Schauer, *Playing by the Rules*（n. 1）, p. 97，以及他文章中提到的参考文献。

〔31〕 F. Schauer, *Playing by the Rules*（n. 1）, p. 31f.

些对于规则之逻辑行为的限制就是不存在的，这些限制可能导致规则是不可废止的。但我并没有听说过任何对其全部规则采取极端固化模式的法体系。

如果不存在其中规则都是不可废止的真实的法体系，如果这样的体系似乎是不可能真实存在的，那么规则是可废止的是不是就是逻辑必然的呢？或者我们必须作出一个更强的要求：这样的法体系的存在甚至是不可想象的吗？这一问题的发问就表明了试图回答它的无益性。必然性何时成为逻辑必然性是一个惯习（convention）或者实用问题。把某些知识当作不可修正的知识，这有用的吗？或者我们是否应当将其当作纯粹的“领域知识”？〔32〕我认为，对于法律规则来讲，假设规则的可废止性是一个必然特征是有意义的，有必要将对它的研究与对实在法的研究相区分。在我看来，这就意味着巴蓉的反对意见并没有多大意义，法律规则的可废止性提供了法律推理为什么是可废止的的第三个理由。

四、法律推理需要非单调逻辑吗？

下一个要处理的问题是，我们是否需要非单调逻辑来表征这样的现象：一个信念根据信念集合 B1 是正当化的，但是根据（通过对 B1 进行一处或以上改变而形成的）信念集合 B2 就不是正当化的。在继续讨论这一问题之前，我将要排除一些议题。

第一，我想忽视的是涉及某一信念为另一信念取代时的一些变化。这些变化可以分解到放弃旧信念和采有新信念之中。因此，唯一留待讨论的变化就是对旧信念的放弃和对新信念的采有。

第二，我想要简要探讨一下对旧信念的放弃这一问题。我们并不需要非单调逻辑处理这一现象。演绎逻辑能够非常好地表征它：根据某一前提集合是正当化的信念，在这些前提中的某个或更多前提被放弃时，它不再是正当化的了。一个能够从某个前提集合演绎推导出来的结论并不必然能够从这些前提的任一分集合中演绎推导出来。如果“是正当化的”（being justified）被（错误地）当作意指“演绎推导出来”，那么一个根据某一前提集合推导出来的结论就必然不再是正当化的了，如果这些前提中的一个或以上被放弃的话。

因此，唯一需要特别考察的就是这一情况，即当一个信念根据信念集合 B1

〔32〕 我曾经为这种（法律）逻辑的蒯因式（Quinean）视角进行了论证。J. C. Hage, Legal Logic: Its Existence, Nature and Use, In A. Soeteman (eds.), *Pluralism and Law*, pp. 347 - 374.

是正当化的，但是根据信念集合 B2（它是 B1 正确的超集）不是正当化的。这种情况与逻辑体系 L 的非单调性特点很类似，依照 L，S 是可以从 B1 中推导出来的，然而却不能从 B2 中推导出来。证成可废止性处理的是信念集合和信念的“被正当化”（is justified by）的关系，这里非单调逻辑处理的是语句集合和语句之间的“被推导”的关系。因此，乍一看，通过非单调逻辑的方式来逻辑地表征证成废止，大抵是可以做文章的。然而，某些作者反对这一进路，考察他们的辩护理由是有意义的。

（一）阿尔楚罗对非单调逻辑的批评

无论是法律领域之内还是法律领域之外，非单调逻辑都已经被用来处理论证的可废止性。但是，有人可能依然认为这样的逻辑是无用的，或者甚至是建立在混淆之上的。非单调逻辑的运用是建立在混淆（即对逻辑与信念修正的混淆）之上的观点，是由阿尔楚罗（Alchourrón）提出来的。我将通过一个法律实例的方式来展现他的论证。[33]

阿尔楚罗是从可废止条件句这一现象入手来研究可废止性的观念的。他的基本观点是可废止条件句是一个在“常规”（normal）情况下有效的条件句。“如果某人是小偷，那么他是应受惩罚的”这一条件句的可废止性就使得它实际是说，在常规情况下小偷是应受惩罚的。假设小偷是应受惩罚的这一条件句对于 12 周岁以下的小偷是无效的。处理这一情况的一个方式就是使用非单调逻辑：“约翰是小偷”推出“约翰是应受惩罚的”这一论证在“约翰未满 12 周岁”时是无效的。处理这一现象的另一个方式是重新界定这一错误的信念（即小偷是应受惩罚的），将其改为 12 周岁以及 12 周岁以上的小偷是应受惩罚的。从这一意义上来讲，即同样可以推导出某人应受惩罚的条件是此人既是小偷又并非未满 12 周岁，此一信念修正在逻辑上与使用可废止条件句具有相同效果。因此，问题就出现了：使用可废止条件句究竟有什么作用。因此，阿尔楚罗写道：

“……当某人必须去完成表征不完全知识的任务时……他将面临着下列困局。要么使用概念上较强的语句（一般条件句），这带来了许多有趣的结果，也预设了所有相关的危险，因此经常需要准备去对信念进行修正；或者运用概念上更弱的可废止条件句，它几乎是完全有保证的，代价却是失去了大部分（如果不是全

---

〔33〕 下面的内容建立在阿尔楚罗相关论述的基础之上。C. E. Alchourrón, Philosophical Foundations of Deontic Logic and the Logic of Defeasible Conditionals (n. 12), p. 69f.

部）有趣的结果。我们必须在天堂乐园的安静黑暗和日常生活的危险光线中做出选择。”〔34〕

在我看来，与阿尔楚罗的批评相关的两个要点似乎应当被指明。第一点是通过演绎逻辑与信念修正结合的方式逻辑地处理可废止性是可能的。非单调逻辑对于处理可废止性并不是必需的。

接着就应当指出第二个要点，即我们是否应当优选非单调逻辑而非演绎逻辑与信念修正的结合，这是一个实用性问题。可能并没有一个普遍的优选方案。根据引文，当阿尔楚罗表达他自己对于信念修正而非非单调逻辑的偏爱时，他（与其他人相比，至少）心中已经有了科学理论的建构。如果某人认为科学理论建构的目的在于对于类法律（law - like）关联的精确描述，阿尔楚罗对于信念修正的偏好就是可以理解的，因为非单调逻辑的运用只会掩盖一个（仅能被可废止地适用的）理论的不正确性。例如，牛顿力学是错误的（在某个意义上），因为它只有在涉及较小的速度时才能给出正确结果。但是，甚至在从事科学理论建构时，我们依然可能选择一个有着有限适用范围的相对简单的法则〔35〕（因此使用非单调逻辑去形塑法律适用），而非普遍适用的法则，即以高度复杂的内容（例如，相对论力学更为复杂的内容）为代价选择更广的适用范围。因此，下面需要面对的问题就是法律证成的性质所导向的是对信念修正的优选，还是非单调逻辑的运用。

（二）舒特曼论法律证成

舒特曼（Soeteman）明确给出了支持信念修正、反对运用非单调逻辑的必要论据。〔36〕在他看来，真正的证成必须总是建立在一个演绎有效的论证之上。他写道：

“……只要一个论证无法被演绎地分析，结论就是无保证的。只要一个论证没有被以演绎有效的方式重构，结论就可能是可选择的，因此结论就不是完全正当化的。”

舒特曼进一步强调了这一“完全的证成”在法律中最为重要，原因在于法律

〔34〕 C. E. Alchourrón, Philosophical Foundations of Deontic Logic and the Logic of Defeasible Conditionals（n. 12）, p. 83.

〔35〕 这里所指的是图尔敏（S. E. Toulmin）在《科学哲学：导论》中对斯奈尔法则（Snell's law）所论述的内容。S. E. Toulmin, *The Philosophy of Science: An Introduction*, London: Hutchinson, 1953, p. 57f.

〔36〕 A. Soeteman, Do We Need A Legal Logic?（n. 4）. 也可参见他在本期中的文章。

判断的重大影响。他的论点在于因为法律结论的重要性，它们必须被完全正当化，而只有当一个可选择的结论是不可能的时候这个结论才是完全正当化的。

关于这一论据，至少有两点评论需要交代一下。第一，法律结论超越任何怀疑，这可能是高度可欲的，但超越任何怀疑的结论在人为事物中却几乎难以企及，因此对于这一不容置疑之结论的要求可能根本就是在要求做不可能之事。显然，我们应当努力做到最好，但是我将论证的是，非单调逻辑的运用并没有干涉这一努力。

第二点评论在于提醒大家注意绝对证成和相对证成的区别。一个结论相对于一个前提集合是正当化的，如果对这一结论的接受对于那些接受这些前提的人来说是理性的。一个结论是绝对正当化的，如果它自身是绝对正当化的，或者它相对于那些自身绝对正当化的前提是正当化的。在我看来，舒特曼对于无瑕疵之法律结论的要求，实际上就是要求绝对地正当化，而非相对地正当化。即使法官的意见是从一个包含了错误前提（即他从事了犯罪行为并因此被送进监狱）的前提集合演绎推导出来的，一个被送进监狱的人也会感到自己被不公平地对待。而在舒特曼的意义上，无瑕疵法律证成所要求的就是结论从真的前提中演绎地推导出来。

对于舒特曼来说，非单调逻辑只能在常规性预设的假定前提之下才能正当化一个结论。没有这一预设，论证就是难以让人信服的。但是，如果常规性预设被增加到前提中去，那么论证就成为演绎有效的，论证的结论对于那些接受这些前提的人来讲就是不可避免的了。例如，约翰是小偷，除了例外情况之外小偷应当受惩罚，因此约翰应当因此受惩罚，这一论证是可废止的，但是通过增加这一前提，即在约翰这一案件中，小偷应受惩罚的规则没有例外，前一论证也可以被演绎地分析。

可以提出两个论据来反对这一研究进路。第一个论据在于，如果某人想使用逻辑来形塑证成的话，逻辑的任务就在于回答这一问题：根据此人的其他信念，对某一信念的接受是否是正当化的。在其中，这些其他的信念是固定的。为了使得结论看起来是正当化的（根据其所接受的信念演绎推导出来）而为论证增添前提并不是可行的策略。更具体一点说，为了演绎推导出结论“约翰是应受惩罚的”，而为前提“约翰是小偷”增添另一前提“如果约翰是小偷，那么他是应受惩罚的”，这不是可行策略。后一前提的真只有在某人知道约翰是应受惩罚的时候才能确定，但是论证的功能恰恰就在于确定这是实际情况。可是，在论证起作用的情境中，给出的信息只有约翰是小偷，而非他是应受惩罚的。逻辑所要回答的问题是：如果约翰是小偷且除此无他，那么接受约翰是应受惩罚的，这是否是理性的。[37]

在这里，我的一般论点是逻辑主要是在已有前提不允许结论之演绎这样的语境中发挥作用的。要求前提必须是完全的（completed）以使其衍推出结论，这会使得逻辑在这些语境中毫无用处，因为所增加的前提的真根本无法确定。然而，这并不表明论证会预设这些前提。论证所预设的是这些前提为结论提供了充足的支持，以使得根据这些前提而接受这一结论是理性的。这一预设关涉的是信念变化的理性，而非某个或更多前提的真。[38]

根据舒特曼的进路，一个可废止的论证能够以一个附有增添（常规性）前提的演绎有效的论证所取代。反对这一观点的第二个论据就是它将不确定性的原因从可废止论证的有效性转到了增添前提的真上。法官判决的相对证成已经完成，但是绝对证成并没有变得更强，因为为什么约翰最终是不应受惩罚的可能理由在两种情况下都是一样的。如果存在一个证成根据，那么在演绎逻辑之下，它是以诉诸前提（没有证成根据）的错误性而被处理的。而在非单调逻辑之下，它是通过为规则创设一个例外的方式来处理的。因此，带有不确定前提的演绎逻辑与带有确定前提的非单调逻辑之间的区分似乎并没有带来什么不同。相比于带有不确定前提的演绎逻辑，非单调逻辑的使用并没有增加不确定性。

但是，有人可能会说，二者之间确实存在区别，因为使用演绎逻辑的法官在决定惩罚约翰之前必须确定规则没有例外，而他若使用非单调逻辑，则只要可能例外的出现没有被论及，他就可以完全不顾及这种可能例外的出现。但是，这样的论据赋予了逻辑过于重要的角色。而这样一个逻辑并不能决定法官的探索性任务。无论是使用非单调逻辑还是使用单调逻辑，法官都可能有着搜集所有与其判决相关的信息的任务。如果这一信息包括小偷应受惩罚这一规则存在例外，使用非单调性逻辑与使用单调性逻辑作出的判决都是一样的，即约翰不应当受惩罚。

更一般地讲，为了分析法律证成我们选择了逻辑分析，这种分析不必须要对

---

〔37〕 可以说，接受这个仅仅建立在单独一个前提之上的结论不是理性的。捍卫一个包括领域知识的逻辑并不是我在这儿的目的，尽管我相信领域知识与逻辑并不能很好地被分开。参见 J. C. Hage, Legal Logic: Its Existence, Nature and Use（n. 31）.

〔38〕 使得论证能够演绎有效所需的前提似乎多与保证从前提得出结论的推论规则（rules of inference）相似。但是，某人是否接受某一前提为真或者接受某一推论规则是有效的，有着重要区别。如果推论规则保证的论证并不是演绎有效的，这一区别就非常明显。参见 S. E. Toulmin, *The Uses of Argument*, Cambridge: Cambridge University Press, 1958, p. 94f.

法律判断的结果有任何影响。任何可以通过使用单调逻辑与信念修正合法地完成的事情，也都可以通过非单调逻辑的使用来完成，反过来也是一样。因此，法律证成毋庸置疑的重要性并不必然对逻辑的选择（通过这一方式来分析法律决定的作出）产生作用。运用何种逻辑是一个实用性问题，而且，正如我在本节第一部分所论述的，非单调逻辑之于证成废止来讲是初显上的明显选项。

五、逻辑的性质

尽管非单调逻辑之于证成废止来讲是初显上的明显选项，但依然存在很多对这一逻辑的抵制。对于这一现象一个可能的解释是非单调逻辑根本没有被当作“真的”逻辑看待。在第四部分第（一）小节所讨论的阿尔楚罗的批评似乎就是一个实例。为了对这样的批评进行探讨，我将对逻辑的性质着重讨论。

逻辑的功能在于论证的评估。在论证中，一个或者更多的理由被引证（adduced）以支持对某一结论的接受。在此基础上，两个问题出现了：关涉这些理由的那些陈述是真的吗？——假设这些陈述是真的——接受这一结论是理性的吗？从传统上来讲，逻辑的功能就在于提供能够用来回答第二个问题的标准。

以这种方式系统地讲，逻辑的性质是非常宽泛的。例如，逻辑有着回答这样一个问题的任务：假设约翰是小偷，那么接受约翰是应受惩罚的这一结论是否是理性的。更精确来讲，这一理性的问题可以被表述为：在前提被接受为真的预设下，把结论当作真的予以接受、当作假的予以拒斥或者予以推迟判断，是否是更加理性的。

与这一宽泛的功能相比，现代逻辑至少已经以两种方式对此进行了限定。第一，通过将任何可能被看作是领域知识的东西当作“内容”而转移出逻辑王国之外，从而缩小了逻辑的范围，逻辑就只处理论证的“形式”问题。第二，对于论证结论之接受的标准变成“如果前提为真，则结论必然为真”，从而那些为其结论提供较少支撑的论证也被宣布为无效。简而言之：逻辑已经被限定为演绎逻辑了。

但是，在理性接受与演绎之间并没有必然关联。事实上，证成废止的存在就预设了存在一些情境，在这些情境中，一个信念相对于一个信念集合是正当化的，即使它并不是从这一集合演绎推导出来的。将逻辑限定为演绎逻辑有着一些缺憾，即它将归纳、设证（abduction）和许多形式的实践推理[39]从逻辑评价中予以排除，或以演绎标准的衡量将它们归为无效。

如果将逻辑当作**对理性接受之标准的研究**，这些缺憾就能够得以避免。根据这一观点，逻辑所处理的是这一意义上的论证，即某些语句被引证以支持对其他语句的接受。作为对语句真值之必然关系的研究，演绎逻辑与我们应当理性信仰什么并没有关系。它只是提供了可能被认为与理性信念（修正）理论相关的数据（q 必然为真，如果 p → q 和 p 都为真）。下面来自以色列（Israel）文章的引文就阐明了这一点：

“肯定前件规则首先且主要是建立在以形式化限定的语形学实体（的集合）之上允许某种特定的语形转化的规则。（实际上，首先且主要来说，它‘真的’不是规则；它‘真的’只是在一个由符合语法规则的公式所组成的有序对与一个符合语法规则的公式之间的二度关系而已。）……符合演绎转化规则之集合并不是理性信念的充分条件……真正的推论规则是引导信念确定和修正的规则（更好称为：政策）。”[40]

如果某人持有这样的逻辑观念，非单调逻辑的运用就是建立在对逻辑性质的混淆之上的。这一混淆就是我们试图让逻辑去做它本来并不去做的事情，也就是让它为根据其他信念而持有某些信念的评价提供标准。但是，一旦我们采用作为理性接受之标准的更宽泛的逻辑观念，精确来讲，逻辑的目的就是提供“信念确定和修正的政策”。或多或少，也可以说，根据演绎观点，逻辑处理的是真以及语句真值之间的关系。而根据广义观点，逻辑处理的是证成。

根据演绎观点，逻辑本质上是单调的。如果根据某一前提集合结论是真的，那么即使有了更多前提这一结论也必然是真的。演绎逻辑的单调性是直接从逻辑的演绎性质推出来的。更进一步来说，演绎逻辑所处理的真的观念（比喻地说）本身就是单调的。如果根据一系列事实，语句是真的，根据更多的事实，它就不可能是假的。[41]

如果逻辑处理的是证成，那么事情就变得截然不同。根据定义来讲，证成是

---

〔39〕这里的实践推理不仅仅包括真实生活推理（与哲学和数学推理相反）意义上的推理，而且也包括在规范推理意义上的推理。

〔40〕引自 D. J. Israel, What's Wrong with Non-monotonic Logic? In *Proceedings of the First Annual Conference on Artificial Intelligence*, 1980, pp. 99~101. 我将缩略词“wff”换为“well-formed formula”。

〔41〕在真等同于正当化的语境中可能不同，而且法律可能就是这样的语境。在《法律与融贯》中，我采纳了这样的理论，即有关法律的最好（正当化）理论所讲的法律是什么，法律就是什么。J. C. Hage, Law and Coherence (n. 9).

相对的，也即相对于证成所立基的前提。一个被某个前提集合正当化的判断是**相对于这些前提是正当化的**。[42] 如果前提集合改变了，那么相对于旧的前提集合的证成与相对于新的前提集合的证成就不一样了，即使新集合是旧集合的扩展。正如真理比喻来说是单调的一样，证成比喻来说则是非单调的。根据广义观点，逻辑处理的是证成，因此本质上是非单调的。

我所能想到的选择演绎逻辑的唯一理由就是某人可能像以色列一样相信只有演绎逻辑是“真的”逻辑，而且相信（例如）证成与这样的逻辑没有任何关系，与运用逻辑的人也没有关系。有关“逻辑”这一语词的正确意义的讨论并没有多大意义，所以我并不打算主张以色列的观点是错误的。相反，我所主张的是，一个结论根据某人所相信的其他事实是否应当被理性地接受，对此进行评价的工具，不管我们叫它“逻辑”或者其他名称，都不应当有单调性这一属性。

六、结论

在本文中，我试图回答三个问题，即可废止性是什么，它是否在法律领域之内出现，以及我们是否需要非单调逻辑来处理可废止法律推理。我的结论是，如果区分不同类型的可废止性是可能的，那么对于我们的目的来讲，最有意义的类型是证成废止。证成废止是这样的现象：一个结论根据某个信念集合是正当化的，但是根据另一个信念集合（它是前一个集合的超集）却不是正当化的。

证成废止在法律中发挥着作用，不仅在证明负担的分配上，也在发现的脉络之中（在其中案件－法律结论对被表述出来，它是在法律决定的演绎证成中使用的）。

非单调逻辑几乎是对证成废止的描摹（如果“被正当化”被“被推导出”所取代），而且它对于证成废止的逻辑分析非常有用。但是，用演绎逻辑与信念修正的结合总是可以代替这些逻辑。虽然在某些情况下，这可能是有益的，但是尽管舒特曼的论据对此表示反对，但法律证成似乎并不处在这些情况之中。

---

〔42〕 这不应当与下面错误的观点相混淆：一个正当化论证的结论就是说相对于前提这一结论是正当化的。结论的证成总是相对的，这并不意味着正当化结论本身就是相对化的（relativised）。相对性是预设的，而不是呈现的。

一个相似的观点可能在有关价值判断（以及建立在某一标准之适用基础上的所有判断）出现。每一个价值判断都是相对于某一标准的，但是一般来说判断本身对于这一标准并不是相对化的。

法律论证的可废止性需要特殊的法律逻辑吗？*

[荷] 阿伦德·舒特曼**著

宋旭光***译

本文要捍卫的命题是，我们并不需要一种特殊的法律逻辑来处理法律论证的可废止性。这一命题的一个重要论据是法律判断需要一个完全证成，而这样一个完全证成要求的是一个演绎有效的论证。

一、导论

我们知道，自从1951年以来，那些对规范（法律、道德）推理感兴趣的逻辑学家以及对逻辑学感兴趣的法学家与伦理学家来说，逻辑的一个分支就一直颇受重视：道义（deontic）逻辑，它研究的是规范论证。[1] 道义算子（operators）（应当［obligation］、禁止［prohibition］和允许［permission］）被形式地重构，这意味着他们在一个形式系统中得到界定。理想状态是它们之间的关系在这样的系统中能够被完全且可靠地表述（formulated）。公理和推论规则也是它们意义的一部分。标准写法是用大写字母O、P和F来分别表示应当、允许和禁止。如果

---

* 译自：Arend Soeteman, Legal logic? Or can we do without? *Artificial Intelligence and Law* 11, 2003, pp. 197～210.

** 阿伦德·舒特曼（Arend Soeteman），荷兰阿姆斯特丹自由大学（VU University Amsterdam）荣休教授，荷兰皇家艺术和科学院院士。译文标题参考了该文首次发表所使用的题目（Arend Soeteman, Do We Need a Legal Logic? in A. Folgelklou and T. Spaak (eds.), *Festskrift till Ake Frändberg*, Uppsala: Iustus Förlag, 2003, pp. 221～234），并进一步明确了主旨。本文的翻译得到作者授权，在此特别感谢舒特曼教授对于翻译工作的支持和帮助。

*** 中国政法大学法学理论2013级博士生，阿姆斯特丹自由大学联合培养博士生（2014～2015）。

〔1〕 1951年，G. H. 冯·赖特（G. H. Von Wright）的《道义逻辑》发表。一般认为，这篇文章是现代道义逻辑的开端。G. H. Von Wright, Deontic Logic, *Mind*60, 1951, pp. 1～15. 但是对规范性概念之间的逻辑关系的研究更为古老。参见 G. Kalinowski, *LaLogiquedes Normes*, Paris: Presse Universitaire de France, 1972, pp. 31～78.

我们使用 O 作为一个主要的道义算子，那么其他的算子的定义分别是：

定义 1　Pp = ~O~p，

定义 2　Fp = O~p。

标准公理是：

公理 1　O（p&q）≡Op&Oq，

公理 2　~（Op&O~p），

公理 3　O（p∨~p）。[2]

但是，作为一个形式系统，这个道义系统只是一个符号（symbols）游戏。只要我们处于这样的形式系统之中，道义算子的所指（reference）都可以被放在括号内。我们就不需要知道从 Op 到 O（p∨q）的演绎中 O 所指涉的是应当。

道格拉斯·霍夫斯塔特（Douglas Hofstadter）已经创制了一个根本没有意向适用（intended application）的系统：MIU－系统。[3] 它为充分形式化的字符串（wellformed strings）给出了定义：任何字母 M、I 和 U 的序列。它有一个公理：MI。它也有从我们既有的字符串推出新的字符串的一系列规则：（1）如果我们有 xI 我们可以推导出 xIU，（2）如果我们有 Mx 我们可以推导出 Mxx，（3）如果我们拥有 xIIIy，我们可以推导出 xUy 以及（4）如果我们有 xUUy，我们可以推导出 xy（当然，x 和 y 是字符串［部分］的变元）。那么我们就可以从 MI 推导出许多公式来：MII，MIIII，MUI，MUIU，MUIUUIU，MUIIU，等等。这个形式系统的意义是什么？答案是：只要我们无意适用，除了在这一系统中语形上（形式上）界定的意义外，它就没有其他意义了。

逻辑系统通常都有着意向的适用。它们意在重建论证并检验其效力。我们使用它们来探究关键概念的形式特征。[4] 更多地，它们意在重构且检验某种特殊类型的论证，并且探究在这一特殊类型的论证中的关键概念。道义逻辑就是一个范例。在这种情况中，我们建构此一逻辑系统是用来适切地重建规范性论证的。我们用它来研究道义算子。但是，作为一个形式系统，这个系统并不依赖于其适

---

〔2〕 这些定义使用了命题逻辑的标准联结词：~是否定词（非），& 是合取词（且），∨是析取词（或），≡是真函等值（当且仅当）。另一个标准连接词⊃表示蕴含关系（如果……那么）。

〔3〕 D. R. Hofstadter, *Gödel, Escher, Bach, an Eternal Golden Braid*, NewYork: Vintage Books, 1980, p. 33 ff.

〔4〕 在命题逻辑中是连接词（见脚注 2），在谓词逻辑中是“全部”和“某些”，在道义逻辑中是道义算子。

用。即使它以某种方式导致了悖论(就像许多作者所论述的,标准道义逻辑可能导致悖论一样),我们也并不能得出结论说像这样的系统是有缺陷的。作为一个形式系统,它依然还是原来那个形式系统:我们依然可以依据这一系统中的推论规则从公式推导出公式。唯一的结论是,对于此一特定类型的论证之重构,这一系统似乎并不适合,而我们之前认为适合。

现代逻辑见证了形式系统的激增。我们有命题逻辑和谓词逻辑,我们有模态逻辑和(受模态逻辑启发的)道帕肯辑,我们有传统的二值逻辑系统,我们也有三值系统、四值系统以及其他的多值系统,我们还有单调(monotonic)逻辑和非单调逻辑。哪一个系统或者哪些系统是完全"正确的系统",这个问题是没有意义的。只要它们是一致的(consistent),它们就是完全"正确的"——有人可能甚至也会怀疑这种一致性要求的必然性。这些系统大部分都有意向的适用。对于形式系统的评价,唯一的重要问题是:在它们意向适用的领域中,它们对分析有多大用处。

形式演绎逻辑的两个可能的替代选项已经得以建构:所谓的非形式逻辑(在法律语境中也叫法律逻辑)和非单调逻辑。在本文中,我想要讨论的问题是,这两种进路虽然可能比较重要,但是是否真的可以用来代替形式演绎(单调)逻辑。非形式逻辑与(在更小程度上)非单调逻辑被当作领域依赖的(field dependent)。那么,我的问题就可以总结为:我们是否需要一种法律逻辑?或者没有法律逻辑我们又能如何?[5]

二、阐明问题

我将从某些回忆开始。1981年,在阿姆斯特丹召开了一场小规模的会议,逻辑学家和法哲学家都前来参会。会议的议题是逻辑对于法律以及法律推理的意义。沙伊姆·佩雷尔曼(Chaïm Perelman)是特邀发言嘉宾之一。而我有幸成为另一个特邀发言嘉宾。

那一年早些时候我出版了一本有关逻辑与法律的论著。[6] 在这本论著中,我批判了佩雷尔曼关于逻辑与法律的观点。在其很多作品中,佩雷尔曼都曾主

[5] 有些时候法律解释或者司法决定的作出也被称为法律逻辑。当然,对于这些主题的研究,我并不反对。

[6] A. Soeteman, *Logic in Law*, Dordrecht: Kluwer Academic Publishers, 1989. (修订后的英文版。)(本书荷文版是1981年出版的,所以作者说"那一年早些时候"。参见 A. Soeteman, *Norm en logica*, W. E. J. Tjeenk Willink, 1981. ——译注)

张：形式的、演绎的逻辑对于法律是没有用处的；法律需要的是非形式的、法律的逻辑。在他看来，演绎逻辑是强制的。演绎逻辑对于数学是重要的。但是法律论证通常一点都不具有强制性：它们的结论是面向受众作出的似真的（plausible）结论。

我不同意这种观点。我当时相信，现在也同样相信，演绎逻辑对于结论的证成是必不可少的。我在论著中已经阐明了我的观点，而且我认为，在佩雷尔曼出席的会议上发言，是告知佩雷尔曼我对于其理论的反对意见的一个好机会。

在某种程度上，结果却是让人失望的。佩雷尔曼说，他完全赞成我的观点。而这竟是整个讨论的结束。这次会议不久，佩雷尔曼就与世长辞，因此新一轮的讨论也就再也没有可能开启。

第二段记忆。几年之后，面对荷兰哲学家，我提交了一篇论文，也是关于逻辑和法律的。我解释到，在演绎逻辑中，当且仅当如果前提为真那么结论必然为真时，这个结论才能够从这一前提集合中演绎推出。当然，这都是老生常谈。但是，有三四位与会者却情绪激动地表示反对：我怎么能说一个结论是必然为真的呢。更具体来说，在法律结论的语境中我怎么能说出这么愚蠢的东西呢！

最后一段回忆。大约五年之前，我再一次就一篇论文发言。这一次是在一场荷兰有关法律论证的会议上，我的论题是法律推理。在发言中，我评论道，根本没有特殊的法律逻辑。那天稍晚，一位年轻的荷兰同事——我非常欣赏他的才智——就质疑我为何要发表这样令人惊讶的主张。

20 世纪 80 年代期间，在我看来，形式逻辑对于结论之证成是关键性的以及这种形式演绎逻辑是独立于领域的（field independent），这样的观点已经逐渐成为主流。佩雷尔曼并未就有关其观点的评论作出回应，且如今他已辞世。只有一些后进哲学家，以我第二段回忆中的哲学家为代表，他们完全不了解逻辑，而依然有着一些不同的观点，但是很显然他们的观点都是建立在误解之上的。但是第三段回忆却说明我是如此地错误。到了 20 世纪 80 年代行将结束之时，前述的局面已经发生了改变。我从亨利·帕肯（Henry Prakken）有关非单调逻辑的博士论文中受益颇多。[7] 非单调逻辑不是一个非形式的逻辑或者实质逻辑（material

---

〔7〕 H. Prakken, *Logical Tools for Modelling Legal Argument*, Dordrecht: Kluwer Acadamic Publishers, 1997.（本书是帕肯 1993 年博士论文的修订和扩展版，其研究主题是法律中的可废止推理或非单调逻辑，参见 H. Prakken, *Logical tools for modelling legal argument*, Dissertation, VU University Amsterdam, 1993。中译文参见［荷］亨利·帕肯：《建模法律论证的逻辑工具：法律可废止推理研究》，熊明辉译，中国政法大学出版社 2015 年版。——译注）

logic)。但它也不是演绎逻辑。帕肯并没有展现比之单调逻辑来说非单调逻辑是一个更好的选择。他所展现的是,非单调逻辑对于法律专家系统(legal expert systems)的发展来讲是不可或缺的:在人工智能与法律中我们需要一个逻辑,它可以处理不一致性且可以以可废止的(defeasible)方式来正当化(justify)结论。

我仍然有着许多疑问。当然,这并非针对帕肯论文的质量。也并非针对非单调逻辑对于人工智能与法律的重要性。我是对可废止证成(justification)表示怀疑。可废止证成能是一种证成吗?我能够轻易地将非单调逻辑置入发现的脉络之中。但能否将其置入证成的脉络之中呢?

不过,虽然我认为非单调逻辑属于发现的脉络,可帕肯却表示反对:在他看来,非单调逻辑也能正当化结论,只不过是在证成的一个较弱的意义上而言的。这里的歧见并不仅仅是术语上的。

三、非形式逻辑

我已经在我的论著中论证了非形式逻辑并不是形式逻辑的替代物。我认为,所有的论证都可以予以形式分析,但是也同样可以给予非形式分析。前者研究的是论证的效力,后者研究的是论证(某些)前提(包括那些可能在论证中起作用的隐含前提)的可接受性。但是,从研究的主题到它们所使用的方法来看,两种不同的进路是相当不一样的,将它们都置于逻辑这一个概念之下只能是让人备感窘迫。[8]

我所关心的主要是像佩雷尔曼这样的学者所主张的非形式进路。[9]佩雷尔曼将非形式逻辑与形式逻辑相对立,认为形式逻辑关涉的是演绎论证和强制性论证,而非形式逻辑关涉的是那些至多是令人信服的(convincing)论证。因为他也正确地指出在法律中多数论证都是有争议的且至多是令人信服的论证,所以他这一进路的蕴含就是形式逻辑对于法律推理中只有非常有限的相关性。这一观点所带来的结论是,对法律论证可接受性的评价依赖于联系(associations),依赖

〔8〕 A. Soeteman, *Logic in Law* (n. 6), p. 10f.

〔9〕 Ch. Perelmanand L. Olbrechts – Tyteca, *La Nouvelle Rhétorique*: *Traitéde l'Argumentation*, Paris: Presses Universitaires de France, 1958; Ch. Perelman, *Justice et Raison*, Bruxelles: Presses Universitaires de Bruxelles, 1963;

Ch. Perelman, *Le Champs de l'Argumentation*, Bruxelles: Presses Universitaires de Bruxelles, 1970.

于作为事实问题的对于受众有信服力的类比，依赖于通用论题（commonplaces），等等。这允许对法律推理进行经验研究（何种类型的论证是被普遍接受的，等等），但是这却阻碍了对法律推理的理性分析。佩雷尔曼将证成化约为一个受众或者一个作为合理之（reasonable）人的受众是否接受这一结论的问题。但是，假如我是受众之中的合理之人，可我的问题并不是我是否偶然地接受这一结论，而是根据所展现的论证，其受众（包括我）是否应当接受这一结论。

近来，亚普·哈格（Jaap Hage）将我反对对法律论证进行纯粹非形式分析的论述表述为："要么通过增添一个可接受的前提，这样一个论证可以被塑造成形式有效的，要么它就不能［被塑造成形式有效的］。如果它能够被塑造成有效的，要去做的最佳之事就是增添这个可接受的前提，并满足于由此带来的（根据形式逻辑的）有效性。如果论证不能通过增加一个可接受的前提而被塑造成形式有效的，那么它就应该被当作无效的论证而予以抛弃。"〔10〕我从来没有说过某人（谁?）应当增添一个可接受的前提，而只是说：如果某人想要研究论证的逻辑有效性，这一可接受的前提就应该被纳入考量。但是，除了这一小的方面之外，哈格的总结都是正确的。

承蒙哈格好意，承认我的论证是有力的。但是他继续说道，我的论证预设了形式与内容的区分，而若这一区分关涉的是使用日常语言的论证，它就比所主张的更加不明晰。〔11〕"逻辑形式并不是附随于某一论证的东西……在之前并没有人对此有反对意见：从法律领域汲取一些因素并将其置入一种特殊的法律逻辑之中，这就将承认除了（例如）谓词逻辑之外更多的逻辑形式。"〔12〕

我完全赞同哈格对于形式和内容的评论。二者并不存在严格的、既定的区分。只要我们愿意，内容都可以被形式化。但是，我并没有看到，形式分析的可能性为什么可以构成我对纯粹非形式分析之反对意见的反驳性论据。

只要哈格想说的是，意在适用于法律论证领域的形式逻辑系统是可以被建构的，那他就是正确的。例如，界定像**侵权**或**财产**或**协议**这样的法律概念的形式特点，建构详述这些概念的形式系统，这都是可能的。某人是否想将这样的系统命名为**法律逻辑**，这是一个术语问题。因为我们绝不可能排除这种可能性：作为一

〔10〕 J. C. Hage, Legal Logic, Its Existence, Nature and Use, in A. Soeteman (eds.), *Pluralism and Law*, Dordrecht: Kluwer Academic Publishers, 2001, p. 355.（原文注为"Pluralism in Law"，似为编辑错误。——译注）

〔11〕 J. C. Hage, Legal Logic, Its Existence, Nature and Use (n. 10), p. 355.

〔12〕 J. C. Hage, Legal Logic, Its Existence, Nature and Use (n. 10), p. 356.

个逻辑系统，除了其意向的适用之外，这一系统似乎也还有其他的应用，那么，此一术语就可能会给出错误的讯息。但是，我不得不承认，这种比较性考量并不能阻止我们将分析道义算子的逻辑命名为道义逻辑。

哈格也论述到，我反对非形式逻辑的论据同样可以用来反对谓词逻辑。举个例子（来自哈格）：

（1）所有的小偷都是应受惩罚的，

约翰是小偷，

因此：约翰是应受惩罚的。

根据命题逻辑，这并不是一个有效的论证："P，Q，因此 R" 并不是有效的图式（scheme）。但是根据谓词逻辑："（x）［小偷（x）⊃应受惩罚（x）］，小偷（约翰），因此：应受惩罚（约翰）" 是一个有效的图式。但是，通过增加一个隐含的前提：（P&Q）⊃R，我们可以使命题图式也变成有效的，哈格追随我的论证论述到。哈格得出结论说，我的论证应该暗含了：相对于命题逻辑而言，谓词逻辑是多余的。[13] 但是，这毫无疑问是个误解。我同意，每一个接受（1）的有效性的人都应该接受（P&Q）⊃R 的真。[14] 但它的真是依赖于它的内容的。可是如果我们使用谓词逻辑，我们可以将（P&Q）⊃R 重新表述为：（x）［（小偷（x）⊃应受惩罚（x）］& 小偷（约翰））⊃应受惩罚（约翰），它是真的却是因为它的形式。这证明根据谓词逻辑（1）是逻辑有效的，即使不增添一个隐含的前提。谓词逻辑是一个更有力的逻辑系统，它允许我们发现很多像这样的（如果不增添其他前提就可能是错误的）仅在命题逻辑中无法被发现的逻辑有效性。

只要哈格将我的论证解释为是反对更为特定的逻辑系统的论证，他就是误读了它。我的论证反对的仅仅是非形式"逻辑"用来作为形式逻辑分析的替代物。

四、演绎分析的关键点

但是，恐怕我们之间的意见分歧可能是更深层次的。我的论证是支持法律推理之形式分析的论证。支持这一形式分析的更深层次的理由是（法律）论证应当

〔13〕 J. C. Hage, Legal Logic, Its Existence, Nature and Use（n. 10), p. 356.

〔14〕 这里的大写字母表示命题常数，它们并不是表征任意一个命题，而只是表征在（1）之中表达的那些命题。

被重构为演绎有效的。我觉得，哈格的反对意见恐怕不是关于形式性的而是关于演绎的。他认为，演绎有效性是依赖于论证的形式属性的。但在法律中许多论证都不是演绎有效的，他论说到。更经常出现的是结论的**促成性**（contributive）理由而根本不是**决定性**（decisive）理由。促成性理由是可以被废止的。法律逻辑被建构或必须被建构，以用来形式化法律推理，即可废止的推理。

首先，让我来解释一下，为什么我相信法律论证的演绎分析是重要的。理由在于：只要论证不是作为演绎有效的论证来重构的，那么一个可选择的（alternative）结论就仍然是可能的，即使某人接受了这一论证的所有前提，但是其结论却仍然不能完全被正当化。除了司法论证，还有着更多的法律论证，但是对于司法论证来讲，结论是有正当性保证的（warranted）是极为重要的：个体要被送往监狱或者被要求偿付大笔资金。而且很多其他关涉他们的决定是由法官作出的。在许多其他的法律论证中，这可能并不那么高，但是依然是重要的：如果我们给出一个论证来正当化某个结论，我们就要实际上正当化了这个结论。[15]

很清楚的是，在日常实践中，多数论证都不具有演绎形式。应用于日常语言论证的“演绎形式”，能用它来表示什么，甚至都是令人生疑的。但是，这也很清楚，一个严肃的论证是用来正当化它的结论的。一个论证有着这样的一般形式：

(2)　P1，P2，……，Pn，

因此：C。

对于结论C的一个完全证成要求C是从前提集合｛P1，P2，……，Pn｝演绎推出的。形式逻辑研究的是在哪一条件之下它是这样的。因此必须去解释这一论证并且将它转译到一个形式系统之中。如果（2）根据某一形式系统是无效的，那么通过增添一个另外的前提来保证它的有效性（从形式的角度来看）总是可能的，这一条件就是逻辑最小值（logicalminimum）Pn+1：P1&P2&……&Pn⊃C。

---

〔15〕 在其同期发表的文章“法律与可废止性”中，哈格推测道，我所说的对结论的“完全证成”意指结论超越一切怀疑。但这是一个误解，可能是由于我的不完全表述所导致的。完全证成指涉的是一个论证的前提与其结论之间的关系，它是这样的关系：当只要它的前提被接受（为真的或法律上有效的）其结论就必然被接受时，这一关系就存在。因此，我并不是在寻求被“绝对正当化的”、“无瑕疵的法律结论”。我所寻求的是通过论证的前提被完全地（即被演绎地）正当化的结论。关键之处并不在于使得结论更为确定或更有力，关键之处在于将不确定性的可能理由定位于论证的前提之中。如果某人想要挑战结论，那么在我的模型中，他不需要去挑战诸多前提之间某些没有具体化的关系，而是正如我在本文中所论述的那样，他必须挑战至少一个特定的前提。我的论点不是本体论上，而是论辩上或语用上的。（参见Jaap Hage, Law and defeasibility, *Artificial Intelligence and Law* 11, 2003, pp. 221~243. ——译注）

每一个论证都可以通过这一方式被重构为逻辑有效的。这里的论点可能是朴素的，但却是不可或缺的。一般来说，论证的主张者对论证之逻辑重构的前提都有承诺。不同意其结论的反驳者必然对至少其中一个前提表示不赞同：他（她）可以选择这一前提或对这些前提进行攻击。但是，如果一个论证并没有被重构为演绎有效的，主张者隐含的承诺就会存在。再者，反驳者可能不赞同这一结论，但是现在甚至无法就其中任何一个前提表达异议。[16] 至少在重构中，使得隐含的承诺变得显明，有着对话的优点。

五、单调逻辑与非单调逻辑

在几乎每一本逻辑导论中，我们都可以看到：逻辑是有关有效论证的研究。传统逻辑对于有效性的解释如下。一个论证是有效的当且仅当其结论是从其前提必然推出的，也就是，当且仅当其前提是真的，结论是假的是不可能的。从“所有的人都是会死的”推出“苏格拉底这个人是会死的”，当这是不可能的：在某些世界中，作为一个事实问题，所有人都是会死的，但是苏格拉底这个人是不会死的。

这一逻辑有效性是单调的：如果我们为某个有效的论证增添了一个新前提，这一论证依然是有效的。这必然是这样的情况。原有前提以及新增前提全部是真的的所有世界组成的类，与原有前提全部是真的的所有世界组成的类，前者是后者的一个子类（或者等于）。如果在更大类的所有世界中结论是真的，那么在其子类的所有世界中它也是真的。

但是日常论说的实践是不一样的。如果我打电话给我妻子说我正在晚上八点（荷兰时间）从伦敦希思罗机场启航飞往阿姆斯特丹史基浦机场的航班上，她可以正确地得出结论：我被预期晚上十点左右到家。但是，增添的资料可能会使得这一结论完全是无正当保证的。可能最终因为某些原因，我的航班不得不转航布鲁塞尔。或者，因为荷兰铁路出现了故障，我从史基浦机场到我家的路途时间被大大延长了。

在法律中我们也有着相同的经验。在荷兰法律中，当双方婚姻结束之时（不管是因为离婚还是配偶双方其中一方死亡），通常来说，他们的共同财产应当被

〔16〕 更多的细节，参见 A. Soeteman, Formal Aspects of Legal Reasoning, *Argumentation* 9 (5), 1995, p. 733f.

分为平等的两份：配偶双方的每一方（或者她/他的继承人）将得到其中一份。但是，如果一位贫穷、年轻的（38岁）同性恋护士与一个年迈、多病但非常富有的女士结婚，并且在几周之内谋杀了她，又该如何呢?[17]一个法律规范可以被赋予这样的一般结构：**如果p，那么q应该（可以）被做**。但是即使事实p被确定了，得出"q应当（可以）被做"这一结论可能仍然是草率的。在许多案件中，法律规则都有着例外。进一步说，例外的类是开放的：我们不能展现出所有可能例外的穷尽集合。在每一个新的案件中，可能正当化某个例外的特定情境都可能出现。

传统逻辑的另一个问题在于法律体系内部不一致的可能性，对此我将在后文论及。实在法体系是人创制的。它们不是完美的。遗憾的是，它们出现矛盾是可能的。法律方法的发展就是用来处理这些难题的。我们有位阶规则（后法优于前法，特殊法优于一般法）；我们一旦发现不一致就会解释它们。但是在单调逻辑中，我们从不一致的前提集合能推出任何东西。单调逻辑预设了一个不一致的集合是不可能为真的。因此，简单来讲，在这一集合是真的（即空集）的所有世界中，结论（无论它是什么）都是真的：从矛盾中可以得出任何事物（ex falso sequitur quodlibet）。这一观察已经激发了非单调逻辑系统的发展。[18]在非单调逻辑中，一个论证可以是有效的，即使增添的资料可能会使得这一论证无效。在非单调逻辑中，实在法的某些不一致并不会导致这一法律体系的全然崩溃：正如上文所论及的，可以通过形式化位阶规则而尝试予以解决。

我相信，法律中的现代非单调逻辑部分上是佩雷尔曼和图尔敏（S. Toulmin）[19]的理念的复兴，他们一直强调如今被称为法律论证的非单调性的东西。[20]正如我在写作《法律中的逻辑》（*Logic in Law*）这本书的时候所强调过的，佩雷尔曼和图尔敏表达了有关法律推理的有趣之事，现在我相信非单调逻辑学家也给出了有趣的分析。且后者做得更好，因为他们使用了现代形式逻辑的工具，而佩雷尔曼和图尔敏并没有使用。

〔17〕 1990年12月荷兰最高法院就这一案件作出判决：HR 7-12-1990, NJ 1991, 593。法院判决道，丈夫的诉求与合理性以及衡平的要求相冲突已经达到了此种程度（这并不是说它们冲击了正义感）以至于对他的这些诉求应当完全予以拒绝。我曾经分析过这个案件，参见 A. Soeteman, Formal Aspects of Legal Reasoning（n. 16），p. 733f.

〔18〕 H. Prakken, *Logical Tools for Modelling Legal Argument*（n. 7），p. 256.

〔19〕 S. E. Toulmin, *The Uses of Argument*, Cambridge: Cambridge University Press, 1958.

〔20〕 H. Prakken, *Logical Tools for Modelling Legal Argument*（n. 7），p. 256. 他主张自己的系统是形式化图尔敏对于论证结构的理念。

佩雷尔曼和图尔敏经常将他们的理念表述为是对立于形式、演绎逻辑的，这造就了一个错误的对比。法律推理的形式面向不是今天所讨论的问题。但是非单调法律逻辑的某些追随者似乎与佩雷尔曼和图尔敏一样认为演绎有效性有着很小的相干性。现在的问题在于：法律推理是非单调的吗，我们应否需要一个特定的法律的非单调逻辑，这一逻辑和单调逻辑又有什么关系？

六、可废止的信念

很显然，我们所有的知识，包括有关实在法以及有关与法律适用相关之事实的知识，都是可废止的。信念可能曾经被正当化了，但最终却被证明是错误的。让我们看一下我的航班从伦敦飞往阿姆斯特丹的那个例子吧！当我的妻子起先认为我应当晚上十点左右到家的时候她是错误的。有关我的航班转向了布鲁塞尔的新增信息揭示了这一错误。此一论证是：

(3)　我丈夫的航班晚上八点从伦敦起飞；

因此，我丈夫将在晚上十点左右到家。

为了将这一论证重构为逻辑有效的，我们必须增添这一前提：如果我丈夫的航班晚上八点从伦敦起飞，那么他将在晚上十点左右到家。这绝对是我妻子当时欣然接受的增添前提。根据自己的经验，她知道这一前提通常来说是真的。当然，她也知道，在例外的情境中，这一前提可能最终是错误的。但是正如其他所有人一样，我妻子运用了常规性假设（normality hypothesis）：如果没有相反的信息可以获取，那么我们就假设事件会按照通常路径发生。

某人可能将（3）当作是可废止推理的一个例子。但是正如（3）被表述的那样，它并非有效的。只有逻辑最小值被接受的时候，其前提才是去接受其结论的一个理由。为什么这一逻辑最小值却经常保持隐藏状态，而非显明出来，最简单的解释颇为明显：在常规情境中它是真的。

这也同样适用于法律。让我们假设一个规则：

(4)　如果 p 那么 Oq。

许多规则都是向例外开放的。存在许多一般例外，像不可抗力和正当防卫。而且对于特殊的规则可能也有特殊的例外。在实在法中许多例外通常并没有在规则本身中得以表述［作为（4）中的“p”的一部分］，而是位于其他制定法或在同一制定法的另外条款之中。常规性条件蕴含着只要没有特定的反对理由我们就假设没有例外适用。一个主张 Oq 的原告也必须主张 p：在常规情境中对于得出 Oq 的结论，这是足够的。但是，增添的信息可能会阻止这一结论。在司法过程中，这一增添的信息常常是由被告提出的，其承担例外的证明责任。

这似乎与（3）有着逻辑区别。与（3）不同，

（5） 如果 p 那么 Oq，

P，

因此，Oq，

似乎是逻辑有效的。

但是，只有当我们将“如果……那么……”解释成实质蕴含（或者更强的连接词）时，它才是逻辑有效的。但是在那一解释中，因为例外的存在，“如果 p 那么 Oq”就显然不是一个有效的法律规范了。我们应该给予（4）一个更弱的解释：我们应该将其解释为一个初显性规则，意指在 p 的通常情况中，如果没有例外适用，它可以推出 Oq。如果我们以这种方式解释（4），（5）就不是逻辑有效的。为了将其解释为一个有效的图式，我们必须增添逻辑最小值（“如果 p 那么 Oq”且“p”，那么“Oq”），这是我们在常规条件下所做的推论。

只要我们关注这些可废止的信念，我们就可以发展出一个非单调逻辑。这样的非单调逻辑可能对于法律专家系统的发展而言更显优越。[21] 或者，因为其他理由，这样做是明智的：发展一个更为接近日常实践的逻辑，无须为例外而担扰，只要没有理由相信这些例外已经出现了。但是这样的非单调逻辑却并不能代替演绎的、单调的逻辑。非单调逻辑只有在常规性预设适用于这一情况的前提条件下才是有效的。这一预设之于前提的增添，是通过单调的演绎论证展现给我们的。那么，可废止性并不位于可废止论证之中，而是位于论证的前提之一之中，也就是常规性假设。

七、运用可废止法律规则来推理

目前为止还没有特别涉及法律推理。增添的信息可能导致在常规条件下被正当化的一个信念成为错误的，正如在非法律的推理中那样。但是在法律中涉及的

〔21〕 H. Prakken, *Logical Tools for Modelling Legal Argument*（n. 7）, pp. 34 ~ 35.

问题更多。正如之前所述，法律规则是开放的：总是存在（或者至少在部分案件中存在）发现新的例外的可能性。穷尽地确定所有的例外是不可能的。这一情况总是可能：在特定的情境中某个法律规则与其他的法律规则发生冲突。或者也可能这样：法律规则背后的原则正当化了某些之前没有确定的例外。[22]其中的蕴含似乎是这样的，某些事实之于法律规则的每一次涵摄（原则上）都是可废止的：在这些特殊情境中，根据进一步审视，例外可能会被要求。那就意味着在法律实践中演绎是不可能的：我们只有可废止的法律规则。

但是，最后这个结论可能还是太草率了。正如可废止信念的情况那样，这里的问题也在于将可废止性定位于什么地方：在规则之中或在推理之中。让我们再看一下那位贫穷的护士与他的富有的新娘结婚并将其谋杀的案件吧。这位护士最初的论证是：

(6) 如果婚姻终结那么夫妻双方（或者他们的继承人）都应当得到夫妻双方共同财产的一半。

我和我妻子的婚姻已经终结了（通过我对朱丽叶的杀害）。

因此，我，罗密欧，应当得到婚姻共同财产的一半。

严格地解释所涉及的法律规则有着许多理由：防止就共同财产分配的无休止斗争，法律的确定性（也是为了可能涉及的其他婚姻当事人），等等。据我所知，在这一案件出现之前，此规则并没有例外。但是在这一特定案件中，为此规则创设一个例外也有很多理由。其中最为重要的理由可能在于法官不应当在夺得财产上与这个谋杀犯相配合。

我们可以适用两种不同的方式来解释这一规则。首先，我们可以以一种初显的方式来解释它，这意味着除非我们在某些案件中找到相反的理由，财产都应当被分成两半。根据这一解释只有增添了逻辑最小值，(6) 才是一个有效的论证，这指的是增加一个常规性命题。

其次，我们可以以通盘考量的方式来解释这一规则，这意味着，在应该被涵摄到它的前件的所有的情境中，它的后件都给出了一个有效的法律结论，(6) 是一个有效的论证。

现在，如果我们同意荷兰法院：在这一案件中应该创设一个例外。在第一种解释中我们只能通过挑战常规性命题而创设这个例外，常规性命题是前提之一。

〔22〕 参见 H. Prakken, *Logical Tools for Modelling Legal Argument* (n. 7). 他也给出了某些例子。

在第二种解释中，我们要挑战大前提中的法律规则：我们可以将其修改为带有例外的规则。

有关非单调逻辑的故事与有关可废止信念的故事是一样的。如果我们运用通盘考量的方式来解释（6）中的规则，那么我们就不需要非单调逻辑。我们单调地论说，这并不蕴含着我们的结论是不可废止的，但是只有在其中一个前提被废止的时候这个结论才是被废止的。但是，非单调逻辑的某个支持者可能会说，因为法律体系是开放的，给予任一法律规则一个单调的、通盘考量的解释是非常不真实的。如果我们同意这个论证，[23] 那我们应该以初显的方式来解释（6）中的规则。很清楚的是，根据对这一规则的此一解释，（6）并不是演绎有效的。我们最多可以说作出的结论是似真的（plausible）。但是我们如何知道这一结论是似真的呢？答案在于：因为这一结论在常规情境可以推出，且我们没有理由指出在当前案件中的情境不是常规的。再一次：常规性预设之于（6）的增添，使得（6）成为一个有效的演绎论证。即使我们是以默认方式增添了这一常规性预设。

我们可以说（正如我认为哈格所做的），似真性是我们在法律中所拥有的一切。法律论证，作为一个事实问题，是可废止的。让我们接受这一观察，至少是为了论述的缘故。法律论证的实践是一个由有限知识带来似真但可废止之结论的实践。因此，我们有理由努力去发展一个用来重构这一法律推理的形式的论证图式。例如，如果我们想要指导计算机，我们就需要这样的形式图式。

但是，这些非单调图式并非单调的、演绎的图式的替代物。正如佩雷尔曼和图尔敏对于（法律）论证的非形式分析并不能取代形式分析一样，非单调分析也不能取代单调分析。表达这一事实的一种方式是说，非单调逻辑是有关发现的脉络的，而单调逻辑是有关证成的脉络的。但是非单调逻辑的支持者通常并不同意这一界定。他们认为非单调逻辑也是关于证成的：并不是关于演绎而是关于可废止证成的。非单调逻辑正当化了某个结论是似真的。但是只要这一主张是真的，似真性主张就预设了一个常规性假设。即使（正如通常所见）这一常规性假设保

[23] 法律实证主义者倾向于否定法律规则在非单调逻辑的支持者所相信的这一程度上是可废止的。例如，参见 J. C. Bayón, Why is Legal Reasoning Defeasible? in A. Soeteman (eds.), *Pluralism and Law*, Dordrecht: Kluwer Academic Publishers, 2001, pp. 327 ~ 346. 他认为所有的法律规则都是可废止的观念带来的结果是法律是全然非决定性的。

持默示状态，它依然是这样。没有它，这一论证就是完全不能令人信服的。[24]从演绎的、单调的分析视角来看，结论的可废止性总是意指前提是可废止的。这样一个单调分析对于完全证成依然非常有用，它并不阻碍非单调分析的相干性。

总之，我主张的是，我的“强有力的论证”也是与非单调逻辑相关的。我们可以使用非单调逻辑，可以为法律推理特别地建构非单调逻辑。但是，对于结论证成的研究，最终需要的还是传统的、演绎的形式逻辑，它并不特别是法律的逻辑。

〔24〕 这与我的分析并没有什么关系，即结论的经常默示的可废止性是否可以在其中一个前提中（例如，在常规性假设中，只要我们没有不去接受它的理由，它就以默示方式被接受）或在结论中变得显明起来，结论可以被重构为：Oq 是似真的。在后一种情况中，常规性假设是“如果 p 那么 Oq”的初显性意义的一部分。

规则、原则与可废止性*

[德] 卡斯滕·贝克尔**著

宋旭光***译

雷磊****校

"每一条规范要么是一项规则，要么是一个原则。"〔1〕罗伯特·阿列克西（Robert Alexy）的这一陈述，以排他性定理（Exklusionstheorem）（即排他性识别定理）为人所知，它可以被当作是原则理论的核心原理。〔2〕这一原理引发我们关注阿列克西理论最基本的假设之一，它预设了规则和原则是有区别的。但是，如果规则和原则是有区别的，那就需要一个标准，通过诉诸这个标准，原则和规

---

* 译自：Carsten Bäcker, Rules, Principles, and Defeasibility, in Martin Borowski (eds.), *The Nature of Legal Principles*, ARSP Beiheft 119, Franz Steiner Verlag, Stuttgart: Nomos, 2010, pp. 79 ~ 91.

** 卡斯滕·贝克尔（Carsten Bäcker），德国基尔大学（Christian - Albrechts - Universität zu Kiel）讲师。

*** 中国政法大学法学理论 2013 级博士生，荷兰阿姆斯特丹自由大学联合培养博士生（2014 ~ 2015）。

**** 中国政法大学法学院副教授。

〔1〕 Robert Alexy, On the Structure of Legal Principles, *Ratio juris* 13, 2000, p. 295.（译文参见［德］罗伯特·阿列克西：《法律原则的结构》，雷磊译，载雷磊编译：《法：作为理性的制度化》，中国法制出版社 2012 年版，第 133 页。——译注）

〔2〕 阿列克西主要是在其《基本权利理论》（*Theorie der Grundrechte*, Baden - Baden: Nomos, 1985）一书中阐述了他的原则理论模型，这一模型受到了罗纳德·德沃金（Ronald Dworkin）的影响，本书已经有了朱利安·里弗斯（Julian Rivers）翻译的英文译本（*A Theroy of Constitutional Rights*, Oxford: Oxford University Press, 2002）。在阿列克西以后的诸多作品中这一模型得以进一步精致化。他的理论对于德国的讨论已经产生了深远影响。许多追随者已经扩展了这一理论，例如 Jan - Reinard Sieckmann, *Regelmodelle und Prinzipiensystemedes Rechtssystems*, Baden - Baden: Nomos, 1990, S. 52 ~ 87; Martin Borowski, *Grundrechte als Prinzipien, Die Unterscheidung von prima facie - Position und difinitiver Position alsfundamentaler Konstruktionsgrundsatzder Grundrechte*, 2nd edn, Baden - Baden: Nomos, 2007, S. 68 ~ 113; VirgílioA fonso da Silva, *Grundrechteund gesetzgeberische Spielräume*, Baden - Baden: Nomos, 2003, S. 37 ~ 66。除此之外，德国法教义学大量的研究也受到了阿列克西原则理论的影响。作为对照，例如，Karl - Eberhardt Hain, *Die Grundsätze des Grundgesetzes. Eine Untersuchung zu Art. 79 Abs. 3 GG*, Baden - Baden: Nomos, 1999, S. 95 ~ 180; Matthias Jestaedt, *Grundrechtsentfaltung im Gesetz. Studien zur Interdependenz von Grundrechtsdogmatik und Rechtsgewinnungstheorie*, Tübingen: Mohr - Siebeck, 1999, S. 206 ~ 260; Wolfram Cremer, *Freiheitsgrundrechte. Funktionen und Strukturen*, Tübingen: Mohr - Siebeck, 2003, S. 218 ~ 227; Ralf Poscher, *Grundrechte als Abwehrrechte*, Tübingen: Mohr - Siebeck, 2003, S. 73 ~ 84.

则之间的区分可以被识别出来。在本文中，我主张这样的一个标准位于可废止性（defeasibility）的观念之中。

一、规则与原则之间的经典区分

可以确定的是，阿列克西在他自己的理论中已经为区分规则和原则提供了一个标准。这一标准在阿列克西有关原则理论的最早作品中已经有所阐述，它并不是将“可废止性”而是将“被实现”（being fulfilled）当作区分的关键点。阿列克西将规则理解为要么被遵守要么不被遵守的规范，换句话说，就是“总是被实现或者不被实现”。〔3〕另外，他将原则当作是可以在不同程度上被实现的规范：正如其所言，原则“可以在不同程度上被满足”。〔4〕正是由于这一区别，阿列克西将规则当作是**确定性命令**（definitive commands），而将原则当作是**最佳化命令**（optimization commands）。〔5〕依据这种区分，规则在它们被实现的时候是绝对地被实现的，然而原则的实现却是渐进的（gradual）。〔6〕这一对规则和原则的区分可被称为经典区分。

对于扬－雷纳德·希克曼（Jan－Reinard Sieckmann）和奥利斯·阿尔尼奥（Aulis Aarnio）而言，这一建立在绝对实现或渐进实现之上的经典区分却并不能让人信服。他们认为，原则是（要求进行）最佳化的命令（commands to optimize）。〔7〕而（要求进行）最佳化的命令是要么完全被实现要么完全不被实现的。由此，原则是确定性命令，也就是说，它们也是规则。为了回应这一反对意见，阿列克西引入了一组新的概念区分，区分了最佳化的命令（commands to op-

---

〔3〕 Robert Alexy, *A Theory of Constitutional Rights* (n. 2), p. 48.

〔4〕 Robert Alexy, *A Theory of Constitutional Rights* (n. 2), pp. 47 ~48.

〔5〕 在《基本权利理论》的英译本中，原则被称为最佳化要求（requirements）而非最佳化命令。但是，“法律原则的结构”一文中使用了后一术语，似乎更加符合德语“Optimierungsgebot”的翻译。

〔6〕 参见 Martin Borowski, *Grundrechte als Prinzipien* (n. 2), S. 92.

〔7〕 参见 Jan－Reinard Sieckmann, *Regelmodelle und Prinzipiensysteme des Rechtssystems* (n. 2), S. 65; Aulis Aarnio, Taking Rules Seriously, inW. Maihofer and G. Sprenger (eds.) *Law and the States in Modern Times. Proceedings ofthe 14th IVR World Conferencein Edinburgh*, Stuttgart: Franz Steiner, 1990, p. 187. 一个类似的批评，参见 Delf Buchwald, *Der Begrfff der rationalen juristischen Begründung*, Baden－Baden: Nomos, 1990, S. 161:“不如说原则同样包含着严格的命令。它们要求依照它们进行裁判，除非其他原则包含着支持得出不同裁判的更强理由；因而可以说，在碰撞的情形中原则严格要求贯彻一种权衡。”

timize）与被最佳化的命令（commands to be optimized）。[8] 通过这一方式，原来作为（qua）最佳化命令的原则观念变成了两个层面。作为最佳化的对象，被最佳化的命令位于客体层面。在阿列克西修正后的理论中，这是原则的层面。最佳化的命令处于元层面，即规则的层面。因此，虽然阿列克西将最佳化的命令理解为规则，但是却把被最佳化的命令理解为原则。规则与原则这两个概念共同构成了最佳化命令。对于阿列克西来讲，上面所说的反对意见以及在回答这一反对意见过程中对于原则理论的修正并不会导致原则理论的崩溃。相反，它们“只是［给予］它鲜明的关注”。[9]“为了简化的原因”，[10] 正如阿列克西所言，他，也包括追随他的马丁·博罗夫斯基（Martin Borowski），[11] 仍然继续将原则当作最佳化命令。

在本文中，我并不打算讨论这一问题：此一修正后的经典区分作为区分规则和原则的标准是否合适。相反，我将主张另外一个标准，这一标准（至少也）具有更为简化的优点。

二、[12] 和原则

我的区分是根据可废止性理念来界定它们的分别。用简单的范畴来展现这一论述：可废止性应当被理解为容纳例外的能力。如果我们把目光投向规则，那么它们一般来说都是有例外的。但是，这些例外无法被终局地列举出来，这归功于此一事实：引发未来案件出现的情境是未知的。因此，法律规则总是具有容纳例外的能力，即它们是可废止的。相反，在这一意义上，作为最佳化命令的原则并不能容纳例外。而且，未来案件的情境与其他条件（例如，相竞争的原则）一起都已经蕴含在最佳化的概念之中了，因此成为适用原则本身的一部分。这是说，最佳化必然是相对于当前所有情境的。因此，为了适用一个原则，我们必须贯彻

〔8〕 Robert Alexy, On the Structure of Legal Principles（n. 2）, p. 300.（对于“optimization commands”、“commands to optimize”和“commands to be optimized”，本文沿袭了雷磊的译法，分别将其译为“最佳化命令”、“最佳化的命令”和“被最佳化的命令”，其中“commands to optimize”有些地方译为（要求进行）最佳化的命令或去最佳化的命令。参见［德］罗伯特·阿列克西：《法律原则的结构》，雷磊译，载雷磊编译：《法：作为理性的制度化》，中国法制出版社2012年版，第141页。——译注）

〔9〕 Robert Alexy, On the Structure of Legal Principles（n. 2）, p. 300.

〔10〕 参见 Robert Alexy, On the Structure of Legal Principles（n. 2）, p. 301.

〔11〕 参见 Martin Borowski, *Grundrechte als Prinzipien*（n. 2）, p. 93.

〔12〕 参见 Martin Borowski, *Grundrechte als Prinzipien*（n. 2）, p. 93.

最佳化——因此也必然将当前所有情境纳入考量。所以，在适用原则中不可能有例外出现。换句话说，原则是不可废止的。

通过这一方式，即诉诸可废止性观念，由原则理论的核心原理所背书的规则和原则之间的区分得以维持。[13] 为了支持这一命题，我将首先转向对可废止性这一概念以及规则的可废止性的有关文献进行讨论。然后，我将论证作为最佳化命令的原则的不可废止性。最后，作为附加内容，我将提出一种三维度的原则概念。

（一）可废止性与规则

在我看来，可废止性的观念是由哈特（H. L. A Hart）在其 1948 年的论文《权利与责任的归属》（*The Ascription of Responsibility and Rights*）中首先引入法哲学的。依照哈特在这一论文中的论述，作为法律现象的可废止性是由语词“除非”（unless）来界定的：[14]

“当学生已经学习了英国法中对于有效合同之成立所要求的积极条件时，［……］他对于合同这一法律概念的理解依然是不完整的［……］。这些条件，尽管是必要的，但并不总是充分的，他还必须学习何以能够废止（defeat）声称某个有效合同存在的主张，即使前述条件都是被满足的。这个学生还必须学习如何理解语词‘除非’。”

自从哈特写下这些文字之后，他关于可废止性的观念已经成为一个被广泛讨论的话题。这已经在数种文献中被批评过也被阐明过。最近，有两部特别关注法律推理的论著讨论了可废止性。其中一部是巴尔托兹·布罗泽克（Bartosz Brożek）的研究，题目是《法律推理的可废止性》（Defeasibility of Legal Reasoning），出版于 2004 年。在本书中，以乔瓦尼·萨尔托尔将可废止性表述为“非单调推理”（non-monotonic reasoning）[15] 的思想为基础，布罗泽克对可废止性

---

〔13〕 因此，可废止性的观念并没有如同乔瓦尼·萨尔托尔（Giovanni Sartor）所言的那样对规则与原则之间的区分提出了质疑。参见 Giovanni Sartor, Defeasibility in Legal Reasoning, *Rechtstheorie* 24, 1993, pp. 281, 305 ~306. 相反，它还导向一个结构性的区分。萨尔托尔的反对意见将在下文中予以审视。

〔14〕 H. L. A. Hart, The Ascription of Responsibility and Rights, in A. Flew (eds.), *Logic and Language*, Oxford: Blackwell, 1951, pp. 145 ~166.（着重是本文所加）（最初发表在 *Proceedings of the Aristotelian Society*, 1948 ~1949）。对于哈特的可废止性观念以及另外的一些反对意见的进一步分析，参见 Bartosz Brożek, *Defeasibility of Legal Reasoning*, Krakow: Zakamycze, 2004, pp. 9 ~24.（哈特的《权利与责任的归属》是 1949 年在亚里士多德协会的会议上提交的。——译注）

〔15〕 参见 Giovanni Sartor, *Defeasibility in Legal Reasoning* (n. 12), p. 281.

提出了一个复杂的三层面分类。对于布罗泽克来说，存在认知可废止性、道义（deontic）可废止性和开放结构。之于道义可废止性，布罗泽克区分了程序的可废止性、事实的可废止性、概念的可废止性和论证的可废止性。〔16〕布罗泽克追随萨尔托尔，试图通过非单调逻辑的方式来逻辑地洞察可废止性。他的可废止性概念可以称为广义可废止性。

另一个近期的研究〔17〕是王鹏翔（Peng - Hsiang Wang）的《法律证立中的可废止性》（Defeasibility in Legal Reasoning），同样出版于2004年，是德文专著。〔18〕与布罗泽克相比，王鹏翔提出了一个狭义的可废止性观念，这似乎与哈特的"除非 - 现象"的传统更为接近。对于王鹏翔来说，可废止性由规则 - 例外 - 结构构成：〔19〕一般来说，如果一个规则的条件被实现了，那么其结论就推导出来了。如果一个例外出现了，那么这一结论就被废止了。于是，尽管在这样一个案件中规则的条件被实现了，但结论并不能推导出来。王鹏翔将可废止性界定为因为例外而被废止的可能性。与布罗泽克不同，王鹏翔主张，作为证明法律论辩的非单调特征的一个现象，可废止性可以通过诉诸经典的即单调逻辑的方式予以处理。为了达至这一目的，他引入了理论变迁或理论修正与"部分符合收缩"（partial meet contraction），由卡洛斯·阿尔楚罗（Carlos Alchourrón）、彼得·迦登佛斯（Peter Gärdenfors）和大卫·梅金森（David Makinson）为符号逻辑所阐述的。〔20〕在例外的案件中，最初的前提集合被扩大了。在经典逻辑中，前提集合的扩张并不排除之前的前提集合所推导出来的结论。因此即使当前案件被当作是一个例外，之前规则的结论依旧可以被推出。在经典逻辑中，处理这种情况的唯一方式就是改变之前的前提集合。〔21〕

---

〔16〕对于布罗泽克体系的整体图像，参见 Bartosz Brożek, *Defeasibility of Legal Reasoning*（n. 13）, p. 41，表14。

〔17〕除了布罗泽克采纳了更广义的可废止性概念之外，王鹏翔和布罗泽克的研究之间最为重要的不同在于他们对可废止性所采用的相关进路。他们都把道义可废止性当作是一个非单调论证。王鹏翔主张这一非单调论证可以通过理论修正（theory - revision）的方式纳入经典的、单调的逻辑。布罗泽克主张可废止性只能通过非单调逻辑的方式才能得以洞察。

〔18〕德文题目为"Defeasibility in der juristischen Begründung"。

〔19〕Peng - Hsiang Wang, *Defeasibility in der juristischen Begründung*, Baden - Baden: Nomos, 2004, S. 174.

〔20〕参见 Carlos E. Alchourrón, Peter Gärdenfors, and David Makinson, On the Logic of Theory Change: Partial Meet Contraction and Revision Functions, *Journal of Symbolic Logic* 50, 1985, pp. 510 ~ 530.

〔21〕最近布罗泽克声称自己已经阐明了"可废止性与可修正性的区别"。参见 Bartosz Brożek, Revisability versus Defeasibility, *NILQ* 59, 2008, p. 139. 暂不说他的区分是否妥当，布罗泽克似乎混淆了现象（可废止性）与处理这一现象的方法（经典逻辑中的理论修正，非单调逻辑中的可废止逻辑）。

用一个简单的例子即可以阐述王鹏翔的进路。在当代社会中有着这样的规则，它们可能在每一个被承认的法体系中都妥实地存在。其中一个就是有关杀人的规则。此一规则有着不同的语言表述，例如，它的内容可以表示如下："任何导致了他人死亡的人都要受到惩罚。"假定这一案件：即某人导致了他人的死亡（H），他将要受到惩罚（P）。这一运算能够非常容易地运用经典逻辑来表述。因此：

(1) $\forall x$ (Hx→ OPx)
(2) Ha
(3) OPa (1), (2)

通过一些基本的逻辑运算，[22] 结论（3）就从（1）、（2）演绎地推导出来。但是，还有另一个共同规则，依照它某人可能不受惩罚，即如果他是出于正当防卫而行动。这可以被表述如下：

(1) $\forall x$ (SDx→¬ OPx)
(2) SDa
(3) ¬ OPa (1), (2)

很显然，将这两个规则放在一起，在某人是因为正当防卫才导致了他人死亡的案件中，一个悖论就出现了。逻辑上来说，两个相悖的结论如下：

(1) $\forall x$ (Hx→ OPx) ∧ $\forall x$ (SDx→¬ OPx)
(2) Ha ∧ SDa
(3) OPa ∧ ¬ OPa (1), (2)

这里的解决方式是创制一个新的规则。依照这个规则，杀害了他人的人要受惩罚，除非他/她是出于正当防卫而行动，或者从正面表述为，出于正当防卫而杀害了他人的人不受惩罚。

(1) $\forall x$ (Hx ∧ SDx→ ¬ OPx)
(2) Ha ∧ SDa
(3) ¬ OPa (1), (2)

为了导向这一规则所要求的逻辑运算即是修正前提集合。之前的规则 $\forall x$

[22] 从（1）、（2）推出（3），还需要两个附加的规则。第一个叫作全称实例化（Universal instantiation）规则。依据这一规则，我们可以从（1）推导出（1'）Ta→ ORa。第二个规则是肯定前件式（*modus ponendo ponens*），依据它，可以从（1'）与（2）、（3）的合取，推导出：（2'）（Ta→ ORa）∧Ta→ ORa。

(Hx→ OPx) 以及∀x (SDx→¬ OPx) 被修正为：∀x (Hx∧SDx→¬ OPx)。于是，在出于正当防卫而杀人这一例外出现时，就不会有棘手的结果出现了。通过这种方式，也就是通过修正大前提，在未来案件中可能出现的每一个例外都可能得以处理。为了应对修正前提集合的需要，王鹏翔使用了复杂得多的方法，但这是其方法的核心；它被称为信念修正。对于这一方法的细节[23]或批评[24]都并非这里的兴趣所在。

本文的兴趣在其他地方。依王鹏翔所讲，法律规则一般来说都拥有这一容纳例外的能力。他认为，通过鉴别出规则所有的例外并因而创制一个没有例外的新规则来消除这一能力，是不可能的。王鹏翔主张，这完全是不可能的，因为在未来案件中可能出现的例外不可能被穷尽地列举出来。[25]为了支持这一主张，他提出了一个重要理由：[26]人类设想未来情境的能力有限。这一理由恰是哈特在分析法律的开放结构时提出的理由：

"第一个障碍是我们对于事实的无知；第二个障碍是我们对于目标的相对不确定。如果我们所生活的世界只具备有限的特征，而且我们能够知道这些特征的所有组合模式，那么我们对于每一个可能性就能够预先加以规定。我们能够制定出在适用于特定个案时绝不需再做进一步选择的规则。既然我们能够知道每一件事情，那么我们就能事先采取措施，并以规则做出规定。这将会是一个适合'机械法学'存在的世界。很明白地，这不是我们的世界。人类立法者不可能预知未来可能发生之所有可能情况的组合。"*

---

〔23〕 对于王鹏翔方法之细节的进一步了解，参见 Peng－Hsiang Wang, *Defeasibility in der juristischen Begründung* (n. 18), S. 143～173.

〔24〕 布罗泽克主张，理论修正并不能解决修正的问题："形式方法并不能决定新的规则是什么样子的。不过，它们能够告诉我们，在引入了一个新规则之后，为了保持一致性要从我们的理论中抛弃什么。" Bartosz Brożek, *Rationality and Discourse. Towards a Normative Model of Applying Law*, Krakow: Wolters Kluwer, 2007, p. 29. 从这一点来说，布罗泽克是正确的，即形式方法并不能决定相冲突的规则中的哪一个应当被废止。但是，这并不是逻辑的任务。哪一个规则应当被废止的决定从其本质来看是外在于逻辑的。

〔25〕 也参见 Robert Alexy, *A Theory of Constitutional Rights* (n. 2), p. 58："纳入规则之内的例外……是无法计算的"。

〔26〕 Peng－Hsiang Wang, *Defeasibility in der juristischen Begründung* (n. 18), S. 78. 王鹏翔给出的另一个主要理由：根据原则而为规则发现新的例外的可能性。在原则理论中，原则之间的冲突会产生一个规则，来作为这一冲突的解决办法。但是，在未来的案件中，这一冲突可能因为高端知识（supreme knowledge）而以其他方式予以解决。我认为这两个理由最终都是由于作为推论生物（discursive creatures）的人类的有限能力。因此，王鹏翔的第二个理由相当于是对第一个理由的重述。

* H. L. A. Hart, *The Concept of Law*, Third Edition, Oxford: Oxford University Press, 2012, p. 128. 译文参考了［英］H. L. A 哈特：《法律的概念》，许家馨、李冠宜译，法律出版社 2006 年版，第 123～124 页。——译注）

总而言之，规则的可废止性来自于人类预知所有相关情境的能力有限，因此也来自于规则相应的结构缺陷。[27]如果规则的条件被实现了，那么结论就推导出来，除非一个例外出现了，也就是说，如果 a，那么 b，除非 c。因为设想所有的例外是不可能的，因此创制一个没有例外的规则也是不可能的。所以，根据王鹏翔和哈特的假设，法律规则必然拥有容纳例外的能力。可废止性的这一狭义的观念就是我在本文中所采纳的观念。为了明晰之故，我将可废止性界定为容纳例外的能力，这些例外不能被预见也不能为所有未来案件穷尽地列举出来。

（二）可废止性与原则

我认为，和规则不同，原则不可能有例外，因为在原则每一次被适用时，当前所有情境都被纳入考量，这是原则结构的一部分。对于原则结构的简单一瞥将有利于我们阐明其结构的此一面向。

1. 原则的结构

据阿列克西所言，原则是最佳化命令，最佳化命令是去最佳化被最佳化之命令的命令。[28] 这就导致原则具有下述结构：

（P）OOpt（Op）。[29]

用阿列克西的话说，*P* 的整个表述是最佳化命令，即 *OOpt*（*Op*）。*OOpt* 是（要求进行）最佳化的命令，而 Op 则是被最佳化的命令。我们可以把被最佳化的命令当作是**最佳化的目标**。

为什么最佳化的目标必须是一个命令，这确实不太清楚。被最佳化的条件或目标是其所应当成为的条件和目标，这样说可能比较好。但是，这并不意味着它必然是一个命令；它可以是任何一个条件或任何一个其他的目标。[30] 通过这种方式，我们扩展了这一概念结构。因而，作为最佳化命令，原则结构之表述的一个可能就变成：

---

〔27〕 一个熟悉但更为谨慎的观点，参见 Jaap Hage and Aleksander Peczenik, Law, Morals and Defeasibility, *Ratio juris* 13, 2000, p. 312：如果“相关因素没有被适当地考虑进来，那么这一因素的出现就可能成为不去适用这一规则的一个理由”。

〔28〕 Robert Alexy, On the Structure of Legal Principles（n. 2）, pp. 300 ~ 301.

〔29〕 这一表述的理念来自与约翰内·斯拜登霍普（Johannes Badenhop）的无数次的讨论。类似的表述，参见 Jan – Reinard Sieckmann, *Regelmodelle und Prinzipiensysteme des Rechtssystems*（n. 2）, S. 64，请参见 n. 30。

〔30〕 也可参见 Jan – Reinard Sieckmann, *Regelmodelle und Prinzipiensysteme des Rechtssystems*（n. 2）, S. 64，希克曼提出了目标和条件：“最佳化命令要求创立这种（或一种）状态，它以最佳化的方式实现了一系列既定的目标 Z1，Z2，……，Zn。”

(P') OOptZ。[31]

这意味着，它是被命令的（*O*）：这一目标或条件（*Z*）要以最佳化的程度（*Opt*）被实现。与建立在阿列克西关于最佳化的命令与被最佳化的命令的表述 *P* 相比，*P'* 这一表述更为不复杂。我相信一个单一的命令对于表述整个最佳化命令而言是充分的。

2. 规则与原则之间的区别：可废止性

通过这一表述，作为最佳化命令的原则和作为确定性命令的规则之间的区分就变得可能了。作为确定性命令的规则即：

(R) Op

它表示："*p* 被做，这是被命令的（*O*）"。正如前面所述，一个原则是 *OOptZ*。它表示："*Z* 被最佳化地获得，即尽可能地实现 *Z*，这是被命令的（*O*）"。通过这种方式，以 *P'* 为形式的原则可以被表征为或被界定为去最佳化地实现一个目标的命令。这一表征完全符合阿列克西对于原则的理解。用阿列克西的话说："原则要求某事在法律上和事实上都最大限度地被实现。"[32]

如果对规则（*Op*）和原则（*OOptZ*）进行比较的时候留心一下它们的结构，规则与原则之间关键的结构性差异就变得明显起来。这种差异位于 *Opt* 的含义之中。原则总是蕴含着（要求进行）最佳化的命令，然而规则只是要求某些事情在特定条件下被做。因此，最佳化的行动是原则的特征：为了适用一个原则，我们必然要去最佳化。

最佳化意味着通过将所有相关情境纳入考量以最大可能地实现目标。但是，如果所有相关情境都被纳入考量了，正如原则要求的那样，那就不存在任何例外了。[33] 原则并没有"例外"条款。相反，在适用规则的时候并不需要去将所有的相关情境纳入考量。如果条件被实现，那么结论就推出。规则中的条件总是有点复杂且紧密联结的情境集合，在这些情境下结论被推导出来，而不管未来的什

[31] 在这一表述中，我选择了"*Z*"，它来自于德语"Zustana"和"Ziel"，分别表示条件和目标。Jan - Reinard Sieckmann, *Regelmodelle und Prinzipiensysteme des Rechtssystems* (n. 2), S. 64，他主张了一个相似但更为复杂的结构："*OOPT* (*Z*1, *Zi*)"。*Z*1 是被单个原则所一般要求的单个目标，*Zi* 融合了被纳入考量的所有目标。通过这种方式，希克曼阐明了，一个目标的最佳化只有在它与其他目标的关系之中才变得可能。但是，这却可以通过我的表述而被更简单地描述，其中 *Opt* 总是意味着相对于所有其他目标 *Z*1 到 *Zn* 去最佳化 *Z*。相对于其他目标的最佳化是最佳化概念的一部分。

[32] Robert Alexy, *A Theory of Constitutional Rights* (n. 2), p. 57.

[33] 一个相似的观点（尽管有其意图不同）参见 Jan - Reinard Sieckmann, *Regelmodelle und Prinzipiensysteme des Rechtssystems* (n. 2), S. 65："在最佳化问题中要顾及支持这类例外的所有理由。"

么情境可能是关键的。因为在适用规则时“除非”条件总是可能从并非之前条件一部分的那些情境中出现，所以规则是被废止的并必须被修正。原则总是不需要被修正的。

3. 所有的相关情境：没有可废止性

但是，“所有的相关情境”的观念却指向了这一事实，即我们无法了解所有情境，包括当前和未来的。因此，在最佳化的概念中所包含的是我们不了解所有事情的事实。因为设想所有情境是不可能的，于是尽可能地将那些已被认可为相关的情境纳入考量（也就是最大可能地去实现一个目标）对于原则的适用就是充分的。因此，规则可废止性的主要理由〔34〕（人类没有能力去设想所有情境导致这一事实，即我们不了解所有事情）是适用原则的结构性条件之一。

总结来说，在通过最佳化的方式来适用法律原则时共有三种情境集合要被纳入考量之中：（1）知晓的程度，（2）事实的可能性，（3）法律的可能性。以这三种情境集合为基础，原则的目标能被最大可能地实现。根据这一理念，原则是不可能有例外的，因为在根据所有已知的相关情境来最佳化的过程中，被认为是对抗原则目标之实现的所有理由都已经被纳入考量了。因此，例外的所有可能理由都已经是最佳化程序的一部分了。换句话说，原则不可能有例外；它们是不可废止的。

4. 反对意见：原则的可废止性

对于规则和原则可以通过可废止性观念进行区分的主张，有许多反对意见。下文中，我将主要讨论两种反对意见，分别是由（1）乔瓦尼·萨尔托尔以及（2）亚普·哈格（Jaap Hage）与亚历山大·佩彻尼克（Aleksander Peczenik）所提出的。这些学者的反对意见有一个共同点，即他们都将原则当作是可废止的。下文将要表明，这些学者的反对意见，就其对于原则的这一共同理解来说还有一个共同之处，也就是他们所犯的错误。

（1）萨尔托尔：一个纯粹程度的区别

在萨尔托尔看来，“规则与原则之间的区分，即使是建立在可废止性之上的话，它也不是有着不同逻辑结构的规范范畴之间的分立，而最多就是经验和程度的差别。”〔35〕在萨尔托尔看来，规则和原则这两种类型的规范都是可废止的，唯

---

〔34〕 更进一步讲，这些情境也包括相竞争的原则或规则。根据王鹏翔的论述，这是规则可废止性的第二个理由（参见上文引注 n. 25）。原则目标实现的可能性是由法律上可能之事来构成的。法律上的可能是由其他原则或规则所指明的。因此，为了适用某一原则并因而最大可能地实现这一原则的目标，法律上的可能必须被考量进来。

〔35〕 Giovanni Sartor, Defeasibility in Legal Reasoning (n. 12), p. 306（重点是原文所加）.

一的区别就是"每一规范［展现的］的这些面向的广泛性。在某种程度上我们可以说，只有当一个规范的前件包含精确描述的语词，它对于其他规范的优先性（它的相对重要性）是完全确定的时候，它才是一个规则；只有当一个规范的前件包含不精确的或评价的语词且它的优先性是不确定的时候，它才是一个'原则'"。〔36〕

就规则与原则之间的这一程度性差别来说，萨尔托尔并不正确。事实上，原则和规则一样，在它们的前件中都可能包含不精确的或评价的语词。因此，它们之间的区分并不能建立于此。相反，它们的区别在于，原则要求相对于所有相关情境的最佳化，而规则要求相对于其前件中已经穷尽列举的特定情境的实现。因此，规则和原则在结构上是不同的。

但是，萨尔托尔的反对意见原本针对的是德沃金对于规则与原则的区分。对于萨尔托尔来讲，德沃金"似乎将两种不同类型的规范之间的逻辑区别完全建立在可废止性之上，也就是他所称的规则和原则。"〔37〕如果这确是如此的话，那么本文所主张的区别就并非完全原创了。因此，我们应当简单地来看一下德沃金的区分。1977 年，德沃金就已经明确"法律原则与法律规则之间的区别是逻辑性差异。"〔38〕但是，德沃金的这一区分来自于这一理解：规则是以全有全无的方式适用的，其中"规则可能有例外，但如果是这样，单纯陈述规则而没有列举例外将是不精确且不完整的。"〔39〕但是，为了对规则有一个精确的陈述，必须通过列举例外并因而修正规则而将这些例外纳入考量。在这一点上，其与我本身的进路并没有区别。对德沃金来说，"在理论上没有理由能说明为什么不能加上所有的例外。"〔40〕这里就很清楚了，德沃金并不青睐可废止性现象：规则的例外〔41〕不

---

〔36〕 Giovanni Sartor, Defeasibility in Legal Reasoning (n. 12), p. 306.

〔37〕 Giovanni Sartor, Defeasibility in Legal Reasoning (n. 12), p. 306 (重点被省略).

〔38〕 Ronald Dworkin, *Taking Rights Seriously*, Cambridge, Mass.: Harvard University Press, 1977, p. 24.（本书译文参考了［美］朗诺·德沃金：《认真对待权利》，孙健智译，五南图书出版股份有限公司 2013 年版，第 71 页。下同。——译注）

〔39〕 Ronald Dworkin, *Taking Rights Seriously* (n. 37), p. 24.

〔40〕 Ronald Dworkin, *Taking Rights Seriously* (n. 37), p. 25.

〔41〕 然而，创制一个其中规则都不是可废止的规则体系是可能的。这适用于游戏规则，例如国际象棋。这里的理由很明显：在规则体系可以在每一个方面都得到界定的地方，没有被提前预见到的例外，其出现的可能性是可以被排除的。因此，这里不可能有无预见的例外。没有这些因素，就不可能存在可废止性。在法体系中，体系被界定的可能性在实践中是可以被排除的，因为法律规则总是可能与有着不断变化之情况的法体系相冲突。非常有趣的是，德沃金认为他的这一全有全无的进路"会更显清楚，如果我们跨出法律，看看在其他由规则支配的事业中，例如游戏，规则怎么运作，"并以棒球为例澄清了这一点。Ronald Dworkin, *Taking Rights Seriously* (n. 37), p. 25.（引文似应是在 1977 年英文版第 24 页。——译注）

能被穷尽列举。[42] 在德沃金看来，另一方面，对于原则来说，反例并不能被当作是例外，“因为我们不能寄希望藉由更大篇幅地描述那条原则以掌握这些反例。”[43] 再一次地，德沃金错过了根据可废止性区分规则和原则的关键点，即这样一个事实：反例不仅“即使在理论上也是不可能（穷尽）列举的”，[44] 而且它本身就是原则适用的一部分。

因此，即使德沃金的区分可能有着相似的根基，但这并不是可废止性，在任何意义上都不是我在这里所使用的这个观念。因此，德沃金并没有采纳可废止性（这被理解为容纳例外的能力，即那些无法为所有的未来案件提前预见且穷尽列举的例外）作为区分标准，而是将可能的例外的数量作为区分标准。因此，萨尔托尔的反对意见可能针对的是德沃金的区分，但是却并没有针对我的区分。

（2）哈格与佩彻尼克：作为促成性理由的原则

与萨尔托尔一样，哈格与佩彻尼克将规则和原则都理解为可废止的。对他们而言，两种类型的规范都有例外：“如果在一个具体个案中规则有例外，那么这个规则就不能被适用于这一案件。”[45] 因此，对于哈格与佩彻尼克来说，“我们可以说，如果存在一个例外，那么这个规则就不能被适用，即使它是可适用的。”[46] 也就是说，“规则的例外排除了规则的适用。”[47] 而且“如果某些相关因素没有适当地被考虑进来的话”，[48] 这样一个例外就会出现。

这是有关原则的另一个故事：“如果原则［的］例外出现的话，［……］原则就不被适用，即使它的条件被满足了。”因此，到目前为止，规则看起来并没有什么不同。但是，正如哈格与佩彻尼克所主张的，“对于原则，唯一的例外就是存在一个覆盖这一案件的规则。”[49]“如果一个规则适用于一个案件的话，［……］原则［……］就变成不相关的。”[50] 这里的理由在于他们的这一理解：

---

〔42〕 参见 Martin Borowski, *Grundrechte als Prinzipien* (n. 2), S. 75：“因为，虽然可能并没有出现任何已知的例外，但总是要考虑到，会出现一个未知之例外的前提。”

〔43〕 Ronald Dworkin, *Taking Rights Seriously* (n. 37), p. 25.

〔44〕 Ronald Dworkin, *Taking Rights Seriously* (n. 37), p. 25.

〔45〕 Jaap Hage and Aleksander Peczenik, Law, Morals and Defeasibility (n. 26), p. 310.

〔46〕 Jaap Hage and Aleksander Peczenik, Law, Morals and Defeasibility (n. 26), pp. 310 ~ 301. 与哈格一样，王鹏翔也通过同样的方式来描述规则 - 例外的结构，参见 Peng - Hsiang Wang, *Defeasibility in der juristischen Begründung* (n. 18), S. 61.

〔47〕 Jaap Hage and Aleksander Peczenik, Law, Morals and Defeasibility (n. 26), p. 310.

〔48〕 Jaap Hage and Aleksander Peczenik, Law, Morals and Defeasibility (n. 26), p. 312.

〔49〕 Jaap Hage and Aleksander Peczenik, Law, Morals and Defeasibility (n. 26), p. 312.

〔50〕 Jaap Hage and Aleksander Peczenik, Law, Morals and Defeasibility (n. 26), p. 308.

原则是促成性（contributing）行动理由，要求某个目标被取得，而规则则是决定性（decisive）理由，在其与作为促成性理由的原则相抵触的时候，它们是作为排他性（exclusionary）理由运作的。[51] 对于哈格与佩彻尼克来说，这种不相关性“仅仅是［原则的］可废止性的一个原因”。[52] 更为重要的是他们所讲的第二个原因，根据这一原因，原则的可废止性是其作为促成性理由之本质的一部分。“促成性理由的衡量是可废止性的第二个原因。”[53] 如果一个原则逊于另一个原则，那么第一个原则就被废止了。[54]

但是，正如我上面所讲的，如果获取优势的相竞争的原则或相冲突的规则被理解为相关情境的一部分，那么哈格与佩彻尼克所提及的原因都不会导致原则的可废止性。因此，作为最佳化命令的原则不能被废止而只是被简单地适用，只有在包含着相竞争的原则或支持相冲突规则的理由没有胜于它的时候，它的实现才是可能的。

三、结论

源于可废止性理念的规则与原则之间的区分带来了进一步的结论，它超越了这一纯粹的差异。这些结论关涉（一）规则和原则的不同的初显性（*prima facie*）特征，（二）原则的一个三维度观念的主张。

（一）规则和原则的初显性特征

随着作为可废止规范的规则与作为不可废止规范的原则之间的区别，可以为规则和原则的不同初显性特征提供一个说明。正如阿列克西所言，规则表现出初显性特征，因为它总是“可能将某个例外包纳进待决案件中”。[55] 原则表现出不同的初显性特征：它们是由初显性命令构成的，因为原则“缺少可以决定其自身内容的资源”。[56]

规则与原则之间关于其自身初显性特征的结构性区别可以通过可废止性观念

〔51〕 Jaap Hage and Aleksander Peczenik, Law, Morals and Defeasibility (n. 26), pp. 306 ~ 307; Peng - Hsiang Wang, *Defeasibility in der juristischen Begründung* (n. 18), S. 55 ~ 56.

〔52〕 Jaap Hage and Aleksander Peczenik, Law, Morals and Defeasibility (n. 26), p. 315.

〔53〕 Jaap Hage and Aleksander Peczenik, Law, Morals and Defeasibility (n. 26), p. 315.

〔54〕 参见 Jaap Hage and Aleksander Peczenik, Law, Morals and Defeasibility (n. 26), pp. 315 ~ 316.

〔55〕 Robert Alexy, *A Theory of Constitutional Rights* (n. 2), p. 57.

〔56〕 Robert Alexy, *A Theory of Constitutional Rights* (n. 2), p. 57.

得以说明。规则是初显的，是因为它是可废止的。带来未能预期之例外的情境总是可能出现。但是，原则是初显的，却不是可废止的。它们是初显的，因为它们的确定内涵（*Festsetzungsgehalt*），其当前适用的输入信息，（import）需要在每一次新的适用且在与所有情境的关系中被重新确定。因此，如果涉及的是规则，那么当前适用的输入信息是确定的但却是可废止的，因此是初显的，然而，如果涉及的是原则，因为它必须根据所有已知的相关情境通过最佳化的方式来决定，因而它是不可废止的。

（二）三维度的原则观念

根据原则作为最佳化命令的定义，也就是作为最佳化地实现某个目标的命令，根据这样的命令的结构（*OOptZ*），我们可以引入一个概念区分，它将为原则的讨论提供更大的精确性。首先，最佳化的目标必须与整个最佳化命令相区分。如果整个最佳化命令（*OOptZ*）被界定为原则，那么最佳化的目标（*Z*）就是原则的目标。原则的目标是有待被实现的目标或条件。原则是要求这一目标或条件被实现的规范。然后，被用来表达原则的陈述必须与原则本身进行区分。这一陈述可以称为原则陈述。对于每一个原则来讲，至少在理论上来说（*in abstracto*），会有许多原则陈述。每一个原则陈述都是作为用来表达某一原则的无数可能陈述的其中一个。[57]

因此，原则的一个三维度观念出现了：首先，存在一个使用自然语言来表达作为规范之原则的**原则陈述**；其次，存在要求某个目标被最大可能地实现的作为规范之**原则**；最后，存在作为有待被最大可能地实现的最佳化目标的**原则的目标**。

---

〔57〕这一区分对应着规范与规范陈述之间的一般区分。正如阿列克西所说："一个规范是一个规范陈述的意义。" Robert Alexy, *A Theory of Constitutional Rights*（n. 2）, p. 22. 希克曼是这样描述这一区别的："规范……是道义语句的意义……规范语句是道义语句或这类语句，它们在其语境中可以被道义语句所取代，因而具有规范的意义。" Jan－Reinard Sieckmann, *Regelmodelle und Prinzipiensysteme des Rechtssystems*（n. 2）, S. 29. 这一对规范与规范陈述之间的区分也对应着对意义与陈述或语句之间的更为一般化的区分，这可以在弗雷格（Gottlob Frege）那里找到："如果我们应用这种纯粹的断定句形式……那就必须区分两类不同的形式：一是对思想的表达，二是断定。" Gottlob Frege, Thoughts, trans. Peter Geach and R. H. Stoothoff, in Gottlob Frege, *Collected Paperson Mathematics*, *Logics*, *andPhilosophy*, ed. Brian McGuiness, Oxford: Basis Blackwell, 1984, p. 370（英译有变动），德文原文：GottlobFrege, Der Gedanke, *Beiträge zur Philosophie desdeutschen idealismus* 2, 1918～1919, S. 76.（译文参考了［德］弗雷格：《思想》，载《弗雷格哲学著作选辑》，王路译，王炳文校，商务印书馆1994年版，第136页。——译注）关于规范与规范陈述之间的诸多概念区别，另一个观点参见 Robert Alexy, *A Theory of Constitutional Rights*（n. 2）, p. 21，这里见 n. 10。

论法律规则被假设的可废止性*

[美] 弗里德里克·肖尔**著

王志勇***译

宋旭光****校

因为法律是基于过去的知识而规定未来的事情，所以其不断面临遭遇未能预期之事以及被迫以过去的工具来处理未来问题的风险。随着人类进步的步伐逐渐加快，过去的法律似乎不足以处理当下问题的频率也在加快。由此，法制度（legal regime）的一个重要的识别性（identifying）特征在于其处理如下这一张力的方式，即法律的过时性（pastness）与法律须处理之问题的当下性（presentness）之间的张力。只要如下这样，法体系（legal systems）就是形式的（formal）：它接受现行法的这一明显的不妥适性，但在裁决具体个案时，为了法的安定性带来的优点，也接受某些次优的结果。且只要如下这样，法制度就是适应性的（adaptive）：为了努力在个案中达致正确的结果，或者至少这些努力达致正确性的结果不用背负如下负担，即对于成文材料（written materials）之规定的尊重（这些材料早于法律现在面临之情形），从而此法制度拒斥形式性。我们所拥有的关于适应性法制度的最好例子是20世纪末期美国的法制度；因为在此，我们看到这样一个制度：其不断地运用方法，调整既有的、一般的法律之限制，从而满足在当下个案中获致正确结果的愿望。

20世纪多数法学（尤其，但绝非单单美国法学）的典型特征在于如下的主张，即上述适应性是法律规则的一个必然特性。通常，该主张被称为**可废止性**

---

* 译自：Frederick Schauer, On the Supposed Defeasibility of Legal Rules, in M. D. A. Freeman (eds.), *Current Legal Problems* 48, 1998, pp. 223~240.

** 弗里德里克·肖尔（Frederick Schauer），弗吉尼亚大学（University of Virginia）大卫与玛丽·哈里森（David and Mary Harrison）法律特聘教授。

*** 中国政法大学法学理论2013级博士生。

**** 中国政法大学法学理论2013级博士生，荷兰阿姆斯特丹自由大学联合培养博士生（2014~2015）。

(*defeasibility*)——这是一个假定特性，这个特性是由于所有的法律规则都具有一条隐含的“除非另有要求”的条款所致。必然可废止性的主张首次出现在哈特(H. L. A. Hart)的作品中，现在被众多法哲学家所接受，而这些法哲学家的观点却很少与哈特类似。必然可废止性的主张（通常被标示在不同的标签之下）在美国法理论中尤其明显，这并不奇怪，我想澄清之所以如此的原因。

然而，对必然可废止性的主张的坚持并不能衍推出它的合理性，通过更为仔细地分析，我们可以发现，法律规则是必然可废止的这一立场似乎是部分令人困惑、部分冗余和部分错误的。考察何以如此以及为何如此，我们能够增进对如下事物的理解：法律以及众多其他规范性领域内的规定性(prescriptive)规则的运行。

一

在《法律的概念》中，哈特提出如下内容作为调整性规则(regulative rules)的详尽分析：

我们承诺隔天去拜访一位朋友。当日子来到的时候，却发生了这样的情形，即如果我们遵守承诺的话，就会弃某个病危之人于不顾。此种情形被接受为不去遵守承诺的妥适理由，但是这个事实并不当然意味着没有任何要求遵守承诺的规则存在，而只存在某种人们遵守承诺的规律性，从此种规则具有无法穷尽之例外的事实并不能导出，我们在每一个情况中都要做裁量，而从来就不受遵守诺言的拘束。带有“除非……”这一语词的规则仍旧是规则。[1]

哈特此处的主张似乎是这样的：当规定性规则受制于废止性条件(defeating conditions)时，甚至最为重要的是，**当此类条件的清单不能被预先列明时**，调整性规则仍保持其以(*qua*)规则的身份来作为行动理由的能力。后一限定似乎捕捉到了**可废止性**的独特主张。可废止性的名称是哈特十年前从财产法中借用过来的，当时他就指出，“法律利益……在许多不同的偶发事件中遭受终止或者‘废止(*defeat*)’，但如果没有任何此类偶发事件发生的话，其仍保持完好无损”。[2] 与此同时，他明确指出，可废止性的主张并非单单就是如下的主张，即在**特定的**

---

[1] H. L. A. Hart, *The Concept of Law*, Oxford: Clarendon Press, 1961, p. 136.（译文参考了［英］H. L. A 哈特：《法律的概念》，许家馨、李冠宜译，法律出版社 2006 年版，第 134 页。——译注）

[2] H. L. A. Hart, The Ascription of Responsibilities and Rights, in A. G. N. Flew (eds.), *Logic and Language*, First Series, Oxford: Basil Blackwell, 1954, pp. 145 ~166.（作者在该引注中将出版年份标注为1954，但该书出版于 1951 年。——译注）

（*specified*）废止性条件发生时，规则可能被废止。相反，对于哈特而言，正是废止性条件的**不可特定性**（*unspecifiability*），“词语‘等等’的使用”，阐明了法律规则的运行情形，也阐明了法律语言的**独特**（*sui generis*）性质。[3]

这里，我们的目标不在于诠释或者批评哈特。如果可废止性的主张仅仅是哈特对法律规则运行的理解的一部分，则这其中的任何东西日后都无法证立进一步的评论。确实，在哈特自己关于法律性质的阐述中，可废止性的主张似乎仅仅起到很小的作用。然而，可废止性的主张已然具有了自己的理论生命，在当代众多对法律规则的运行和法律决定－作出（legal decision－making）的阐述中占据了核心——即使通常未被明示——的位置。例如，理查德·波斯纳（Richard Posner）公开引述上述引文从而主张，对于“**个案式**例外（*ad hoc* exception）”的敏感性（susceptibility）是任何法律规则的特性，[4] 该主张被美国法律学者和法院本身所支持。[5] 相关地，里斯托·希尔皮宁（Risto Hilpinen）也主张，当面对意料之外的事件时，规范体系——包括法的规范体系——必然是可修正的。[6] 罗杰·夏纳（Roger Shiner）提出，因为法律规则“必然经受历时性的变化和改变”，所以不可能预先就终局性地（conclusively）确定一个法律规则的内容。[7] 法律规则必然可废止性之主张亦被学者主张为蕴含着实在论语义学、[8] 亚里士多德式实践理性、[9] 美国实用主义[10] 以及（并不奇怪）解构主义（deconstruction）。[11] 由此，从众多视角来看，如下的观点是被广泛认可的：法律规则的**必然**特性在于，在面对当下未被预见以及可能不可预见的情形时，法律规则保持着

---

〔3〕 参见哈特的就职演讲“法理学的定义与理论”，现在可见于 H. L. A. Hart, Definition and Theory in Jurisprudence, in his *Essays in Jurisprudence and Philosophy*, Oxford: Clarendon Press, 1983, pp. 21～48.

〔4〕 Richard Posner, The Jurisprudence of Skepticism, *Michigan Law Review*86, 1987, pp. 827～64.

〔5〕 Alfred C. Aman, Jr., Administrative Equity: An Analysis of Exceptions to Administrative Rules, *Duke Law Journal*, 1982, pp. 277～331; *WAIT Radio v. FCC*, 418 F. 2d 1153 (DC Cir. 1969).

〔6〕 Risto Hilpinen, Conflict and Change in Norm Systems, in Ake Frandberg and Mark van Hoecke (eds.), *The Structure of Law*, Uppsala: Iustus Forlag, 1987, pp. 37～49.

〔7〕 Roger Shiner, *Norm and Nature: The Movements of Legal Thought*, Oxford: Oxford University Press, 1992, pp. 146～147.

〔8〕 Michael Moore, The Semantics of Judging, *Southern California Law Review* 54, 1981, pp. 151～294; Michael Moore, A Natural Law Theory of Interpretation, *Southern California Law Review*58, 1985, pp. 277～398.

〔9〕 例如 William N. Eskridge Jr. and Philip P. Frickey, Statutory Interpretation as Practical Reasoning, *Stanford Law Review*42, 1990, pp. 321～384.

〔10〕 Cass R. Sunstein, Interpreting Statutes in the Regulatory State, *Harvard Law Review* 103, 1989, pp. 405～502.

〔11〕 例如 Anthony D'Amato, Aspects of Deconstruction: The Failure of the Word "Bird", *Northwestern University Law Review*84, 1990, pp. 536～541.

对修正的敏感性。[12] 在反驳该信念时，我首先将可废止性的主张从关于规则结构的其他主张中区分开来，并且我主张可废止性的主张不同于众多相关的主张。但是，我进而将论证如下主张是错误的：可废止性是法律规则的一个必然特性。

二

哈特谈到，含有“除非”条款的规则仍旧是规则。由此，我们可假定：“（*D*1）当某个规则含有列明的‘除非’条件，而且该条件的不发生对于规则的适用是必要时，这个规则就是可废止的”。但 D1 并没有识别出解释所谓的开放性特征的规则之特性，因为含有“除非”条款的规则仍旧是规则的主张，仅具有几乎微不足道的语言学意义。比较：

（1）杀害他人的行为是被禁止的，**除非**行为者是出于自卫而行动；

（2）非必要杀害他人的行为是被禁止的；

（3）谋杀是被禁止的。

现在若将所有且仅仅出于自卫的杀害定义为必要的杀害，则（2）等同于（1）。如果谋杀被定义为非必要的杀害，则（3）等同于（2），因此也等同于（1）。由此，规则的外延（其所禁止的行为）在如下转化中没有改变：从在（1）中使用“除非”条款，到在（2）中将同样的限定纳入首要禁令中（primary prohibition），到在（3）中在技术性术语中嵌入此一限定。同样，如果所有且仅仅

〔12〕 尽管我的论证将集中于法哲学，但其意义却更为广泛，因为关于其他规范性领域的哲学论证也依赖于可废止性主张的某些版本。T. M. 斯坎伦（T. M. Scanlon）主张，道德规则具有内在的内容，直到特定个案产生，该内容不能够终局性地被发现：T. M. Scanlon, Levels of Moral Thinking, in D. Seanor and N. Fotion (eds.), *Hare and Critics: Essays on Moral Thinking*, Oxford: Oxford University Press, 1988, pp. 129～146，大卫·布林克（David Brink）在如下论文中提出了一个类似的主张：David Brink, Legal Theory, Legal Interpretation, and Judicial Review, *Philosophy and Public Affairs* 17, 1988, pp. 105～148. 关于特定道德规则的持续可修正性的类似主张，作为对康德（Kant）的解读而被提出。Onora O'Neill, Abstraction, Idealization and Ideology in Ethics, in J. D. G. Evans (ed.), *Moral Philosophy and Contemporary Problems*, Cambridge: Cambridge University Press, 1987, pp. 55～69; Onora O'Neill, *Constructions of Reason: Explorations of Kant's Practical Philosophy*, Cambridge: Cambridge University Press, 1989; Sally Sedgwick, 'On Lying and the Role of Content in Kant's Ethics, *Kant-Studien*82/1, 1991, pp. 42～62. 科特·拜尔（Kurt Baier）主张，一个似乎无例外的规则的例外，以某些不可解释的方式，是规则的“一部分”：Kurt Baier, *The Moral Point of View*, Ithaca, NY: Cornell University Press, 1958, pp. 192～195，某些哲学家主张，所有的义务都仅仅是有条件性的，在发生事先不特定的事件时，它们可被废止。参见 Barry Loewer and Marvin Belzer, *Prima Facie* Obligation: Its Deconstruction and Reconstruction, in Ernest Lepore and Robert Van Gulick (eds.), *John Searle and His Critics*, Oxford: Wiley-Blackwell, 1991, pp. 359～370。由此，我对于法律规则是必然可废止的观点的攻击，**在经必要修改之后**（*mutatis mutandis*），就是对如下主张的攻击：所有的规则，或者所有的道德规则是必然可废止的。

救护车和警车被授权进入公园，则对于明显是（或者明显不是）警车和救护车的车辆而言，“任何车辆禁止进入公园，除非警车和救护车”和“任何未经授权的车辆不准进入公园”表明了同样的后果，尽管只有前者包含有“除非”条款。[13]

因此，“除非”条款（或者例外）的使用或者不使用，常常并非源自规则制定者对这个或者那个外延所持的欲求，而是源自于这样的词语或者简洁措辞的可及性（或不可及性），这些词语或者简洁措辞在语义上可以将规则制定者试图排除的事物排除出规则的覆盖范围。一旦这类“内在地”排除性语言是可及的，则无须“除非”的条款。但一旦此类词语或者措辞不存在，则通过使用“除非”条款而达致“外在地”排除就是必要的。由此，在下列表述之间并没有外延上的区别：“不准通奸”和“不准性交，除了（除非）与自己的配偶”。是否使用类似前者的表述而非类似后者的表述，通常取决于可及的语言工具之已有组合。[14]

因为所有的“除非”条款都能通过引入新词语而由此被消除，因为“除非”或例外的在场或缺席，并非开放式规则与封闭式规则之区别的标志，所以，我们必须拒绝 D1 作为规则特性的合适界定，而这正是必然可废止性此一主张的拥护者所试图承认的东西。

三

相反，假定我们将必然可废止性主张的拥护者解读为，他们主张遭受凌驾（subject to override）的规则仍是规则。确实，哈特的那个例子（即为了帮助某个病危之人而违反一个无关紧要的承诺）表明他的主张是：可被凌驾的（overridable）规则仍是规则，而不管它们的可被凌驾性（overridability）。由此，“（*D*2）当规则可被凌驾时，其是可废止的；因此，只有当凌驾性条件未被满足时，由可废止的规则所指示的行为才会被遵循”。

可废止性的上述定义确实识别出规则在结构上的有趣特征，但对于我们的目

---

〔13〕不同的表述可能具有不同的界限，因此，较之上文所阐述的内容，我并没有提出等值的更强主张。

〔14〕在某一规则的目的和与之紧密契合的语言的可及性之间，可能存在某种关系。我想，较之当规定（regulation）与现存社会实践悖逆时，当规则强化现存社会实践时（比如当社会将同类相食规定为违法时），符合规定性目标（regulatory goal）的语言更可能获得。当然，就决定“例外”条款是否被使用而言，语言的经济性并非唯一因素。通常，首要的禁令和例外、抗辩或者废止条件的设置，服务于分配举证责任的举足轻重之目标。

的而言，由于下述两个理由，其仍难以令人满意。首先，它仅仅重述了对于**初显性**（*prima facie*）规则的惯常理解，〔15〕由此并不必然涉及开放性（open - endedness）的关键特征。从惯常理解来看，可被凌驾的规则仍保持某种规范性力量（force），而不管它们的可被凌驾性：部分因为，当冲突性或者凌驾性（overriding）规则（或者原则，或者责任［duty］，或者义务［obligation］）缺席时，规则的指示依然有效；部分因为，当存在一个分量小于可被凌驾的规则的冲突性规则时，可被凌驾的规则仍占据优势。〔16〕由此，如果我承诺代替同事教授一周课程，以便她能参加在澳大利亚举行的一个重要会议。那么，其后，我叔叔从一个小型整容手术中恢复时，他请求我陪伴他，对于我而言，视前一义务不被这一请求所凌驾就是正确的。但这与此是一致的：在其他情形（我只是承诺陪我的同事吃午餐）中后一义务占据优势；而且这与此是一致的：某些类似后一义务的义务（我叔叔能否从更严重的手术中恢复过来，取决于我的陪伴）凌驾于前一义务。由此，前一义务——即遵守一个诺言，对该诺言的违背只有不太严重的消极后果——明显是一个义务，不仅仅是因为当前一义务被凌驾时，它依然有所保留（residue）（如果我叔叔的严重疾病阻止我信守对同事的诺言，则寻找一个替代办法的任务，首先就落到我头上，而非她头上）；也因为前一义务的存在，提高了相冲突义务要占优势所必要的临界强度（threshold strength）。然而第一个义务阻止了某个后果 - 决定性（outcome - determinative）义务占据优势，由此，第一个义务具有规范性力量，即使它可被凌驾。这也同样适用于规则，但如果这就是可废止性所意指的东西，则对于可废止性的理解就等于对于可被凌驾性的惯常理解，而这样一种理解可以被凌驾性因素的封闭清单所满足。因此，将可废止性定义为可被凌驾性，这在界定用来说明不可特定性的可废止性概念方面**绝对**（*sim-*

〔15〕 因为在如下论文中被详述之理由，John Searle，Prima Facie Obligations，in Joseph Raz（eds.），*Practical Reasoning*，Oxford：Oxford University Press，1978，pp. 81～90，较之术语"初显的"，我更喜欢术语"可凌驾的"，而且我将全部使用后者。（脚注原文此处为：I prefer the term 'overridable' to 'prima facie'，and will use the latter throughout. 但肖尔在全文中更多使用的是"overridable"，这里应是笔误。——译注）关于惯常理解，最具权威的文献是 W. D. Ross，*The Right and the Good*，Oxford：Oxford University Press，1930，pp. 1～29，更多比较精致的润饰参见 Alan Gewirth，Are There Any Absolute Rights?，*Philosophical Quarterly* 31，1981，pp. 1～16；Robert Nozick，Moral Complications and Moral Structures，*Natural Law Forum* 13，1968，pp. 1～50；Judith Jarvis Thomson，Some Ruminations on Rights，*Arizona Law Review* 19，1977，pp. 45～60.

〔16〕 Walter Sinnott - Armstrong，*Moral Dilemmas*，Oxford：Blackwell Publishers，1988，pp. 41～43，区分了凌驾、取消（cancellations）和辩解（excuses）。当遵守指示似乎无意义行为的规则没有意义时，取消的情况产生；就上述情形，我将在下一部分处理。而且此处没有什么取决于凌驾与辩解之间的差异，由此我有意合并之。

pliciter）寸功未建，而对于哈特、波斯纳以及其他人而言，不可特定性却是重要的。

进一步而言，没有理由相信法律规则**必然**是可被凌驾的。德沃金主张，就定义而言，规则必然是不可被凌驾的（*non* - overridable），尽管这一主张令人困惑，[17] 但相信法体系之规则的可被凌驾性是法体系的本质特征仍不尽合理。最初，一个法体系可能会将某些不可被凌驾的道德规则（假定存在此类事物）吸纳为法律规则。在那种情况下，对于相信法体系对某个绝对道德规则的驯化应使得其在法律语境下成为非绝对的道德规则来说，唯一的根据就在于一个具有难以置信强度的道德规则，根据这一规则，对于处于该法体系之下的行动者而言，法体系的规范必然凌驾于所有非法律规范。在此情形下，法体系自己的规范自身将是不可被凌驾的，由此必然可凌驾性的主张失败。或者，如果没有绝对道德规则，则没有任何关于法律语境的东西产生值得注意的影响。由此，哈特和其他人的主张将不是一个关于法律规则特性的主张，毋宁仅仅是关于如下事实的一个老生常谈：在面对占据压倒性优势的道德义务时，所有的规则都是必然可被凌驾的。该主张可能为真，但其没有告诉我们关于法律规则结构的任何信息，除了它往关于法律规则结构的主张中偷偷输入（smuggles）了一个关于**作为法律**（*qua legal*）义务的法律义务的非 - 终局性（non - conclusiveness）的主张。

然而，我们可能在错误的轨道上前行。通过更为详细地关注潜在凌驾性条件的身份（identity）和可特定性（specifiability），我们也许能够更好地理解哈特对于"等等"的强调、波斯纳对于"**个案式例外**"的关注以及许多其他人的相关主张的重要性。假定我们能预见到所有潜在的凌驾性条件，正如同哈特预见到的那样：照顾病危之人的义务将凌驾于会见朋友的义务之上；如果是这样，则"（D3）一个规则是可废止的，当其能够被一系列事先特定化的条件中任何一个条件的发生所凌驾时；对于采取这一规则所指示的行为而言，这些条件的不发生

---

〔17〕 Ronald Dworkin, *Taking Rights Seriously*, Cambridge, Massachusetts: Harvard University Press, 1977, pp. 22 ~28. 在明晰规则（"限速每小时55公里"）和模糊规则（"禁止鲁莽驾驶"）之间存在差异，而且在可被凌驾性规则和非可被凌驾性规则之间存在差异。德沃金（Ronald Dworkin）的错误在于，他假定后一差异追随前一差异，而明晰性是非可被凌驾性的标识。事实上，这两种差异相互穿越，因为某些模糊规则（"对待他人要像你想要他人如何对待你那样"）可被理解为非可被凌驾；而在法律领域内外，相当明晰的规则，诸如限速规定，一般被理解为是可被凌驾的。参见 Joseph Raz, Legal Principles and the Limits of Law, in Marshall Cohen (eds.), *Ronald Dworkin and Contemporary Jurisprudence*, Totowa, N. J.: Rowman & Allanheld Press, 1983, pp. 73 ~87; Frederick Schauer, *Playing By the Rules: A Philosophical Examination of Rule - Based Decision - making in Law and in Life*, Oxford: Oxford University Press, 1991, pp. 12 ~15.

是充分且必要的”。然而，D3 消除的恰好是非特定性的特征，而这被可废止性主张的拥护者视为是本质性的东西。而且，D3 依然可能遭受在谈论“除非”时所述及的同样的攻击，因为任何预先 - 特定化的条件都能轻易地转化为规则首要禁令的一部分。毕竟，在如下两者间并不存在外延上的差异：“存在一个与照顾生病亲属的义务不冲突的遵守诺言之义务”和“遵守所有的诺言，除非这样做涉及违背照顾生病亲属的更重要义务”。

所以，如果 D3 仍没有洞察到关于可废止性主张的可能独特之处，则我们也许能够通过代之以下面的定义来取得进展：该定义承认潜在凌驾性条件可被预先特定化的可能性，但这只有通过广泛的类型（type）而非个体（particular）才可被达致。我们将之称为**弱非特定性**（*weak non - specifiability*）。如果是这样的话，则“（D4）一个规则是可废止的，当其能够被一系列事先以类型而非个体来特定化的条件中任何一个条件的发生所凌驾时；对于采取这一规则所指示的行为而言，这些条件的不发生是充分且必要的”。但这仍不妥当，因为无法事先特定化（pre - specify）潜在可废止性条件的全部外延与无法事先特定化首要规定的全部外延，二者并无差异。“禁止任何车辆进入公园”是可废止的，是因为该规则在“紧急情况”下并非行动决定性的（action determinative），这一主张并非在说无法事先特定化所有的紧急情况，也并不是说无法事先特定化所有被禁止的车辆。由此，就可废止性可以谈论的东西都被如下东西所穷尽：就任何分类词的核心和边缘的适用可以谈论的东西；而必然可废止性的主张最终成为一个根本不是关于法律的主张。

四

由此，似乎是这样的，即如果为可废止性主张还留下些什么的话，其一定是“等等”和“**个案式**”所揭示的我们可以称之为**强非特定性**（*strong non - specifiability*）[或者**强开放性**（*strong open - endedness*）] 的东西：根据这种观点，法律规则必然可为我们甚至无法通过类型来事先想象的条件所废止，且尽管如此，法律规则仍保有必然为任何规则的一部分的规范性力量。由此，“（D5）一个规则是可废止的，当这一规则的适用，不仅仅取决于以个体或者类型方式事先特定化的事件之不发生，亦取决于既非以个体、亦非以类型方式事先特定化的条件之不发生”。一旦我们增添了该强非特定性的条件，我们看起来确实已经捕捉到关于必然可废止性主张的某些东西，这些东西尚未显在或者隐含地存在于对可被凌驾性的既有理解之中。然而，这一当前被独特断言的主张是否妥当却仍然有待观察。

除了我在此不关注的康德的终极（ultimate）道德规则之外，规则，包括法律规则，之于其背后的理据（background justifications）都是工具性的。规则－功利主义者的规则服务于背后的功利主义理据，抑或“禁止任何车辆进入公园”的规则试图促进安静或安全；通常来讲，规则之于它们背后的理据都是工具性的。而且，不像经验法则（rules of thumb），只有规则自身是作为独立于其背后的理据所提供之行动理由的行动理由而被行动者（出于我无须在此涉及的理由）采纳时，规则才具有作为规则来充当行动理由的能力。

如此，当此工具性但确真的（genuine）规则遭遇到一个之前未预料到的事件时，又会发生什么呢？假设，首先此事件同时处于首要规则的语言框架（contours）和规则背后理据的框架之内。在此情况下，规则只是单纯地被适用而已，因为，当为娱乐而驾驶汽车遭遇“禁止任何车辆进入公园”的规则时，该规则的语言和目的都包含该情形，即使这种情形之前未被想到，废止的问题也没有出现。由此，正如同警车或者富勒（Lon Fuller）所假想的包含在战争纪念品中的运行车辆那样，[18] 只有当某个发生的事件处于规则的语言框架之内却在其背后理据之外时，关于规则应否被适用的困惑才得以出现。然而，如果（被表述的）规则和通过直接适用规则背后的理据所指示的结果之间任何的不一致都是此一规则不被适用的充分条件的话，那么规则就没有禁止那些没有被其背后理据所禁止的行动。[19] 如果规则和理据之间的不一致对于选择理据而非规则是充分的，那么所有的规范性工作都是被理据而非规则完成的。

由此，如果 D5 意味着，无论何时，只要对于服务于某一规则背后的目的而言是必要的，则额外的“除非”条款（或其等同物）就可被增添进来，那么，该规则就被化约为一个不能提供自己行动理由的单纯经验法则。这也许有时是（甚或总是）一个明智的决定程序，如同行为后果主义者（act－consequentialist）对经验法则的使用那样；[20] 但是，正如我对鳀鱼的厌恶并不使得我相信它们不

---

〔18〕 Lon Fuller, Positivism and Fidelity to Law: A Reply to Professor Hart, *HarvardLaw Review* 71, 1958, pp. 630 ~ 672.

〔19〕 如果同样的观点适用于文中所描述的缺漏包含（under－inclusion）和过度包含（over－inclusion），则将规则和理据之间的差异视为适用理据的充分条件，就会使得规则消失全无。

〔20〕 例如 J. J. C. Smart, Extreme and Restricted Utilitarianism, *Philosophical Quarterly*6, 1956, pp. 344 ~ 354; J. Urmson, The Interpretation of the Moral Philosophy of J. S. Mill, *Philosophical Quarterly*3, 1953, pp. 3 ~ 39.

可能存在一样，对基于规则的决定－作出的强形式的厌恶亦不应导致这样的结论，即它不可能存在。因此，似乎只有通过拒绝这种可能性，即规则作为规则能够作为独立于其背后理据所提供之行动理由的行动理由，D5才能通过否定此可能性——处于规则的语言范围之内但在规则的目的之外的未被预见的事件的发生能够证立规则的适用——来证立必然可废止性。如果可废止性是以牺牲规则自身为代价，则这个代价太高了，至少对于维持哈特及其追随者们的主张——规则性（ruleness）与强废止性能够并存——的目的而言是这样。

现在，有人可能会反对说，经由反思平衡（reflective equilibrium）来进行的规则适用与修正的罗尔斯式的过程，能够使得规则在适用中被修正且仍作为行动理由而起作用。但隐含于反思平衡的现象学（phenomenology）之中的是如下可能性：一个规则（或一般原则）的某些适用可能不同于没有该规则而通过通盘考量决定什么应被做出，但是对于证立重新考虑或者重新制定规则而言，这似乎并不是充分构成问题的（sufficientlyproblematic）。如果存在一系列此类适用，在其中某个规则的存在造成了差异，则该规则就提供了一个行动理由，即使当个案判决**格外**有问题时，规则要被重新校正。但是，如果只要个案看起来**完全**（*at all*）有问题，规则就要被重新校正，那么**作为**规则的规则就不是行动理由，而且所有的负担都由使得个案适用看起来有问题的那些东西来承担。

五

在前一部分，我假定之前未被预见到的情形处于规则表述的语言范围之内，但必然废止性主张的拥护者们可能尚怀有其他不同的想法。如果新情形不在现行规则之内，也不在现行规则之外，又会怎么样呢？在某种意义上，上述问题是无趣的，因为如果规则就某些适用而言只是模糊的话，如下内容就没有争议：为了适用规则，决定－做出必然须诉之于规则自身之上、之下或者背后的某些东西。

如果一个规则看起来完全清楚，除非某个事件使其不清楚，那么更有趣的问题就出现了。此处，哈特对于魏斯曼（Friedrich Waismann）的开放结构的观念的明确援引就是相关的了，[21] 但该问题比哈特或者其追随者们所意识到的更为麻烦。我们必须考虑，在魏斯曼的意义上，以某种语言表达的一个规则是如何能够

〔21〕 Friedrich Waismann, Verifiability, in A. G. N. Flew (eds.), *Logic and Language*, First Series, Oxford: Basil Blackwell, 1951, pp. 117～144.

具有开放结构的。拿J. L. 奥斯汀（J. L. Austin）有关爆炸的金翅雀（exploding goldfinch）的例子来说，在该例子中，在我们眼前它的爆炸让我们言语匮乏，根据“金翅雀”的既有定义，我们曾一直以为它就是金翅雀。[22] 现在假定，出于简洁的原因，金翅雀被定义为：一种黄色的鸟，其长度不超过四英寸且翅膀上有黑色斑纹。而且进一步假定，金翅雀是濒危物种，因此它被写入一部法律中，该法律禁止商业性或者装饰性地使用任何被指定为濒危物种的动物的皮、毛或者骨骼。最后假定，该法律明确地将关于金翅雀的既有定义包括在内，由此，“金翅雀”的成文法定义就是“一种黄色的鸟，其长度不超过四英寸且翅膀上有黑色斑纹”。

在此，你见证了奥斯汀的金翅雀的爆炸。你能将这些羽毛用于帽子吗？考虑到我们的假设，这个动物处于规则的语言范围内，因为尽管出现了爆炸，但它仍符合该成文法的定义。[23] 结果，似乎是这样的，你被禁止使用这些羽毛，尽管有如下事实，即当规则被制定时，爆炸的金翅雀并没有被人们想到。这仅仅重述了之前的要点。如果开放结构的主张仅仅是，之前未被想到的情形可能符合规则的语言但不符合规则的目的，那么无论这有多真，它并不能导出：在此类情形下，目的而非规则应该必然占据优势。

但如果相反，新案件存在于规则的构成术语（constituent terms）的开放结构中，又会怎样呢？如果规则仅仅列明“金翅雀”，但并不包含一个明确的定义，那么遇到可能是也可能不是金翅雀的爆炸性的生物时，又会怎样呢？但现在，该问题似乎与由一开始就模糊的规则所导致的问题没有两样。开放结构是模糊性的潜在因素，而且当该潜在因素被实现时，新近模糊的规则与一直模糊的规则之间没有差异。

现在，如下内容是有争议的，即是否所有的术语都是不可化约地具有开放结构。但即使假设魏斯曼是正确的且不一致的语义学理论是错误的，语言的开放结构和以语言书写的规则的开放结构之间的关系并没有哈特所设想的那样紧密。或

〔22〕 J. L. Austin, *Philosophical Papers*, 3rdedn., Oxford: Oxford University Press, 1956, p. 19. 将如下可能性与我的主旨无关因而撇开不谈，即爆炸可能会召来这是否还是只“鸟”的质疑。(《哲学论文集》有三个版本，分别于1961、1970、1979年出版，由此，肖尔原文第22个脚注似乎有误，因为奥斯汀生前未出版书。肖尔想引用的文献实际是1979年第三版的《哲学论文集》。——译注)

〔23〕 这一点在下述论文中被很好地指出，Gordon Baker, Defeasibility and Meaning, in P. M. S. Hacker and J. Raz (eds.), *Law, Morality and Society: Essays in Honour of H. L. A. Hart*, Oxford: Clarendon Press, 1977, pp. 26 ~57. 也可参见 Brian Bix, H. L. A. Hart and the "Open Texture" of Language, *Law and Philosophy* 10, 1991, pp. 51 ~72.

者，换句话说，除了规则的术语是具有开放结构之外，规则并不是不可消除的不确定的；由此，开放结构的观点并没有给予规则的或者法律语言的某一特定性质以任何支持。[24] 因为，如果这就是哈特的观点，即规则不可消除的不确定性是由于规则构成术语的开放结构才存在，那么，这仅仅是一个关于模糊性的、潜在因素的实现的主张，关于对本已为规则所指示的任一主张的废止，它却丝毫未谈。但是如果这就是哈特的观点，即除却规则构成术语的开放结构后，规则不可消除的不确定性仍存在，那么这可能仅仅意味着，**作为**规则的规则是不确定的，即使其语言范围并非不确定的。换句话说，除却规则语言的开放结构性之外，有关规则的开放结构性的主张是这样的主张：当某一事件并非模糊地处于规则表述之中时，情况可能依旧如此，也即将这一规则适用于个案是仍有问题的。而且唯有当事件，尽管并非模糊地处于规则表述之中，却处于规则背后的目的之外时，才有上述情形（或者反之亦然）。

现在，可废止性的独特性质已被展示——D5 最终等同于“（D6）规则是可废止的，当规则的适用不仅取决于处于规则语言范围之内的事件的发生，亦取决于该事件同时也处于规则的目的之内”。当之前未被预料的事件根据规则的目的来质疑适用这一规则的似真性时，承受被废止的特性，实际上是一种与语言模糊性、语言开放结构或者可凌驾性等概念所不同的因此也不能为它们所穷尽的性质。但回想一下可废止性主张的拥护者，他们并非主张可废止性是**某些**规则的独特性质，而是主张可废止性乃是**所有**法律规则的必然性质。然而，这是在作出一个关于法体系的相当强的主张，该主张看起来在描述上不准确，在规范上亦有争议。

对于普通法的决定 - 作出模式而言，必然可废止性的主张似乎最为可信。遵循该模式，法官不仅仅制定法律的规则（当他们首次制定侵权法和合同法的核心规则时）；而且，在这个时候，即不可预见的事件表明之前制定的规则是单纯错误的，或者更常见的是，当这些规则对于人类经验的丰富性不具有足够的敏感性时，法官也具有重新制定规则的权力。正如一个语言共同体可能希望根据发现的爆炸性变体来重新定义“金翅雀”，当事件已经证明现行规则不妥适的时候，一个法律共同体可能也希望重新定义其规则。这正是普通法方法的典型特征，该方

[24] 此一维度之下，不同体系之间的有益比较，参见 Patrick Atiyah and Robert Summers, *Form and Substance in Anglo - American Law: A Comparitive Study of Legal Reasoning, Legal Theory and Legal Institutions*, Oxford: Clarendon Press, 1987; D. Neil Mac Cormick and Robert S. Summers, *Interpreting Statutes: A Comparative Study*, Aldershot: Dartmouth Publishing Company, 1991.

法将规则视为仅仅暂时近似完美之物，在发生迄今为止尚未被预见到的事件时，它可被修正和完善。

然而，无论司法可校正性（judicial corrigibility）有时可能多么可欲，如下假设看起来并不太合理，即这是我们能够给予法律规则的唯一说明。另一个说明则强调形式性（formality）的所有常见之优点，将规则看作用来增强可预测性、确定性、统一性和权力分配的手段，甚至以牺牲一定程度的个案最优化为代价。为了达致使得该个案结果恰如其分地正确的目标，普通法甘愿牺牲某些此类优点；同样，为了达致其他目标，其他的体系也甘愿牺牲某些基于行动的最优化（act - based optimization）的优点。

此处的要点并非在于，这些模式（形式性的模式和适应性的模式）中的一个或另一个更为可欲。相反，情形是这样的，它们都是似真的，它们都或多或少地存在于世界多数法体系中。最终证明，哈特及其追随者们识别出了某些法体系的一个偶然特征，而后却将之视为所有法体系的必然特征。尽管被称为一个关于规则或法律的概念性主张，必然可废止性的主张其实是一个关于赋予特定法律行动者——主要是法官——以权力的规定性主张。而且，哈特及其追随者似乎错误地假定，只要无须牺牲可废止性即可说明所有意在维系之规则的特征，普通法体系就可以具有前述偶然性特征（即使且当这样做是可欲的时候）。正如同在 *D*6 中那样，如果一个可废止的规则，只有当它的适用与该规则背后的目的相一致时，它才将会被适用，而当它的适用不会服务于该规则背后的目的（或者现存于某一决定 - 作出环境中的背后目的之全部排列）时，它就可以被废止，那么，作为规则的规则产生了一个非由其背后目的所产生的结果就不是真实的情况。而且，正如上述，规则的规范性力量就消解了。因此，在哈特的说明之中，较之作为规则的一个性质，可废止性更多是作为（某些）法体系的一个性质而存在；这种说明青睐于面对无尽变化之个案时的司法自由裁量的重要性，而规则的重要性显然就被削弱了。

六

所以，现在看起来，一旦我们区分了如下三者：一个琐碎的语言学主张、一个关于可被凌驾性的常见主张和一个关于英国和美国普通法决定 - 作出的偶然的描述性主张，那么，关于法律规则的必然特性的主张，或关于规则开放性的主张就都没有落入"可废止性"的标题之下。只要可废止性的独特特征被假设是规则被各类潜在废止条件的不可限制的清单所制约，那这一探究就要转向可废止性所要付出之代价这一点。而且，如果每当规则的目的不被服务时，或者每当正义要求这样做时，或者每当这样做对于避免荒谬是必要的时候，规则就要被废止，那么分量（weight）最终就是由目的，或正义，或避免荒谬而非规则自身所承载。

但是，有一个方法可以用来拯救哈特的部分洞见。假定某一规则指示结果O，但该结果O些微不同于由规则背后的理据的直接适用所应产生的结果。或者假定结果O稍微不公正、荒唐或者从对于正确决定的通盘考量观念的视角来看是不可接受的。在这些规则的指示与更深层（或者更高阶）之价值的直接指示之间仅有些微差异的案件中，因为所有与将规则置于首位的理据相关的众多理由，规则可能仍占据优势，这难道不可能吗？

如果是这样，那么，我们就能以如下方式重塑可废止性，即将凌驾的观念与哈特关于潜在废止性条件不可限制之清单的观念关联在一起。我们可以说，给予规则以权力（power）的是其推定之力量（presumptive force），如此以至于，尽管规则可能会被凌驾，然而，当且仅当凌驾所需的这一条件强于没有规则时使这一凌驾条件生效所必需的条件时，规则才会被凌驾。[25]由此，“（D7）规则是可废止的，当其适用取决于不适用该规则的不特定列表的极好理由的不发生，这些理由具有强于如下理由的力量，即在规则缺席时，对于这些理由要决定结果而言是充分条件的理由。”

该表述使得如下事情变得清晰：事先特定化的规则具有推定的力量，即使面对这些事先非特定化的理由，而后面这些理由对于规则的不适用而言可能也是充分的。推定性的观念并非认知的观念（尽管某些推定是），但其却是被设计用来洞察具有特定力量的理由的观念。但是，从存在具有特定力量的理由当然可以推导出，可能存在并不具有该特定力量的极好之理由。

如果法律规则以此推定方式运行，那么我们可以说，由于特别强有力的对抗性条件（countervailing conditions）的存在，法律规则可能被废止，而且**只要这一特殊权力的要求**（*the requirement of particular power*）**可被事先特定化且自身不会被废止**，那么这些特别强有力的废止条件之清单就不可能亦无须被事先特定化。由此，规则的力量存在于对废止的被抬高之标准的保有（persistence），而且单单这一被抬高的标准自身不会被废止的事实就使得我们可以说，即使规则可能受制于无法被穷尽陈述的废止条件，其规则的力量也仍然存在。

〔25〕原文该句中单词“then”拼写似乎是作者笔误，应为“than”，否则语义不通。——译注

哈特的维特根斯坦式的目标在于表明，特征性（*Merkma*）定义的观念似乎不适合法律规则的运行。然而，在拒斥了规则适用的充分必要条件之清单的可能性之后，为了法律规则能够继续存在且仍是规则，就有必要承认：规则的推定性力量，即规则的抬高证立否则不一致行为的标准之能力，自身就是规则存在的非废止性的（non-defeasible）必要且充分条件。

七

这里，尽管我的目标更多是澄清性的而非规范性的，在结论部分值得指出对于法律规则的推定性进路而言的规范性证立。我们多数人认为，规则服务于有价值的目的，在法律中尤其如此。对于某些人来讲，这些目的位于可预测性和安定性的观念之中，尽管可能是这样的，即针对规则作为决定-作出的权威之分配的工具而言的这一论据更为有力。但无论这些目的为何，除非规则对于某些决定-作出者关于如下的决定具有某种程度的抵抗性，即对她而言现在似乎是通盘考量后的最好决定，否则这些目的就不能被服务。

然而，正如哈特所指出的那样，我们也作为这样一种生物而生存：对于预测未来而言具有不完美的能力，且对于当我们到达那里我们想做什么而言具有同样不完美的能力。我们想要给我们的选择留以开放的空间，且为某些我们现在不能预料的事情的发生可能性留有余地。由于以上的原因，在法律中，我们倾向于避免这样一个决定机制（decisional apparatus），它就像一个拼图游戏那样，将规则的所有警告、限定和例外都被包含进这些规则自身之中。相反，我们常常偏爱更为模糊地运作，正如奎因（Willard Van Orman Quine）所洞察的那样，在阐释I. A. 理查兹（I. A. Richards）的思想时，他指出"一个画家靠颜色深浅变化组合比一个镶嵌工靠各式各样瓷砖能做到更精确的描绘，熟练地利用模糊性比精确的技术术语的组合更能达到准确性的效果"。〔26〕类似地，通过在法律中引入如下的一种决定-作出的形式，即在其中，被不可预料的条件废止的可能性仍旧保持开放性，但废止的标准是事先被特定化的且被忠实地遵循；在面对不确定的未知世界时，规则所服务的价值通常能最好地与弹性的竞争性价值相结合。通过主张规则必然具有不可穷尽陈述的例外，哈特及其众多的追随者们使我们感到困惑。相

〔26〕 Willard Van Orman Quine, *Word and Object*, Cambridge, Mass.: MIT Press, 1960, p. 127.（译文参考了W. V. O. 蒯因：《语词与对象》，陈启伟等译，中国人民大学出版社2005年版，第139页。——译注）

反，如果我们说，规则可能被设计为能够被不可穷尽陈述之事件所废止并且只要废止的标准被提高且其自身不可被废止或有不特定的例外，其就可能仍旧是规则（并起到规则的功能），那么，在界定一个广泛被使用且时常是可欲的决定程序方面，我们就向前迈进了一步。〔27〕

〔27〕 本章的早期版本曾提交给美国哲学学会（东部分会）、美国亚利桑那大学、埃博学术大学（图尔库）、奥斯汀协会（Austinian Society）、牛津－南加州大学法理论研究所（Oxford – USC Institute for Legal Theory）和达特茅斯大学哲学系（Dartmouth College Department of Philosophy）。我从如下这些师友提出的评论中收益颇多：雷蒙德·贝利亚梯（Raymond Belliotti）、帕夫洛斯·埃勒惹瑞迪斯（Pavlos Elevtheriadis）、罗伯特·福格林（Robert Fogelin）、里斯托·希尔皮宁、约瑟夫·拉兹（Joseph Raz）、萨莉·塞奇威克（Sally Sedgwick）、斯科特·布鲁尔（Scott Brewer）、纳塔莉·斯图尔佳（Natalie Stoljar）和沃尔特·辛诺特－阿姆斯特朗（Walter Sinnott – Armstrong）。

论 文

文 创

斯多葛辩证法及其对罗马法的影响

付子醒*

一、问题的提出

贺拉斯（Quintus Horatius Flaccus，Horace，65～8BC）曾说："被征服的希腊征服了她野蛮的征服者。"[1] 这句话高度概括了古罗马与古希腊之间的关系。自公元前2世纪起，伴随着罗马人的入侵，古希腊文化包裹着众多哲学流派以各种面貌传入罗马，受到罗马知识阶层的重视，并迅速征服、影响了罗马。[2]在此过程中，古希腊的辩证法、修辞学等古典技艺逐步被运用到罗马法学的研究与法律的建构中，并催生出一整套成熟而独立的法律技术。那么，作为古希腊晚期最重要的一个哲学流派——斯多葛学派（Stoic school），其辩证法（Stoic Dialectic）是否被运用到法学的研究与法律的建构中？或者说斯多葛辩证法对罗马法技术的发展与改进到底有无影响？这一问题在学术史上却引发了不少的争论。已有的研究成果表明后世的罗马法学家对这一问题存有两种泾渭分明的认识，概括而言就是对于这个问题的"否定说"与"肯定说"。

---

* 中国政法大学2011级法学理论硕士生，国家开发银行总行工作人员。

〔1〕 此句拉丁原文是："Graecia capta ferum victorm cepit et artes intulit agresti Latio."（Epist. 2，1，156）

〔2〕 如果我们依罗马政治制度变迁为标准，我们可以将罗马分为三个时期：王政时期（the Monarchy，公元前753年～约公元前510年）、共和时期（the Republic，约公元前510年～公元前27年）以及帝制时期（the Empire，公元前27年～公元前565年）。希腊文化在共和晚期时候大规模传入了罗马。舒尔兹（Fritz Schulz）即认为，自第二次布匿战争之后，罗马法学进入一个新的时期，以奥古斯都建立元首制为终结，这一时期可以称为"罗马法学的希腊化时期"，而后罗马法学进入古典法学时代。See Fritz Schulz，*History of Roman Legal Science*，Oxford Clarendon Press 1946，pp. 38～39，伯尔曼（Harold J. Berman）也指出自公元前2世纪起，伴随着罗马人的入侵，希腊文化包裹着各种哲学流派、学术思想以各种形式传入罗马，受到罗马知识阶层的接受，并迅速影响征服了罗马。See Harold J. Berman，*Law and Revolution*：*The Formation of the Western Legal Tradition*，Harvard University Press 1983，p. 134.

（一）否定说

第一种观点认为斯多葛辩证法对罗马法的影响十分有限，它否定斯多葛辩证法在罗马法学方法革新的过程中发挥了主导作用。特奥多尔·菲韦格（Theodor Viehweg）指出"当人们说法学家的科学方法来源于哲学家时，这其实预设了下面的前提：从彼此双方那里可以找到相同的或至少相似的结构。"[3]依据菲韦格提供的标准，我们只有在斯多葛辩证法和罗马法中找到至少相似的结构，才能证明斯多葛辩证法影响了罗马法。但菲韦格认为，"在罗马法学中占主导地位的是论题学的思维方式，或者说是与亚里士多德的辩证法相一致的思考风格，而斯多葛学派的辩证法是完全不同的东西。"[4]由此可见，菲韦格至少区分了亚里士多德的辩证法与斯多葛的辩证法，他认为亚里士多德的辩证法是论题学的思考方式，"而斯多葛辩证法是数学定向的逻辑学，这是一门独立的学科，它企图通过所形成的一套广泛的命题逻辑三段论来涵盖修辞学和语法学，因而与其说它是属于修辞学思想，还不如说是属于古代的数学思想。"[5]而在罗马法学的结构中并不能找到与斯多葛辩证法相似的数学定向的逻辑学结构，继而表明斯多葛学派的辩证法并没有影响到罗马法。

与菲韦格相同，约翰内斯·史特鲁克斯（Johannes Stroux，1886～1954）也否认斯多葛辩证法对罗马法存在着主导性的影响。他认为无论是在罗马法学家那里还是从整个法学的问学方式角度都看不出斯多葛辩证法的印记。[6]但值得注意的是史特鲁克斯相信古希腊的修辞学曾对罗马法产生过重要影响。他认为古希腊修辞学理论曾以修辞争点论（Stasis－theory）的面貌适用于罗马法学中。他指出当案件的争点（status causae）确定后，修辞学格式就会提供（有时相互竞争的）旨在发现证据的观点。而较为人们熟知的四种法律争议情形包括：第一种，是否应对法律的文义或所谓法律的意图加以裁决存在争议；第二种，法律之间的冲突；

---

〔3〕［德］特奥多尔·菲韦格：《论题学与法学——论法学的基础研究》，舒国滢译，法律出版社2012年版，第62页。

〔4〕［德］特奥多尔·菲韦格：《论题学与法学——论法学的基础研究》，舒国滢译，法律出版社2012年版，第62页。

〔5〕［德］特奥多尔·菲韦格：《论题学与法学——论法学的基础研究》，舒国滢译，法律出版社2012年版，第61页。

〔6〕［德］特奥多尔·菲韦格：《论题学与法学——论法学的基础研究》，舒国滢译，法律出版社2012年版，第61～62页。

第三种，法律表述歧义；第四种，法律有漏洞。[7]也就是说罗马法学中的法律解释问题在很大程度上吸收了修辞学的理论，而这一点也得到了菲韦格的认同，他指出，“不管发生学线索能够经历怎样的过程，人们无论如何可以看到，在法学家和修辞学家那里思维模式是相同的。”[8]由此可见，在菲韦格和史特鲁克斯看来，斯多葛学派的辩证法和罗马法学确实没有多少关系。

（二）肯定说

对于斯多葛辩证法和罗马法之间的关系也存在着第二种观点。第二种观点认为古希腊辩证法（the dialectical method from Greece）对罗马法影响深远，作为古希腊辩证法的延续者和继承者，斯多葛辩证法毫无疑问地被运用到罗马法学研究与制度建构中。哈罗德·J. 伯尔曼（Harold J. Berman）即指出，“具有柏拉图和亚里士多德著作背景的古希腊辩证法以斯多葛的形式在共和晚期的时候（公元前2世纪至公元前1世纪）传入罗马。在罗马，辩证法被受教育阶层包括法学家阶层接受，这是法学家首次将辩证法运用到现行法律制度中。”[9]由此可见，伯尔曼在不区分柏拉图、亚里士多德和斯多葛学派的前提下肯定了辩证法对罗马法的影响。又或者说，伯尔曼认为斯多葛辩证法是古希腊辩证法最后的继承者，故而辩证法终以“斯多葛的形式”进入罗马并影响了罗马法。弗里茨·舒尔兹（Fritz Schulz）也认为古希腊的辩证法对罗马法存在着长期而持久的影响。他指出“在‘罗马希腊化’的时代，罗马法是无法回避希腊各种思潮与技艺的影响，而辩证法不仅为学园学派（the Academic school）带来声誉与恶名，也曾被亚里士多德主义者（Aristotelian）和斯多葛学派（Stoic school）实践着”。[10]而且那些主要的罗马法学家，无论他们属于何种哲学立场也都对辩证法并不陌生，塞尔维尤斯·苏尔毕丘斯·路福斯（Servius Sulpicius Rufus）对于辩证法在罗马法中的创造性适用就曾得到西塞罗的赞赏。辩证法对罗马法学家的影响甚至是一直持续着的，无论罗马法学家是用数学、修辞还是文法的方法研究，最终他们还是会运用辩

[7]［德］特奥多尔·菲韦格：《论题学与法学——论法学的基础研究》，舒国滢译，法律出版社2012年版，第61页。

[8]［德］特奥多尔·菲韦格：《论题学与法学——论法学的基础研究》，舒国滢译，法律出版社2012年版，第61页。

[9] Harold J. Berman, *Western Legal Origins*, Harvard Law Review 1977, p. 911 中文参见［美］哈罗德·J. 伯尔曼：《法律与革命——西方法律传统的形成》第一卷，贺卫方、高鸿钧、张志铭、夏勇译，法律出版社2008年版，第130页。

[10] Fritz Schulz, *History of Roman Legal Science*, Oxford Clarendon Press, 1946, p. 63.

证法。[11]由此可以看出舒尔兹认为斯多葛辩证法对罗马法的发展起到了重要作用，但他主要关注的是辩证法对罗马法学家的影响，在他看来，斯多葛辩证法对罗马法的影响主要是以影响罗马法学家的方式展开的。

通过对以上两种不同观点的简单介绍，我们可以总结出：第一，以上学者都认同不仅是古希腊的哲学，古希腊的各种技艺也曾对罗马法学产生过影响，但究竟是哪种技艺的影响占据主导位置，他们之间存在不同的认识。第二，在菲韦格、史特鲁格斯那里，斯多葛辩证法至少与论题学、修辞学是不同的，虽然菲韦格简单区分了论题学与斯多葛辩证法、亚里士多德的辩证法和斯多葛的辩证法，他认为前者是开放的思维，后者是数学式的思维，但辩证法与论题学、修辞学之间的细致差异，两位学者都没有展开讨论。第三，伯尔曼与舒尔茨都是在不区分古希腊辩证法的前提下承认了斯多葛辩证法对罗马法的影响，也就是说，他们视古希腊辩证法为一个整体，斯多葛辩证法是古希腊辩证法的当然组成部分，自然对罗马法产生过影响。由此可见，后世学者对“斯多葛辩证法是否影响罗马法”这一问题之所以存在不同认识很有可能是源于他们视角的不同、认识上的差异。菲韦格、史特鲁格斯强调的是斯多葛辩证法与修辞学、论题学的区别，而伯尔曼、舒尔茨更注重斯多葛辩证法与其他古希腊技艺的一致性。由此可见，要研究“斯多葛辩证法是否影响了罗马法”我们首先就要厘清斯多葛辩证法究竟是一门怎样的技艺，它与古希腊辩证法、论题学、修辞学之间又是怎样的关系。

二、斯多葛的辩证法

斯多葛学派是古希腊晚期时候占据主流地位的一个哲学流派。[12]该派创始人芝诺（Zeno of Citium of Cyprus，334BC－262BC）早年曾师从麦加拉学派（Megarians）的斯提尔波（Stilpo，ca. 325BC）并深受其影响。[13]在芝诺看来，辩证法不过是逻辑学的一个组成部分，一种将真理呈现并表达的方法。[14]在芝诺之后，斯多葛学派的代表人物克雷安泰（Cleanthes of Assos，330BC－230BC）把斯

〔11〕 Fritz Schulz, *History of Roman Legal Science*, Oxford Clarendon Press, 1946, p. 63.

〔12〕 斯多葛学派的创始人是约公元前300年来自基底恩的芝诺。据说芝诺经常一边讲学，一边在彩绘的柱廊里踱步，因此他所创立的学派又被称为“柱廊学派”。

〔13〕 麦拉加学派也被称为“辩证法学派”（the Dialectical school），其创始人是逻辑学家欧几里德（Euclid of Megarians 450BC－380BC），麦加拉学派最先研究了条件命题（conditional proposition）。See E. Zeller, *The Stoics*, *Epicureans and Sceptics*, London, 1892. pp36～37.

〔14〕 Benson Mates, *Stoic Logic*, University of California Press 1961, p. 5.

多葛的逻辑学划分为辩证法与修辞学两门科学，二者都是增强论证的技能，只不过前者是关于连续讲话的艺术，后者是关于相互交谈的艺术。[15]根据第欧根尼·拉尔修（Diogenes Laertius，200AD－?）的观点，辩证法又可分为两个主题：语言主题和论说主题。语言主题讨论句法上和单个字词上的错误、诗的措辞、词句的歧义、声音和谐和音乐，以及据某些著作家说，还包括论述措辞、划分和文体的章节。[16]而论说主题讨论概念的形成、命题的论证及其推论。而后者才是斯多葛辩证法关注的重点，因为辩证法本来就是关于什么是真、什么是假、什么是非真非假的知识。[17]鉴于本文的研究目的，接下来我们将主要介绍斯多葛辩证法这部分的内容。

（一）斯多葛辩证法的主要内容

如上文所述，斯多葛辩证法的论说主题可分成两部分：概念论与论证理论。概念论是关于概念形成的理论，能使我们更理性地认识事物。论证理论则是关于命题真假、推导的理论，对于论证的研究能为我们指明哪些命题是能证明的、哪些是确定无疑的、又有哪些是表达含糊的，从而使我们对所要认识的事物进行科学的把握。以下是对这两部分的具体介绍。

1. 概念论理论

斯多葛辩证法的概念论研究的主要内容包括：概念的形成、定义、范畴以及种属划分。斯多葛学派认为语词概念以及其意指的思想内涵并非先天就有，而是不断发展起来的。首先，当人们来到世界时，他对世界的认识就如同一块白板，最初的字迹亦即是我们对世界的最初体验是感觉的结果。外部事物作用于感官并在我们的思维中产生"表象"（presentations）。如果表象与我们接下来对现实的检验一致，那么就意味着我们对真实的事物有所察觉（awareness），这种察觉导致了记忆，重复的记忆导致了经验，在经验基础上进行的抽象概括则会生成超越感觉水平的一般概念（general conception）。斯多葛学派认为形成概念的渠道有六种：1. 直接与事物接触通过感知感觉事物的概念。2. 由事物之间的相似性形成。3. 由类推形成。4. 由词序变换形成。5. 由综合形成。6 由对立形成。[18]

---

〔15〕 E. Zeller, *The Stoics*, *Epicureans and Sceptics*, London1892. p. 69.

〔16〕 ［古希腊］第欧根尼·拉尔修：《名哲言行录》（下），马永翔等译，吉林人民出版社2003年版，第419页。

〔17〕 A. A. long, *Hellennistic Philosophy*, Duckworth 1974, p. 122.

〔18〕 马玉珂主编：《西方逻辑史》，中国人民大学出版社1985年版，第112页。

斯多葛学派认为概念是人为、自觉的发生。人们在经验的基础上经过逻辑推理得到的，在形成概念的过程中产生了知识。在斯多葛学派看来，概念是组成判断、从而组成推理与论证的基本要素。只有具备了某事物的概念，才能做出关于事物的推理与论证，只有获得了固定不变的概念以及由这些概念组合成一个包罗万象的体系时，科学才能得以产生，因此可以说，人们只有掌握了辩证法才能获得科学，因为辩证法是探讨概念、判断和推理的思维形式。"定义"是让概念得到明确的基本方法，斯多葛学派在"定义"方面基本认同了"属加种差"（definition per genus et differentiam）的方法。将具有某些共同特征的事物汇集为一个"类"，从而把其元素再分为"子类"，被分为子类的类是"属"，而各种各样的子类都是"种"，通过划分（division）将属分解为最接近的种。通过"属加种差"来定义概念一般只要经过两步：确定"属"而后找到"种差"。〔19〕例如一个关于质数的定义，质数就是任何大于1而且又仅能为它自己或1整除的自然数。在这个定义中，"属"就是一个比1大的自然数的类：2、3、4等，其种差是仅能为它自己或1整除的性质；"属加种差"的另一个例子即是古代人把人定义为"有理性的动物"，这里，属是动物，人是其下的种，通过理性把人与其他所有的种区分开来。在这种情况下，人们也可以把"所有的有理性的生物"类看作属，而把"动物"类看作差。〔20〕

2. 命题及推论理论

在斯多葛辩证法的另一个内容是命题及论证理论，这部分才被认为是斯多葛学派最重要的贡献，甚至有学者认为论证理论才是斯多葛辩证法乃至斯多葛逻辑学中最主要的组成部分。〔21〕斯多葛学派第二代领袖克吕西波（Chrysippus of Soli 279BC－206BC）在这方面造诣极高，他在辩证法方面取得的成就也尤为卓著。在他看来，"辩证法就意味着研究命题与论证的逻辑学"。〔22〕从后人对他的评价

〔19〕这一过程具体如下：首先，必须找出一个"属"，即包括被定义的那个种的较大的"类"；接着必须找出"种差"，即是将被定义的那个"种"的元素与那个"属"的其他所有"种"的元素区分开来的性质。

〔20〕通过"属加种差"定义概念的一个例子即古代人把人定义为"有理性的动物"，这里，属是动物，人是其下的种，通过理性把人与其他所有的种区分开来。在这种情况下，人们也可以把"所有的有理性的生物"类看作属，而把"动物"类看作差。参见［美］欧文·柯匹、卡尔·科恩：《逻辑学导论》，张建军、潘天群译，中国人民大学出版社2007年版，第143页。

〔21〕See *The Cambridge Companion to the Stoics*, Edited by Brad Inwood, Cambridge University Press 2003, p. 85.

〔22〕See Josiah B. Gould, *The Philosophy of Chrisippus*, The State University of New York Press 1970, pp. 90～91.

中，我们能看出命题及论证理论在斯多葛辩证法中的重要地位。克吕西波被认为是古典时期最重要的逻辑学家，甚至有一种说法："如果没有克吕西波，就没有斯多葛学派。"[23]

克吕西波认为辩证法有着广泛的内涵，他系统地研究了"命题逻辑"，从古典时期遗留下来的残篇与标题来看，他研究了命题逻辑几乎所有重要的方面。在他看来，命题就是一个真或假的表达式，有些不完整的命题可能就仅由一个动词和一些别的成分组成。命题初步可以划分为简单命题和非简单命题。[24]简单命题是指仅有主词与谓词组成，换而言之，就是纯粹的直言判断。对于简单命题可以是肯定的也可以是否定的，肯定的简单判断包括三种形式：第一，确定的，如"这个人在走"；第二，"直言的"或"中性的"。如"苏格拉底在走"或"一个人在走"；第三，"不确定的"，如"某人在走"。[25]这三种形式中，只有当命题的谓词从属于命题主语所代表的事物时，我们才能说这个确定的简单命题是真的。也就是说，一个真的肯定判断要以它所描述的对象的存在为前提，如当现在是白天时，"现在是白天"这个简单命题则为真。而非简单命题则由几个简单命题组合而成，依据不同的连接词，非简单命题可以被划分为不同的种类（例如条件命题、因果命题、合取命题等）。而这些命题又可以有不同的组合，最终形成一套命题体系（斯多葛学派也是历史上第一个使用"体系 system"一词的）。

克吕西波认为"论证（argument）就是一个由前提（premise）和结论（conclusion）组成的体系。前提是指为了建立出结论的命题。而结论是指由前提得出了的命题"。[26]克吕西波将论证分为有效的论证（valid argument）和无效的论证（invalid argument）。第欧根尼（Diogenes of Seleucia 200AD ~ 129AD）认为在斯多葛逻辑学里，若在一个论证里，结论的否定与前提相矛盾，则说明论证是一个有效的论证。[27]而一个真论证（true argument）就是一个前提为真的有效论证。证明（demonstration）就是一种特殊的真论证。而几乎所有有效的论证都包含着"非证明的论证形式"（undemonstrated），"非证明的论证形式"由五个基本的形式（five basic undemonstrated argument - types）以及无数个衍生（derived）的形式组成。克吕西波提出的五个简单的"非证明的论证形式"，它们可以用数字表

〔23〕 Benson Mates, *Stoic Logic*, University of California Press 1961, p. 7.

〔24〕 Benson Mates, *Stoic Logic*, University of California Press 1961, p. 7.

〔25〕 王来法：《前期斯多亚学派研究》，浙江大学出版社 2004 年版，第 103 页。

〔26〕 Benson Mates, *Stoic Logic*, University of California Press 1961, pp. 58 ~ 59.

〔27〕 Benson Mates, *Stoic Logic*, University of California Press 1961, p. 60.

示为"五式"，这"五式"如下，第一式："如果第一是，那么第二是，而第一是，所以，第二是"；第二式："如果第一是，那么第二是，而第二不是，所以，第一不是"；第三式："并非既第一是、又第二是，而第一是，所以，第二不是"；第四式："或第一是，或第二是，而第一是，所以，第二不是"；第五式："或第一是，或第二是，而第二不是，所以，第一是"。〔28〕"五式"的有效性是不证自明的，所有真论证最后都能分解为"五式"。塞克斯都·恩披里柯（Sextus Empiricus，约2AD－3AD）就认为，如果能证明"五式"是无效的，那么整个斯多葛的辩证法就会被推翻。〔29〕

（二）斯多葛辩证法与古希腊辩证法之辨

在对斯多葛辩证法进行一般性介绍后，我们需要对斯多葛辩证法与古希腊辩证法之间的关系有个简单辨析。这里的"古希腊辩证法"是对古希腊时期辩证法这种技艺的总称。"辩证法"一词从最初被使用到最终形成相对确定的含义，再到斯多葛辩证法的出现经历了一个曲折复杂的过程。〔30〕这一过程中大致形成了三种"辩证法"，除斯多葛的辩证法外还包括以下两种：一是柏拉图的辩证法，柏拉图（Plato，427bc－347bc）继承了苏格拉底的讽刺（Socratic irony），确立了辩证法的基本形式与含义。二是亚里士多德（Aristotle 384bc－322bc）的辩证法。亚里士多德在学科划分的前提下，将辩证法理解成一种逻辑学意义上的推理方法。

1. 斯多葛辩证法与柏拉图辩证法

我们首先考察斯多葛辩证法与柏拉图辩证法之间的关系。柏拉图（Plato）的辩证法与他的理念论哲学相辅相成。他沿袭了苏格拉底（Socrates，公元前469—

---

〔28〕第一式即"从一个条件命题并且从它的前件导出后件（结论）"；第二式即"从条件命题并且从它的后件的矛盾相反者导出前件的矛盾相反者"；第三式即"从一个合取的否定和合取的一肢，导出另一肢的矛盾相反者（结论）"；第四式："从一个（完全的）析取（命题）及其一个析取肢，导出另一个析取肢的矛盾相反者"；第五式："从一个（完全的）析取（命题）及其一个析取肢的矛盾相反者，导出另一个析取肢"。See Benson Mates, *Stoic Logic*, University of California Press 1961, pp. 69～74，另参见马玉珂主编：《西方逻辑史》，中国人民大学出版社1985年版，第123～126页。

〔29〕Benson Mates, *Stoic Logic*, University of California Press 1961, pp. 67～68.

〔30〕依亚里士多德观点，爱利亚学派（爱利亚学派是智者学派的一个分支）的哲学家芝诺（Zeno of Elea）首创了论辩意义上的"辩证法"。芝诺的辩证法表现在他对"二难推理"方法的运用上，他先假定世界是"多"与"运动"的，然后推导出与这个前提相矛盾的结论。芝诺依靠这种反证法发展出许多著名的悖论。其中最著名的有4个是："运动二分说"、"阿喀琉斯追龟"、"飞矢不动"以及"运动场游行队伍悖论"。

前399）对于辩证法的认识，即辩证法的目的在于追求“真理”（truth），而真理就是善。[31]如果“善”是一个可认识的客体，它就必定要被提高到超主观见解的范围，因而必定是某种确定的、真实的和不变的东西，这适用于“善”与一切认识的客体。而这种确定的、真实的和不变的东西，柏拉图称之为“理念”。[32]柏拉图先后使用“太阳之喻”、“线段之喻”以及“洞穴之喻”将理念的世界（实在）与现象的世界（表象）对立起来。他认为“意见”是关于表象的，“真理”是关于实在的，真理与意见的关系就像实在与表象的关系。[33]换而言之，在柏拉图理念论哲学里，本体论被分成“实在”与“表象”，认识论被分成“真理”与“意见”，这两部分对应相通，只有运用辩证法才能发现“真理”，也只有“真理”才是“实在”的。因此，在他的辩证法中既包括形而上学或本体论，也包括知识论或认识论。[34]可以说，柏拉图的辩证法带有“本体论”的色彩，从而使辩证法成为一条通往“理念”的必由之路。而柏拉图辩证法的这一特点也使得辩证法与古希腊的另一种技艺——修辞学区分开，辩证法是一种旨在追求“真理”的方法，而修辞学则是纯粹为了说服听众，以达到语言上的胜利。[35]

对比斯多葛辩证法和柏拉图的辩证法我们至少可以得出以下两点：第一，斯多葛的辩证法是一种逻辑学性质的方法，它只关注概念形成、命题推理的具体方法及其有效性问题，而柏拉图的辩证法则带有“本体论”的色彩，辩证法势必会与“真理”连接在一起，这也就意味着辩证法与修辞学是两种不同的技艺。第二，二者对辩证法具体展开方法的阐释具有相似性，已有研究文本显示在柏拉图的辩证法里，已经包含了通过“种”（species）、“属”（genera）区别定义概念的

---

〔31〕 苏格拉底先假定自己是无知的，提出具体的观念向别人提问，通过不断地诘问使对方陷入自相矛盾的境地，从而不得不动摇自己的论证基础，反思自己已有的观念，这就是著名的苏格拉底的讽刺（Socratic irony）。苏格拉底辩证法的具体表现有两方面：其一，它是从具体的事例发展到普遍的原则，并使潜在于人们意识中的概念明确呈现出来；其二，它是使一般的东西，通常被认定为已固定的、在意识中直接接受的观念或思想瓦解，并通过其自身与具体的事例使之发生混乱。参见［古希腊］柏拉图：《柏拉图对话集》，王太庆译，商务印书馆2004年版，第154～206页，［德］黑格尔：《哲学史讲演录》第2卷，贺麟、王太庆译，商务印书馆1996年版，第53页。

〔32〕 ［德］爱德华·策勒尔：《古希腊哲学史纲》，翁绍军译，贺麟校，上海世纪出版集团2007年版，第141页。

〔33〕 ［古希腊］柏拉图：《理想国》，郭斌和、张竹明译，商务印书馆1986年版，第263～311页。

〔34〕 陈康：《论希腊哲学》，商务印书馆2011年版，第211页。

〔35〕 有关古希腊修辞学的介绍参见舒国滢：《西方古代修辞学：辞源、主旨与技术》，载《中国政法大学学报》2011年第4期。

方法。[36]而对于斯多葛辩证法而言，这种通过“种”（species）、“属”（genera）区别定义概念的方法正是他们在概念论中所主要研究的一个方面，因此我们可以说斯多葛辩证法概念论部分关于“种”、“属”区分下定义的方法其实是源于柏拉图的辩证法，或者它们之间至少存在着某种继承与延续。显然，对于舒尔茨而言，他也正是在这个层面上理解斯多葛辩证法的，在他那里更强调古希腊辩证法作为一种整体的延续性与一致性。[37]

2. 斯多葛辩证法与亚里士多德辩证法

我们接下来考察斯多葛辩证法与亚里士多德辩证法之间的关系。自柏拉图之后，哲学家对辩证法的认识逐步分化。亚里士多德就认为辩证法只是一种推理方法，是作为方法论而存在。亚里士多德区分了四种逻辑推理形式：“明证推理”、“辩证推理”、“争证推理”与“谬证推理”。[38]所谓辩证推理其实就是亚里士多德理解的辩证法，辩证法是一种或然性的逻辑，即指其为讨论的可能性的逻辑。[39]它与形式逻辑一样都只是推理方法，并用以补充形式逻辑的不足。[40]至此，亚里士多德就把辩证法从本体论的“身躯”中分离出来，并安置于推理方法的位置上。在亚里士多德看来，辩证法就是这种逻辑的法则，它与修辞学类似，它们都不具有特定的研究对象，所研究的是人人都能认识的知识，都只是增强论证的论

〔36〕 依据哈罗德·J. 伯尔曼的总结，由柏拉图所记述的苏格拉底的对话涉及三种基本的“辩证法”技术：第一，通过一系列提问和回答，从对方的论题本身引出与论题相矛盾或其他无法接受的结果，以此反驳对方；第二，从一系列有关具体情况的真实命题中引申出——同样是通过提问与回答——一个般概括；第三，运用区分和综合技术给概念下定义，区分的技术是指将一个“属”概念划分成若干“种”概念、再将“种”概念划分为更次一级的“种”概念的反复分析过程，综合的技术是指将若干“种”概念归入到它们的“属”概念、再将“属”概念归入到更大的“属”概念的反复归类过程。See Harold J. Berman, Western Legal Origins, *Harvard Law Review* 1977, pp. 909 ~ 910.

〔37〕 Fritz Schulz, *History of Roman Legal Science*, Oxford Clarendon Press 1946, p. 62.

〔38〕 “明证推理”，即结论由被设定的前提中必然的发生，也就是说，推理从真实的、原初的前提中出发，必然地得出结论。“辩证推理”，即以普遍接受的意见为前提进行的推理，也就是以或然性的知识出发所进行的推理。“争证推理”，以似乎普遍接受的意见或者好像是被普遍接受的意见为前提所进行的推理。“谬证推理”，即是只适于从某些特殊学科的前提出发而进行的虚假推论。参见［古希腊］亚里士多德：《论题篇》，徐开来译，载《亚里士多德全集》第1卷，苗力田主编，中国人民大学出版社1990年版，第353 ~ 354页。中文译者对于四种推理有不同的译法，徐开来将其译为“证明的推理”、“辩证的推理”、“争议的推理”与“虚假的推理”。马玉珂主编的《西方逻辑史》里则分别译为“证明的推理”、“辩证的推理”、“强辩的推理”与“谬误的推理”（参见马玉珂主编：《西方逻辑史》，第45页）。舒国滢在《西方古代修辞学：辞源、主旨与技术》一文中译为“明证推理”、“辩证推理”、“争证推理”与“谬证推理”（参见舒国滢：《西方古代修辞学：辞源、主旨与技术》，载《中国政法大学学报》2011年第4期，第42页）。本文采取最后一种译法。

〔39〕 W. Kneale and M. Kneale, *The Development of Logic*,（1962）, p. 7ff，转引自陈志龙：《辩证与法学》，台湾翰芦图书出版有限公司2008年版，第83页。

〔40〕 陈志龙：《辩证与法学》，台湾翰芦图书出版有限公司2008年版，第84页。

证方法。[41]正是因为辩证法只是作为一种论证方法，因而它与知识的内容是截然分开的。至此，逻辑法则与知识内容之间的联系就被亚里士多德分开了。

就辩证推理的推理过程而言，亚里士多德认为可以分为两步：第一步要通过定义（defined）、特性（feature）、种（genus）与偶性（duality）以寻找并分析辩证的问题，也就是那些与普遍意见相似的看法以及那些与普遍意见相反的看法对立的命题。[42]在确定辩证的问题作为前提后，第二步则是依照辩证推理的论证形式进行推导，具体形式则可以区分成归纳与推理。归纳是由特殊到一般的论证，推理是由一般到特殊的论证。[43]归纳可用以寻找每个学科的初始原理，推理则是运用三段论技术，由已确定的前提推导出结论。通观这两步我们会发现，亚里士多德的辩证法作为一种推理方法实际上包含两部分，第一部分是寻找辩证问题的方法，第二部分是从前提推导出结论的方法，而寻找辩证问题的方法。

由此对比斯多葛辩证法与亚里士多德的辩证法，我们或许也可以得到以下两点认识：第一，斯多葛辩证法与亚里士多德辩证法在表面上或许都表现为一种方法，一种推理的手段，但二者实际上是不一样的，斯多葛辩证法代表着斯多葛学派的逻辑学，追求形式与严密。而亚里士多德辩证法则仅仅是一种由不确定为真的前提所展开、进行的推理，其结论也具有或然性。第二，我们发现亚里士多德的辩证法与后来斯多葛学派建立在“命题逻辑”之上的辩证法在旨趣上实际是大相径庭的。亚里士多德的辩证法与三段论的关系更紧密，它以或然性的前提开始，具有开放性的结构。而反观斯多葛辩证法则是概念性的，体系性的，追求命题的推论与扩展，二者是完全不同的技艺。

通过以上辨析我们可以看出，古希腊辩证法是否能够作为一个统一的整体是值得商榷的。斯多葛辩证法的概念论部分的确吸收继承了柏拉图辩证法的有关内容，但它却与亚里士多德的辩证法性质迥异，更重要的是斯多葛辩证法中更包含了斯多葛学派独创的“命题逻辑”成分。当非韦格否认斯多葛辩证法对罗马法的影响时，他所强调的是斯多葛辩证法的命题理论与亚里士多德辩证法的差异，他认为罗马法受到了亚里士多德辩证法开放性思维的影响而非斯多葛辩证法体系化思维的影响。当舒尔茨认为古希腊辩证法影响了罗马法时，他所更强调的是斯多葛辩证法中概念论部分对罗马法的影响。因而无论是肯定还是否定斯多葛辩证法

〔41〕 Aristotle, *Rhetoric*, translated by George A. Kennedy, Oxford University Press 2007, pp. 30 ~ 31.

〔42〕［古希腊］亚里士多德：《论题篇》，徐开来译，载《亚里士多德全集》第1卷，苗力田主编，中国人民大学出版社1990年版，第356～366页。

〔43〕 同上，第356～366页。

对罗马法的影响在一定程度上并没有实质上的冲突，毋宁说他们各自强调了斯多葛辩证法中的不同部分，而要探究这种不同认识形成的原因，我们则需要回观斯多葛辩证法传入罗马的过程。

三、斯多葛辩证法在罗马的传入

在对斯多葛辩证法的内容与性质有了基本的认识后，我们接下来要面对的问题就是斯多葛辩证法是如何传入罗马的。这是因为斯多葛辩证法传入罗马的过程实际上关系着斯多葛辩证法是否影响了罗马法。在这里我们需要追问的问题有两个：第一，斯多葛辩证法是如何传入罗马的，又是如何与罗马法发生了接触。第二，在斯多葛辩证法传入罗马的过程中，斯多葛辩证法是否还是最初的那个辩证法，或者说在传入罗马的过程里，斯多葛辩证法是否发生了变化。

面对以上两个问题，我将从两个方面考察斯多葛辩证法传入罗马的过程。首先，我将回顾早期罗马法的面貌，梳理斯多葛辩证法传入罗马的过程。其次，鉴于斯多葛辩证法传入罗马的过程与罗马思想家的活动密不可分，因而我将考察罗马思想家们的具体活动，并着重以西塞罗（Marcus Tullius Cicero，106BC－43BC）的著作为对象分析斯多葛辩证法在罗马的变化与演进。最后，我将解释以往学者之间的争议并对“斯多葛辩证法是否影响罗马法”这一问题给出一个初步的答案。

（一）斯多葛辩证法的“搬运工”

讨论斯多葛辩证法传入罗马的过程是一个复杂的问题，因为这一过程不仅延续了近两百年，而且很难用一个统一的模式去概括。但可以肯定的是，历史的大环境决定了在“罗马希腊化”阶段，早期的罗马法学乃至整个的罗马文明都必须面对这场带有特定思潮背景的“希腊化运动”，罗马必须不断对它们之间的相互关系予以调整和改变。[44]换而言之，当罗马与古希腊发生接触时，罗马将不可避免地受到古希腊哲学、技艺等各方面的侵袭与冲击。但需要指出的是，古希腊文化传入罗马的过程并非是逻辑地、有条不紊地、按照计划地进行的，毋宁说古希腊文化、技艺是在每一次具体的历史事件中传入罗马，或是由一个具体的人物活动带入罗马的。这里所说的“具体人物”与“历史事件”主要指的就是罗马的

〔44〕 Fritz Schulz, *History of Roman Legal Science*, Oxford Clarendon Press 1946, p. 38.

学者、思想家以及他们的活动。这些学者主要包括昆图斯·穆齐乌斯（Quintus Mucius Scaevola 159BC－88BC）、塞尔维尤斯·苏尔毕丘斯·路福斯（Servius Sulpicius Rufus）、特雷巴求斯（Gaius Trebatius Testa）以及西塞罗等。[45]他们对于希腊文化、技艺的引入与推广功不可没。这些学者在希腊文化的熏染下，撰写了大量关于古希腊辩证法、修辞学的著作并在罗马传播。尤其是西塞罗，他是这一时期最重要的学者，他将大量的希腊文化著作带到了罗马。依据普鲁塔克在《希腊罗马英豪传》中的记载，西塞罗最早师从于学园派哲学家费龙（Filon），继而师从昆图斯·穆齐乌斯父子学习法律，后来他结识了斯多葛学派的哲学家狄奥多托和波塞唐纽斯，并逐渐受斯多葛学派影响，甚至被认为是这时期斯多葛学派的代表人物。西塞罗受古希腊经典著作的启发，撰写了大量与古希腊经典作品同名的著作，并在罗马传播。[46]但在这里我们需要问的是，这些"搬运工"在把古希腊各种技艺搬送到罗马的过程中，是把古希腊的技艺当作一个整体搬运，还是细致区分了古希腊各种技艺间的区别。这是因为在古希腊晚期同属古典技艺的斯多葛辩证法、修辞学乃至论题学之间已经有了明确的分野。因为如果这一点不能确认，那么即使我们相信古希腊辩证法影响了罗马法，我们也无法确定到底是哪一种辩证法发挥了影响，发挥了多大程度的影响，又影响到哪些具体的方面。如果这一点是可以确认的，那么至少有两个问题值得我们加以考察：一、经由罗马学者之手传入罗马的斯多葛辩证法是否还是原初意义上的斯多葛辩证法，还是在一定程度上杂糅了修辞学或者其他技艺的成分？二、如果传入罗马的斯多葛辩证法是经由罗马学者改造的斯多葛辩证法，那么罗马思想家们又是怎样选定与重构斯多葛辩证法的。

要回答以上两个问题，我们需要用回溯的眼光考察罗马学者将希腊文化带入罗马的经过。考虑到罗马学者众多，笔者将选择他们中间的代表，重点考察西塞罗的著作。西塞罗究竟是原封不动地将希腊哲学的内容介绍到罗马，还是在这一

〔45〕昆图斯·穆齐乌斯（Quintus Mucius Scaevola 159BC～88BC）是罗马西庇阿集团（Scipio）里的重要法学家，曾任罗马执政官，他也是西塞罗的法学老师。塞尔维尤斯·苏尔毕丘斯·路福斯（Servius Sulpicius Rufus）出身贵族，曾任罗马执政官，研究古希腊辩证法与修辞学，并依据古希腊的辩证法创立了法律的辩证法。特雷巴求斯（Gaius Trebatius Testa）曾向西塞罗询问过关于亚里士多德《论题篇》的问题，这也是西塞罗撰写《论题术》一书的缘起。

〔46〕例如在逻辑学上西塞罗创造了一些对应与希腊文的逻辑术语。例如，他用拉丁文 definitio、genus、species 分别对译着"定义"、"属"、"种"等词汇，用 negans、oppositum 翻译"否定"与"肯定"。参见舒国滢：《西塞罗的〈论题术〉研究》，载《法制与社会发展》2012 年第4期，徐国栋：《共和晚期希腊哲学对罗马法之技术和内容的影响》，载《中国社会科学》2003 年第5期，第76页。

过程中不可避免地打上了自己的烙印，我们只有先对西塞罗的作品做考察才能有进一步的认识。总的来说，西塞罗是将古希腊哲学作为一个整体介绍到罗马，但因其著作浩繁，作品内容往往同时涉及修辞学、论题学、辩证法等多方面。我们在这里只能在他的部分著作中探寻，尤其是与斯多葛辩证法相关的著作，我们将给予重点的考察。以下是这部分的展开。

（二）西塞罗的“斯多葛辩证法”

西塞罗一生撰写了大量的作品，但通观其著作大致都具有一个特点，亦即对古希腊文化思想的继承。从这一点我们就可以看出西塞罗对于古希腊文化技艺在罗马的推行可谓不遗余力。在对辩证法的有关认识上，他既继承了古希腊的相关理论又透露出自己的灼见。接下来我们将首先介绍西塞罗笔下的斯多葛辩证法，并对其理解的辩证法给予一个简短的评价。

1. 西塞罗对斯多葛辩证法的认识

西塞罗认为几乎所有的理性论辩方法有两个组成部分：一个是涉及论证的开题，另一个是涉及对它们的有效性进行判断。西塞罗指出这两个技艺一个是“开题”（inventio，invention），另一个是“判断”（iudicandi，judgement）。所谓“开题”就是一门论题学意义上的开题术（ars inveniendi），它负责寻找论证的起点与范围。而所谓“判断”就是一门关于科学地论证的理论。两相比较会发现，“开题”这门技术不仅更加实用，而且在使用顺序上也排列在前。在西塞罗看来，亚里士多德无论是在“开题”方面还是在“判断”方面都有极高的造诣。而相比较之下，斯多葛学派就只能在“判断”的领域有所贡献。“判断”这门学问其实就是斯多葛学派所称的辩证法，能够帮助我们掌握科学论证的方法。[47]根据西塞罗在《布鲁图》（Brutus）一书中的叙述，可以推知他认为精通斯多葛辩证法的斯多葛学者往往擅长精确的论证，按照体系工作，通常将逻辑讨论的方法与完美的表达联系起来，但这种论证式的表达对广大观众来说太紧密、太古板。[48]并且，西塞罗认为论证与论题之间是存在着密切关系的，不同的论题会带来不同

〔47〕 Cicero, *Topica*, translation by Tobias Reinhardt, Oxford University Press 2003, p. 119，中文参见舒国滢：《西塞罗的〈论题术〉研究》，载《法制与社会发展》2012年第4期，第88页。

〔48〕［古罗马］西塞罗：《西塞罗全集·修辞学卷》，王晓朝译，人民出版社2007年版，第695～710页。

的论证方式。[49]在此处，我们不打算逐一考察西塞罗罗列出的各种论题与论证，而重点分析他所认为专属于辩证法学者的论证方式。

西塞罗指出关于“前件”、“后件”、“矛盾”的论题是专属于逻辑学家的领地。从发现论证的角度上，前件、后件、矛盾是一个论题，但对论证的讨论而言，它却是三重的，可以分为基于“前件”的论题与论证，基于“后件”的论题与论证，基于“矛盾”的论题和论证。[50]从“前见”产生的论证是这样的：如果由于丈夫的过失导致离婚，尽管是妻子发出离婚的通知，但仍不应把应给予妻子的那部分财产留给孩子。从“后件”中产生的论证是这样的：如果一位妇女离婚，即使她嫁给了一位没有结婚权（conubium，no rights to intermarry）的男子，那么他们的孩子将分不到财产，因为这个孩子不随父亲。从矛盾中产生的论证则是：如果家族之长在遗嘱中指定儿子作为继承人，作为附带条件，应把主仆的用益权（usumfructum，usufruct）留给了妻子。如果族长指定一位具有未来所有权的继承人时没有提出这样的附带条件，那么在他儿子死后，他的妻子并没有丧失她的用益权。因为通过遗嘱形式给予的东西一旦付出，没有立遗嘱人的同意就不能取回，在这里“合法地得到”和“违反意愿地交出”是矛盾的。[51]

西塞罗举出一个例子以解释这种论证：如果法比亚（Fabia）的丈夫在遗嘱中给她留下一笔钱，条件是她应当是一位主妇（materfamilias），如果她不做主妇，不受夫权支配，她就不能得到这笔钱。[52]在这个例子中，如果法比亚是得到所有银子作为遗产，那么我们就会问“银币”是否应算在遗产范围之内。我们可以用以下几种方式进行论证：第一，如果银币是银子，那么银币是遗产。而这种论证形式正是对斯多葛辩证法中“五式”第一式的应用。[53]第二，我们也可以按这样的方式论证：如果银币不是遗产，那么银币不是银子；而银币是银子，因而银

---

〔49〕 Cicero, *Topica*, translation by Tobias Reinhardt, Oxford University Press 2003, pp. 119～120，中文参见舒国滢：《西塞罗的〈论题术〉研究》，载《法制与社会发展》2012年第4期，第88页。

〔50〕 舒国滢：《西塞罗的〈论题术〉研究》，载《法制与社会发展》2012年第4期，第91页。

〔51〕 Cicero, *Topica*, translation by Tobias Reinhardt, Oxford University Press 2003, pp. 125.

〔52〕 在罗马，女子嫁人有两种形式。第一种是按照父亲意志嫁入丈夫家，成为夫家家族成员，这样的妻子也被称为“主妇”（matres familias）。另一种婚姻形式是出嫁的妇女仍旧保持原有家庭成员的身份。参见《西塞罗全集·修辞学卷》，王晓朝译，人民出版社2007年版，第282页注2，舒国滢：《西塞罗的〈论题术〉研究》，载《法制与社会发展》2012年第4期，第91页。

〔53〕 即从一个条件命题并且从它的前件导出后件结论（如果第一是，那么第二是，而第一是，所以，第二是）。

币是遗产。这里运用的论证形式就是斯多葛辩证法“五式”的第二式。〔54〕第三，我们还可以用这样的方式论证：银子是遗产但银币不是遗产，这样说是不可能的；银子是遗产，所以银币也是遗产。这种论证形式即是对斯多葛辩证法“五式”里的第三式的应用。〔55〕西塞罗进一步说明，当我们讨论法律问题时，我们会涉及这些论证。而逻辑学家还会使用包括其他的论证方法。他指出如选言判断，“即两样事情只有一样是真的；这是真的，所以那是真的”。同理，两样事情只有一样是真的，这不是真的，所以那是真的。这也就是对斯多葛辩证法“五式”中第四式和第五式的应用。〔56〕

2. 西塞罗对斯多葛辩证法的重构

通过以上的梳理，我们大概可以总结出西塞罗对斯多葛辩证法的认识有以下几点值得我们注意。

第一，从西塞罗对斯多葛辩证法范围的确定上看，西塞罗把斯多葛辩证法仅仅视为一种用于判断、论证的学问。换而言之，西塞罗所理解的斯多葛辩证法严格意义上应是克吕斯波的命题理论。他基本上没有提及斯多葛辩证法中与“概念论”有关的问题。或者说，在西塞罗眼里，关于概念形成的理论不能称为辩证法的内容。这一点从他对有关“种”、“属”论证的阐释中就能证明，西塞罗曾指出在法比亚的案子中，如果法比亚的丈夫在遗嘱中留给她一笔钱，条件是她应该是一位“主妇”，如果她不是“在夫家的”，她就不能得到这笔钱。因为妻子是一个“属”，这个属包含着两个“种”：第一，主妇，就是那些已经在夫家的人；第二，那些仅仅被当作妻子的人。由于法比亚属于第二种妻子，所以她的丈夫不会把遗产留给她。〔57〕这种关于区分、综合的论证技术显然基本等同于斯多葛辩证法中概念论的部分，但西塞罗并没有把它们放置进斯多葛辩证法的范围里。

第二，从西塞罗对斯多葛辩证法性质的认识上看，我们发现对于西塞罗而言，斯多葛辩证法只不过是理性论辩方法的一部分，而且还不是重要的部分。具

---

〔54〕 即“从条件命题并且从它的后件的矛盾相反者导出前件的矛盾相反者”（如果第一是，那么第二是，而第二不是，所以，第一不是）。

〔55〕 即“从一个合取的否定和合取的一肢，导出另一肢的矛盾相反者（结论）”（记为“第三式”：并非既第一是，又第二是，而第一是，所以，第二不是）。

〔56〕 即第四式：从一个（完全的）析取（命题）及其一个析取肢，导出另一个析取肢的矛盾相反者（或第一是，或第二是，而第一是，所以，第二不是）；第五式：从一个（完全的）析取（命题）及其一个析取肢的矛盾相反者，导出另一个析取肢（记为“第五式”：或第一是，或第二是，而第二不是，所以，第一是）。

〔57〕 Cicero, *Topica*, translation by Tobias Reinhardt, Oxford University Press 2003, pp. 131 ~ 135.

有论题学性质的开题术才是最重要的技艺，开题术的内容涉及给正在考虑的论题下定义，西塞罗指出这通常有三种方式：第一种是把主题中的内容揭示出来，亦即通过内涵定义概念。第二种是通过外延定义，一一列举。第三种是通过词语的意义，亦即从词源学的角度定义。但显然这些定义的方法也曾属于斯多葛的辩证法。那么这里就涉及一个问题，即开题术、论题学乃至辩证法、修辞学这些古典技艺之间究竟有什么样的关系。在西塞罗那里，古希腊的技艺杂糅在一起，被视为一个整体，他并没有严格地、细致地区分各种技艺间的差别。在西塞罗将古希腊的技艺带到罗马的过程中，他按照自己的理解将古希腊的各种技艺重新组合，把修辞学、辩证法与论题学杂糅在一起。

第三，从西塞罗对斯多葛辩证法的应用上看，我们可以发现西塞罗对斯多葛辩证法的吸收与继承注重的是它的实践属性。在上文所引用的例子里，我们能够很明显地发现西塞罗不仅非常娴熟地掌握了斯多葛辩证法的“五式”，而且肯定了斯多葛辩证法在法律问题中的运用。西塞罗认识到“五式”能衍生出无尽的推论，而正是这些推论构成了几乎整个辩证法。[58]于是，这种层层推理的性质就确保了斯多葛辩证法能够应用到无限的生活世界里。

通过以上三点，我们基本可以得出以下结论：即西塞罗所理解的斯多葛辩证法已经不同于斯多葛学派最初的辩证法了，或者说，斯多葛辩证法在西塞罗带入罗马的过程中被西塞罗重新塑造了。我认为西塞罗要对斯多葛辩证法进行重构，主要是由于以下两个原因：第一，西塞罗在吸收、传播斯多葛辩证法的过程中必须要面对实务上的需要，因而他必须要强调斯多葛辩证法中更具有实践意义的那部分，久而久之，对斯多葛辩证法的理解就成了一种有选择的、部分的理解。第二，也是我认为更重要的原因在于，如上文所述，古希腊各种技艺是以一种个体化、片段式、情境化的方式进入罗马的，罗马人对古希腊技艺的吸收并非体系化的、逻辑化的，因而他们并不能精致地区分出古希腊各种技艺间的差别，相反他们把古希腊的技艺当作一个整体来认识，当作一个整体引入罗马，这就导致他们对某一种具体的技艺会发生理解上的偏差（或者说对某种具体的技艺进行重构）。

由此可见，经由罗马思想家之手来到罗马的斯多葛辩证法已经和修辞学、论题学等众多古典技艺交织、融汇在一起。斯多葛辩证法的一部分已经被融入进其他技艺的框架中，而其他的技艺也慢慢渗透进斯多葛辩证法的领域里，因此这才

---

〔58〕 Cicero, *Topica*, translation by Tobias Reinhardt, Oxford University Press 2003, p. 144.

会出现有关到底是哪种技艺产生了影响的争论。但无论如何，只要我们明确了这一点，无论斯多葛辩证法被分解到哪个领域、哪种技艺里，我们都可以确认一点，斯多葛传入罗马后带着明显的实务取向，斯多葛辩证法确实对罗马法的发展产生了重要影响。这里的“斯多葛辩证法”应指原初意义上的斯多葛辩证法，进入并影响罗马的斯多葛辩证法包括两部分：一是继承了柏拉图辩证法相关内容的部分；还有就是被西塞罗重构后的，作为一门关于论证科学的斯多葛辩证法。

四、斯多葛辩证法对罗马法的具体影响

斯多葛辩证法传入罗马对罗马法与罗马法学影响深远，实际上是为罗马法学的科学化与职业化打开了大门。通过辩证法，不仅可以用来解决已经发生了的冲突与纠纷，而且也是发现在实务中尚未发生的问题的工具。在本章我将从三个方面讨论斯多葛辩证法对罗马法的影响：第一方面，笔者将介绍斯多葛辩证法对罗马法学家的影响；第二方面，笔者将讨论斯多葛辩证法对罗马法律技术的影响；第三方面，笔者将讨论在斯多葛辩证法的影响下，罗马法学究竟被塑造成一门怎样的学问。

（一）斯多葛辩证法对罗马法学家的影响

在罗马法律知识被公开传播之后，随之而来的便是世俗法学家（prudentes, jurisprudentes）团体的出现。在罗马法学家群体出现之前，由于祭司僧侣阶层所固有的权威属性，因而法律的知识与运行一直掌控在祭司、僧侣手中。而世俗法学家群体的出现，促进了法学研究的深化，另外，这些世俗法学家往往又都是罗马行政官员或是社会上名声卓著之人，因此他们的研究活动往往又反过来推动了法学知识的传播。在这个层面上，法学家们又被称为法的祭司，因为他们耕耘正义，传播善良和公正的知识，区分公正与不公正，辨别合法与非法，不仅利用刑罚恐吓，而且通过奖励鼓舞的方式（使人们）为善。[59]因此彭波尼就指出：“如果没有日益完善法的法学家，法就不会稳定存在。”[60]

〔59〕参见 D. 1. 1. 1. 1. 中文译文见《学说汇纂》（第1卷），罗志敏译，中国政法大学出版社2008年版，第5页。

〔60〕D. 1. 2. 2. 13. 中文译文，引自《学说汇纂》（第1卷），罗志敏译，中国政法大学出版社2008年版，第31页。

自提贝留斯·克伦卡尼乌斯公开讲授法律知识后，罗马法学家层出不穷，而后塞斯图斯·艾利乌斯（Sextus Aelius）公开了《艾利法》（ius Aelianum），普布利乌斯·艾利乌斯（Publius Aelius）、普布利乌斯·阿提利乌斯（Publius Atilius）也都精通法学教育。而普布利乌斯·穆齐乌斯（Publius Mucius）、布鲁图（Brutus）以及马尼利乌斯（Manilius）则是市民法的奠基人。而到了共和晚期的时候，罗马法学家的数量则更是蔚为壮观，有名的例如昆图斯·图白罗（Quintusa Tubero）、帕乌卢斯·维尔吉尼乌斯（Paulus Verginius）、塞尔维尤斯·苏尔毕丘斯·路福斯（Servius Sulpicius Rufus）、特雷巴求斯（Gaius Trebatius Testa）、昆图斯·穆齐乌斯（Quintus Mucius Scaevola）等等，在这一时期，随着希腊罗马交流的频繁，这些法学家的思想背景、知识结构中都不自觉地受到了古希腊各种技艺的影响，这其中就包括斯多葛辩证法。并且这些法学家之间也相互影响，昆图斯·图白罗就是一位斯多葛主义者，昆图斯·穆齐乌斯即普布利乌斯·穆齐乌斯之子，他曾对西塞罗产生重要影响，也培养了一大批学者。而在这个过程中，罗马法学家的工作范围也在逐渐扩大，在最初罗马法学家只是向一般民众提供法律咨询与法律服务，主要包括：法律解答（respondere）、撰拟契据（cavere）、协助诉讼（agere）。随着法学家群体的壮大，罗马法学家逐渐参与到罗马立法的过程中，并且他们的学说也逐渐成为在疑难情况下罗马司法的依据。[61]也正是在这个过程中，他们知识体系中的斯多葛辩证法因素被注入进罗马法，并影响了罗马法的立法与司法。诚如乔治·姆索拉基斯所言，“罗马法大部分内容，尤其是罗马私法，乃是法学的产物，而非立法的产物。”[62]换而言之，斯多葛辩证法是通过先影响罗马法学家，继而斯多葛辩证法作为一种技艺、方法被罗马法学家们接受与重构，最终在罗马法学家阐释、注解罗马法的过程中影响了罗马法。也就是说，斯多葛辩证法影响罗马法的过程，是一个先影响罗马法学家，再影响罗马法技术与实践的过程。

（二）斯多葛辩证法对罗马法律技术的革新

在了解斯多葛辩证法影响罗马法的方式之后，我们接下来将具体讨论斯多葛辩证法对罗马法立法与司法中法律技术的影响，也就是对罗马法律实践的影响。

---

〔61〕 有关罗马法学家工作的方式变更参见舒国滢：《罗马法学成长中的方法论因素》，载《比较法研究》2013 年第 1 期，第 6 页。

〔62〕 George Mousourakis, *The Legal History of Rome*, Routeledge 2007 , p. 1. 中文参见舒国滢：《罗马法学成长中的方法论因素》，载《比较法研究》2013 年第 1 期。

就法律技术的层面而言，通过对早期罗马法的梳理，我们知道早期罗马法的法律技术较为粗糙，这种粗糙主要表现在以下四个方面：第一，法律规范多属于经验式表达，带有个案取向性质。第二，法律规范的表述口语化，法律规范大多含糊、不清晰。第三，法律规范大多是堆砌而成，法律规范之间缺乏逻辑性与体系性。第四，罗马法司法技术多采用“决疑术”的方式断案，采用个案取向。〔63〕随着斯多葛辩证法的传入，罗马法学家依靠斯多葛的辩证法所提供的概念工具与命题理论工具，为罗马法建立了相对完善的法律概念体系以及逻辑化的规范体系，并革新了法律推理技术。

1. 斯多葛辩证法对罗马法立法技术的影响

就立法技术的层面而言，斯多葛辩证法提供的概念工具而言，通过斯多葛辩证法概念论部分所展示的概念形成方法，进而用形式逻辑来分析各种具体行为与生活现象。斯多葛辩证法解决了罗马法中语词概念问题，通过定义，即属加种差的方式，纷繁复杂的经验世界被组织成一个合乎逻辑的概念世界。具体而言，辩证法对“种”的研究通过区分与综合两个途径进行，而对“种”的研究宗旨即在于发现管辖“种”的原则并解释个别的情况。《法学阶梯》（Institutiones）的开篇就涉及概念的“种”、“属”分类，依照乌尔比安（Ulpianus）的标准，法的研究论题可以分为公法（publicum）和私法（privatum），公法涉及帝国公共事务，而私法关于个人利益。公法又被分为神圣法（sacris）、宗教祭祀法（sacerdotibus）与执法官制度（magistratibus）。私法又分为自然法规则（naturalibus）、万民法规则（gentium）和市民法规则（civilibus）。〔64〕在这个例子里，能够很直接地看出斯多葛辩证法“区分”与“综合”技术的运用，作为“法”这个概念被区分成下一级的“种”，进而又被划为更下一级的“种”，通过“种”的划分，概念不断地精确化和细致化，涵摄更为具体和丰富的生活内容。另外，对“公法”与“私法”的定义则能显示出罗马法学家们已经能将一个个分散的生活经验有效地提炼，综合成概念。在对斯多葛辩证法概念论技术的运用方面，罗马法学家昆图斯·穆齐乌斯（Quintus Mucius Scaevola）有丰硕的成果，他对几乎整个民法体系中的概念都进行了研究，从而将整个民法整合为一套充满逻辑性的概念

〔63〕 有关罗马早期“决疑术”的介绍参见舒国滢：《决疑术：方法、渊源与盛衰》，载《中国政法大学学报》2012 年第 2 期。

〔64〕［古罗马］查士丁尼：《法学总论》，张企泰译，商务印书馆 1989 年版，第 5 ~ 6 页；另见 D. 1. 1. 1. 2. 中文译文见《学说汇纂》（第 1 卷），罗志敏译，中国政法大学出版社 2008 年版，第 7 页。

体系，既充分包含了各种生活现象也保证了民法概念的逻辑性。[65]

由此可见，斯多葛辩证法的运用使得罗马法在法律语言方面不再流于经验表达，更加精致与清晰，趋于逻辑化和专业化。而斯多葛辩证法提供的“命题理论”同样有助于立法技术的提高。随着案件数量的增加，罗马法学家从个案裁判中得出了规则，再将一个个规则依照一定的逻辑方法组合成体系的大厦，这种规则的演绎与建构就需要用到“命题理论”的相关内容。如前所述，斯多葛辩证法的命题理论认为，从基本的“命题”中可以演绎、推论出无穷的公式、规则。也就是说，罗马人通过对“命题理论”的运用能把法律问题中那些概念化的语言、逻辑化的规则建构成体系化的规则体系，使其尽可能容纳足够多的生活现象。

2. 斯多葛辩证法对罗马司法技术的影响

接下来我们探讨斯多葛辩证法对罗马司法技术的影响。我们知道在司法层面上，有两种典型的司法方法：一种是经验的（empirical）或是决疑术的（casuistic），另一种是演绎式的（deductive），而以往罗马法学家们的司法方法是典型的前一种方法，也就是“决疑术”的。[66]当罗马法学家处理法律问题时，他们主要凭借论题学（topical）而非公理式的论证（axiomatic argument）。公理式的论证是指法律规则或法律概念是由基础的原则或公理逻辑地推导出来的。而论题式或问题式的推理则是从案件中去寻找确认出支持特定情形的前提。[67]在罗马法学家那里，规则与概念都不是刚性或严格遵守的，而是主观的、易变的，案件的裁决要依据相关案例（case）的情况，甚至一般认为罗马法学家也会依据他们的直觉寻找案件的结论，这种对法律直觉的捕捉建立在罗马法学家对法律问题的固有感觉以及每天所经历的法律实践上。[68]换而言之，早期的罗马法学家们在面对待决的案件时，特别是针对案件中的疑难法律问题，首先运用的是一套决疑术方法，这种决疑术注重的是“决定”而轻视“证成”。因而在这种情形下，法学家或是罗马执政官往往主要依赖自己的判断而非依照规则来审理。因此，这反映出早期罗马法

---

〔65〕 昆图斯·穆齐乌斯（Quintus Mucius Scaevola）对民法学进行了结构性的研究主要体现在他对概念进行把握，他将市民法划分为4个主要分支：继承法、人法、物法、债法，其中每一分支又再进行划分：继承分为遗嘱继承和无遗嘱继承；人法分为婚姻、监护、自由人身份、家父权等，其中的监护又分为5种；物法分为占有和非占有，其中占有又分为多种；债法分为契约和侵权行为，其中契约又分为物权契约、买卖契约、租赁契约及合伙契约，侵权行为又分为殴打、盗窃和损坏财产。参见徐国栋：《共和晚期希腊哲学对罗马法之技术和内容的影响》，载《中国社会科学》2003年第5期，第80页。

〔66〕 George Mousourakis, *The Legal History of Rome*, Routeledge 2007 , p. 61.

〔67〕 同上，p. 61.

〔68〕 同上，p. 61.

学在面对具体问题时，更强调解决问题的实践性。

但是在经过采用来自希腊的辩证法后，罗马法学家们学会了将司法上相关的事实区分成“属”与“种”，他们定义这些事实，并且对司法上的概念进行了区分（distinguish）与分类（categorize）。与此同时，他们意识到逻辑推论的意义，开始学着以演绎、推理的方法建构、推导法律概念。〔69〕而这其中一个有名的例子即是从“属”与“种”中发现原则，以求寻找到规则。这种致力于寻找规则的法学又被称为“规则法学”。〔70〕可以说，斯多葛的辩证法为罗马法学提供了一套法律推理的方法。这套推理方法（即由“五式”所派生出无数推理形式）能够从“规则”出发，在司法裁判中更注重“证成”的作用。但需要指出的是，虽然在斯多葛辩证法影响下，罗马法学家开始追求裁判推理的逻辑性与科学性，但这并不意味着在斯多葛辩证法的影响下，罗马法律技术就开始注重理论的建构与知识体系的结构，或者说这并不意味着罗马法学家的法律实践就是在使用严格的解释方法和完备的逻辑推论。罗马人将斯多葛辩证法运用到具体的法律问题中时，并不是为了建立完美的知识体系与精致的理论，而是基于实践的需要，为了更好地解决实务问题。

（三）作为科学的罗马法学

通过我们可以总结出斯多葛辩证法对罗马法影响的一个重要面向，亦即在斯多葛辩证法的作用下，注重实践、注重问题解决的罗马法被赋予了逻辑化、体系化、理论化的气质。那么我们就需要进一步追问，斯多葛辩证法的介入是否改变了罗马法学的精神气质，它是否把罗马法学塑造成一门“科学”，又或者说在斯多葛辩证法的熏陶下，罗马法学究竟成了一门何等性质的学问。

1. “科学”之争

对于那些否认斯多葛辩证法曾影响过罗马法的人们而言，他们自然否认罗马法学是一门科学。菲韦格指出“在罗马法学家那里并不存在关于科学哲学的讨论”。〔71〕他依照亚里士多德对人类认识真理思维方式的分类，可分为五类：技术（Techne）、科学（Episteme）、明智（Phronēsis）、智慧（Sophia）与理智

---

〔69〕 George Mousourakis, *The Legal History of Rome*, Routeledge 2007, p. 61.

〔70〕 有关“规则法学”的介绍参见舒国滢：《罗马法学成长中的方法论因素》，载《比较法研究》2013年第1期，第8页。

〔71〕［德］特奥多尔·菲韦格：《论题学与法学——论法学的基础研究》，舒国滢译，法律出版社2012年版，第58页。

(Nous)。[72]也就是说，按照亚里士多德的分类，知识不再和美德、目的联系在一起。而是被分为理论知识、实践知识以及创制知识。[73]科学指的是一种基于必然理由来证明的品质，而技术是一种在理性思考中创制的品质，二者是截然不同的。[74]前者具有理论属性，后者具有实践属性。在菲韦格看来，罗马法学家对于"科学"、"技术"等类似概念的区分并不在意，即使非要用亚里士多德的分类标准套用，罗马法也应被归入"技术"之列。[75]换而言之，菲韦格否认罗马法学是一种科学，即使是亚里士多德意义上的科学也不是，罗马法学应是一门具有实践性属性的技术。但与他相反，罗马法学家朱塞佩·格罗索（Giuseppe Grosso 1906 - 1973）却认为"希腊文化闯入罗马给法学理论带来了辩证的方法，因而出现了真正的科学创作活动。他认为辩证方法的应用把对案例的类推适用发展到对规则的制定，又从这些规则发展到形成系统的体系。就这样，早期谨小慎微的法学逐渐发展成为科学的法学"。[76]弗里茨·舒尔兹（Fritz Schulz）也认为"作为罗马法史上的一件大事，斯多葛辩证法传入罗马塑造了罗马法学，使之成为一门柏拉图、亚里士多德意义上和康德意义上的科学"。[77]也就是说，这两位学者基本认同斯多葛辩证法把罗马法学打造成了一门科学。综合以上持不同意见的学者观点，我们可以总结出两点：第一，对于认为斯多葛辩证法影响了罗马法的学者而言，他们都会进一步认为斯多葛辩证法为罗马法律科学化提供了条件。第二，这些学者在判断罗马法学是否是一门科学时，他们对"科学"标准的理解有各自不同的认识。尤其是舒尔茨还专门区分了亚里士多德的科学和康德的科学，那么这就提醒我们，在探讨斯多葛辩证法是否把罗马法学打造成一门科学时，首先需要弄清何谓"科学"的标准。

科学的标准亦即意味着一门学科在达到哪些要素后才能被称为"科学"的，依据"本质主义"的观点，所谓科学就一定要具备精确性、确定性、超验性与可

---

〔72〕 Aristotle, *The Nicomachean Ethics*, translated by David Ross, Oxford University Press 2009, pp. 104 ~108. 中译本见［古希腊］亚里士多德：《尼各马可伦理学》，廖申白译，商务印书馆2003年版，第165 ~169页。

〔73〕 邬昆如：《希腊哲学》，台湾五南图书出版公司2001年版，第179页。

〔74〕 Aristotle, *The Nicomachean Ethics*, translated by David Ross, Oxford University Press 2009, pp. 104 ~108；中译本见［古希腊］亚里士多德：《尼各马可伦理学》，廖申白译，商务印书馆2003年版，第165 ~170页。

〔75〕［德］特奥多尔·菲韦格：《论题学与法学——论法学的基础研究》，舒国滢译，法律出版社2012年版，第60页。

〔76〕［意］朱塞佩·格罗索：《罗马法史》，黄风译，中国政法大学出版社2009年版，第198页。

〔77〕 Fritz Schulz, *History of Roman Legal Science*, Oxford Clarendon Press1946, p. 63.

认知性。在这个意义上，几何学是最典型的科学。这门学问精细确定，又具有抽象于现实世界的超验性，但又是可以被认识到、学习到的。可以说“本质主义”意义上的科学建立在观察、归纳、证实的逻辑上。事实上，要成为“科学”至少要符合五个标准：“1. 科学意味着遵守自然规律。2. 根据科学的自然规律能解释现象。3. 科学能在经验世界可以被检验。4. 科学的结论可以是暂时的，而不必是最终结论。5. 科学是可以被证伪”。[78]如果我们带着这个标准看罗马法，罗马法学的确不符合科学的标准，也算不上是一门科学。这是因为即使斯多葛辩证法为罗马法带来了精确化的概念和逻辑化的规则体系，但罗马法学家大多属于实务家，面对具体问题时主要采用的还是个人的判断或是实践的智慧，他们并没有把罗马法学看作是一门脱离现实世界的超验知识存在。

但事实上，如果我们能从科学史的角度理解科学，也许就会有不一样的认识。托马斯·库恩（Thomas Samuel Kuhn，1922－1996）就认为科学并不意味着正确或是真实，因为一个错误的理论仍然可以是科学的，而一个真实的断言也未必一定是科学的。托马斯·库恩对“科学”的认识建立在他对科学理论的“范式”（Paradigm）这一概念的提出。库恩认为所谓“范式”应同时具备两个条件：“第一，它能够空前地吸引一批坚定的拥护者，使他们脱离科学活动的其他竞争模式；第二，它又能无限制地为重新组成的一批实践者留下有待解决的种种问题。”[79]从“范式”的角度看，科学不再是一种本质主义上求真证伪的永恒贡献，而是展示出它所盛行时代的时代风貌与特定的知识结构。在这个意义上，科学就是由科学共同体所共同接受的范式。由此，科学的发展也不再是一个积累、研究的过程，毋宁说是一个“范式”更迭，变化与渐进的过程。而不同科学之间的差别并不在于科学在本质上的“对”与“错”，而在于在不同科学视角下看待世界的和其中实践的不可通约性（incommensurable ways），过时的理论也不因为它被抛弃就变得不科学了。库恩用一个例子阐释了他的“科学”观，他指出，关于诸如运动和质量这些基本概念的观念与理论，我们会发现亚里士多德的理论与牛顿的理论全然不同，但按照他对科学的理解，亚里士多德的物理学并非不正确的科学，只不过他与牛顿的物理学是不同的科学而已。

2. 罗马法学的科学化之路

---

〔78〕［美］亚历山大·伯德：《科学哲学》，贾玉树、荣小雪译，中国人民大学出版 2008 年版，第 5 页。

〔79〕［美］托马斯·库恩：《科学革命的结构》，金吾仑、胡新和译，北京大学出版社 2003 年版，第 9 页。

如果如上文所述库恩对于“科学”的标准是可以接受的，那么我们可以说在某种程度上，斯多葛辩证法影响下的罗马法学也许应该能称为一门科学。只不过这门科学不是近代以来几何学意义上的科学，而是代表了罗马时代科学理论所特有的“范式”。在罗马的时代，科学仅仅是指一种将法律规则组合成更为抽象的逻辑结构的方法。[80]或者说，在罗马的经验里，法学不是一门单一的科学，法学与具体的历史现象交织在一起，显示出法学对具体问题的概括与关注，而是一种对人的组织进行理论上定义和实践上塑造的学问。[81]在这层意义上，斯多葛辩证法的确为罗马法打开了科学化的大门，正如沃尔斯利·爱默顿（Wolseley Emerton）所指出，虽然人们已经普遍认识到罗马法学家是斯多葛哲学的追随者，但很少有人注意到罗马法学家的思想中包含着斯多葛辩证法的观点。他认为斯多葛学派在罗马法形式（form）与术语（terminology）上的影响不应被轻视，如果没有斯多葛学派的影响，罗马法就不可能发展成为由不同层级的规则组成的体系化（symmetrical）、高度自洽（highly finished）的体系。[82]舒尔兹也认为是辩证法成就了罗马法学成为体系性的科学，在辩证法的作用下，法学才能成为一种成体系的和组织的知识，从而使罗马法具有科学化的精致属性。[83]换而言之，做到“体系化”与“高度自洽”就已经达到了那个时代人们对于科学“范式”的认同。事实上，罗马法律科学的独特气质就在于它不把自己局限在一种纯粹实用的和严格的决疑术范围内，罗马法学家最伟大的成就就在于他们有能力超越案件中的次要问题以阐明法律中最本质的问题，并把它作为裁判的规则（quaestio iuris）。[84]总之，斯多葛辩证法会让罗马法趋于体系化、逻辑化，进而实现了那个时代的“科学”。

斯多葛辩证法为罗马法所指明的科学化之路，对罗马法乃至后世法学影响深远。虽然我们承认在罗马的时代，人们对于法学学科的认定依然是实践性质的，但是我们依然可以说，从这时起在法学史上就开启了法学的学科性质之变，人们开始了试图将法学打造成一套完备科学的宏图伟业。在罗马时代，法学家们从原始经验的材料中逐步地建构出法律科学。而科学就意味着裁判推理的结论是可以证明的，或者至少能被大部分的法律职业者认同。于是，法学作为一种职业知识

---

〔80〕［美］罗杰·伯克威茨：《科学的馈赠——现代法律是如何演变为实在法的》，田夫、徐丽丽译，法律出版社2011年版，第30页。

〔81〕［古罗马］提图斯·李维：《自建城以来》，王焕生译，中国政法大学出版社2009年版，第1页。

〔82〕Wolseley Emerton, Stoic Terminology in Roman Law, *The Law Quarterly Review* 1887, p64.

〔83〕Fritz Schulz, *History of Roman Legal Science*, Oxford Clarendon Press 1946, p. 68.

〔84〕George Mousourakis, *The Legal History of Rome*, Routeledge 2007 , p. 61.

逐步地被逻辑化与体系化。而到了近代之后，随着自然科学高速发展与其提供的一整套完备的科学方法慢慢波及法学领域，法学家们也纷纷认为法学应仿效自然科学建立富于清晰性、明确性与逻辑性的法律体系，并寄希望在形式逻辑的指导下解决一切的法律问题。从而使得“法律的适用就变得像数学计算一样精确和简单”。[85]由此可见，自罗马法之后，法学的科学化代表着法学的发展方向，并且不断地前行。近代以来的法学科学化追求的是一种绝对的、完全的几何学意义上的法学，而这种科学化的努力最终在德国概念法学那里达到了顶峰，但我们需要指出的是近代以来的法学科学化与罗马法学的科学性是两个不同的概念或两种不同的范式。

五、结语

通过以上研究，我们大致可以得出以下的基本结论：斯多葛辩证作为古希腊时期一门重要的古典技艺，对罗马法及罗马法学的发展产生过重要的影响，只不过在斯多葛辩证法传入罗马的过程中，罗马法学家对辩证法进行了重构，使之与修辞学、论题学等其他古典技艺杂糅，这才导致后世学者在这一问题上发生争执。斯多葛辩证法对罗马法的具体影响体现在两个方面：一方面对罗马法律技术的革新，它使得罗马法无论是在立法上还是在司法上都由经验式、个案式向概念化、体系化转变；另一方面斯多葛辩证法影响了罗马法学家对法学学科性质的认识，它为实践性的罗马法学注入了科学的因素。虽然这份科学的因素并没有改变罗马法学实践之学的本色，但却从此开启了法学史上关于法学学科认识的长久讨论。

通过对斯多葛辩证法对罗马法的影响我们可以看到，即使法学是一门实践性的学科，但它依旧保有自己独特的理论姿态。而通过方法与技术的支撑与革新又往往能够激发出法学理论的活力，促进立法、司法技术的提高，并加深我们对法学这门学问的认识，从而反过来更好地回应法律实践。在这个意义上，法学的发展史，人类对法学认识史实际上就是一部法学方法的更迭史。从历史上看，西方的罗马法学之所以历经不同政治制度、社会文化而延续千年，正是因为其背后暗藏着“方法”的支撑。自20世纪中期以降，法律论题学、法律修辞学以及一般

---

〔85〕 舒国滢：《寻访法学的问题立场——兼论“论题学法学”的思考方式》，载《法学研究》，2005年第3期。

论证理论的复兴与重振就说明了方法与技艺在今天的法律理论与实践中依然扮演着不可替代的作用。而今，法律论证理论已逐渐在欧洲法学理论的研究中形成中天之势。至20世纪90年代，法律论证理论的研究进路更加丰富与多元，古老的斯多葛辩证法思想在今天依然以逻辑学的面貌活跃在法学研究与法律实践领域。

当前我国的法治建设虽然已具有阶段性成果与可预期的展望，然而从古代以来的“律学”到今天追求宏观叙事的制度设计，缺乏法学方法与技术的辅助与支撑。观古知今，斯多葛辩证法对罗马法的既有影响也许就是对今天最好的启示。但西方的历史的发展，罗马法学家的智慧并不能代替中国法律职业者自己的思考，在法学方法与法律论证越来越受到重视的今天，我们有理由期待中国法律职业者以自己的方式回应这一古老的技艺！

不可接受结果之论证与法律的合理适用*

[荷] 伊芙琳·T. 菲特丽丝**著

刘巧巧***　王　彬****译

在法律上，法官经常会使用诉诸“合理性”的论证来证立自己的裁决。从法律合理适用的角度来看，他们常认为具体案件中法律规则的适用会导致不可接受的结果，因为这个结果与规则意图实现的目标是不相容的。在本文中，采取语用——辩证的（pragma - dialectical）视角，我将以某种语用论证的具体形式来重构诉诸合理性的不可接受结果之论证（arguments from unacceptable consequences），并且，我明确说明在怎样的情况下，它们是一种证立法律裁决的可接受的方式。

一、引言

在法律上，法官经常会使用诉诸“合理性”（reasonableness）来证立自己裁决的论证。在法律理论中，一个中心问题就是，是否允许使用超法律的或者道德的考量去证立法律裁决，比如合理性。在某些情况下，合理性论证是捍卫法律裁决可接受的考量。例如，在荷兰的民法中，依据民法典第6编248条，对于合同约束当事人的一般原则，法官是允许作出例外的：在具体的情况下，如果根据合理性和公平性的标准将导致合同结果是不可接受的，那么这个规则就不会被适用。〔5〕

---

* 译自：Eveline T. Feteris, Arguments from unacceptable consequences and a reasonable application of law, In J. A. Blair, D. Farr, H. V. Hansen, R. H. Johnson and C. W. Tindale (eds.), *InformalLogic*@25. Windsor, ON: OSSA (CD - ROM), 2004.

** 伊芙琳·T. 菲特丽丝（Eveline T. Feteris），荷兰阿姆斯特丹大学演说交流、论证理论与修辞学系副教授。

*** 南开大学法学院法学理论专业硕士研究生。

**** 南开大学法学院副教授。

〔5〕 荷兰民法典第六编第248条第2款：在特定情形下，因合同而约束当事人的规则根据合理公平准则是不可接受的，该规则就不适用。

然而，存在其他有争议的诉诸合理性论证的形式。通常，法官会在具体的案件中诉诸合理性来证立其裁决，而不是在严格的文义解释中适用一个特别的法律规则证立裁决，因为适用这个规则将导致不可接受的结果，而这又与规则意图实现的目标是不相容的。当法官诉诸的是这样一个“法律的合理适用”，他就会声称适用结果会是不可接受的，因为从理性立法者的角度来看，它们不符合规则意图实现的特定目标和价值。

在国际法律理论中，不可接受结果之论证被称为“荒谬论证”、“归谬法”(*reductio ad absurdum*)、“归谬论证”。[6] 在荷兰的法律文献中，这种形式的论证被叫作“法律的合理适用”。至于这种诉诸合理性时不可接受结果之论证的可接受性，在法律文献中，存在着不同的观点。一些学者认为，这样的论证在一定条件下是能被接受的；而另一些学者认为，这是一种适用法律规则不合适的方式，因为法官没有诉诸可接受的解释方法，而是自主地决定在具体案件中合理性指示了什么。[7] 在伦理学和论证理论中，不可接受结果之论证也被称为归谬法，在原则上，被认为是一种可接受的捍卫规范陈述的方式。[8] 所以，问题就是这些不同形式的诉诸合理性时不可接受结果之论证在法律背景下意味着什么，它们是否

〔6〕“归谬法”这一术语被戈尔丁（M. Golding），以及拉托雷（M. La Torre）等人在麦考密克（N. MacCormick）和萨默斯（R. Summers）《解释制定法》（Interpreting statutes）中使用，参见 M. Golding, *Legal reasoning*, New York: Knopf, 1984, p. 59; N. MacCormick and R. S. Summers, *Interpreting statutes. A comparative study*, Aldershot etc.: Dartmouth, 1991, p. 222. “荒谬论证”这一术语被班科夫斯基（Z. Bankowski）与麦考密克在《解释制定法》中使用，参见 N. MacCormick and R. S. Summers, *Interpreting statutes* (n. 2), p. 366。“不可接受性论证”术语被阿列克西（R. Alexy）使用，参见 R. Alexy, *A theory of legal argumentation. The theory of rational discourse as theory of legal justification*, Oxford: Clarendon Press, 1989。（英译本译自：*Theorie der juristischen Argumentation. Die theorie des rationalen Diskurses als Theorie der juristischen Begründung*, Frankfurt a. M.: Suhrkamp, 1978, p. 283.）“归谬论证”这一术语被佩雷尔曼（Ch. Perelman）、塔雷罗（G. Tarello）以及拉托雷等人在《解释制定法》中使用。参见 Ch. Perelman, *The new rhetoric and the humanities. Essays on rhetoric and its applications*, Dordrecht etc.: Reidel, 1979; N. MacCormick and R. S. Summers, *Interpreting statutes* (n. 2), p. 233。（原文漏掉了塔雷罗的文献信息，经译者查证，似应为：G. Tarello, Sur la spécificité du raisonnement juridique, In *Die juristische Argumentation*, ARSP, Beiheft 7, Wiesbaden: Franz Steiner, 1972, pp. 103 ~ 124; G. Tarello, *L'interpretazione della legge*, Milan: Giuffré, 1980。——译注）

〔7〕参见 J. A. Pontier, *Rechtsvinding*, Nijmegen: Ars Aequi, 1995, p. 38; D. J. Veegens, *Cassatie in burgerlijke zaken*, Tweede druk. Zwolle: Tjeeenk Willink, 1971, p. 284. Algemene bezwaren tegen resultatenrechtsvinding omdat daarmee een beroep wordt gedaan op een buitenjuridisch criterium.

〔8〕沃尔顿（D. N. Walton）认为，考虑到一般的情况，结果论证（无论是积极的还是消极的）是一种可接受的论证方式。消极结果的特定论证形式，如果它们构成不同对话类型的非法转换，那么沃尔顿认为的诉诸威胁（*threat appeal*）论证就会是有谬误的。在这里讨论的法律适用中，合理性论证背景下的这种诉诸威胁证的谬误使用并不会发生。参见 D. N. Walton, *Argumentation schemes for presumptive reasoning*, Mahwah, NJ: Erlbaum, 1996, pp. 75 ~ 77.

是捍卫法律裁决可接受的方式，以及在怎样的条件下它们是捍卫法律裁决可接受的方式。

笔者会从第一部分语用——辩证理论的角度来处理这些问题。利用这种理论观点，笔者会给出一个这种论证形式复杂结构的重构，考虑到法律理论思想和法律哲学思想，笔者会确定在什么条件下诉诸合理性时不可接受结果之论证能成为法律裁决可接受的证立，以及何种理性批判形式在评估中是有关联的。

在第二部分，我首先概要说明，在法律理论上，由于法律合理适用所引起的不可接受结果之论证的各种形式，以及我会讨论在什么样的条件下，这种论证形式可以是一种可接受的证立法律裁决的方式。然后，在第三部分，我给出一个这种论证结构和内容的语用——辩证的重构。在第四部分，我会解释关于正确使用这种论证形式的法律理论观点是怎样被转化为评价的关键问题的。

二、不可接受结果之论证和法律的合理适用

在第（一）节中，我首先对诉诸合理性时不可接受结果之论证形式在法律文献中的各种具体叙述做出概要说明，在具体案件中，法官不适用规则去捍卫其裁决，而是通过从法律合理适用的角度来陈述适用规则会导致不可接受的或者荒谬的结果去捍卫其裁决。在第（二）节中，我会讨论不同法律学者关于这种论证形式作为法律裁决之证立的充分性的观点。

（一）法律理论上对不可接受结果之论证的描述

至于笔者通过法律的合理适用来指称不可接受结果之论证的叫法，在相关学者的国际研究项目中，不同法律体系的解释论证有不同形式的使用，麦考密克和萨默斯曾总结道：[9]在所有法律体系中讨论这个项目，毋庸置疑地会在法律规则文义解释的适用和其解释的适用会导致一个荒谬的或明显不公正的结果观察中产生冲突。这种荒谬论证或公正论证以不同的形式存在于不同的法律体系中。有时，它是根据立法机关不想有荒谬的或者明显不公正的结果的假设或者预设来表述的。在其他情况下，它被宪法化，并因此被表述成一种使荒谬的或明显不公的结果无效的论证。

这些论证形式的共同方面是，法官适用规则的文义解释得出对结果的否定性

〔9〕 N. MacCormick and R. S. Summers, *Interpreting statutes* (n. 2), pp. 485 ~486.

评价。这一否定性评价是基于这样的考量，即结果是与规则的目标和理性立法者的意图不相容的。理性立法者的假设或者预设是：如果适用规则会导致一个荒谬的或者不公正的，且与规则的目标不相容的结果，他就不会打算在具体的案件中适用规则。法官声称最后的结果会是不可接受的，因为从法律合理适用的角度来看，法律的合理适用暗示了法律规则的适用不应该产生与理性立法者的意图、规则的目标和价值不相容的结果。〔10〕

许多学者认为，荒谬论证是目的论证的一种特殊形式，在这一论证中，客观目的、一个法令应该有的合理目标或价值、立法者理性的意图、所谓的立法理由（*ratio legis*）是被重构的。〔11〕这种理性的意图不是原始立法者的意图，而是理性立法者想要规则有合理结果的重构意图。正如它是一种客观的——目的论论证的具体形式。〔12〕

在荷兰法律文献中，因为适用可能会导致荒谬的或者不公正的结果，而不适用某个法律规则的裁决，被称为“法律的合理适用”。法律的合理适用可能会发生在有关正确解释存在讨论这样的情况中，但也可能发生在具体案件中规则的含义是清晰的这样的背景中。

许多学者把法律的合理适用看作是一种目的论论证的具体形式。〔13〕法官以立法者意图为基础而背离了规则之字面含义。有人认为，如果立法者已经想到了现在的情况，可能会承认现在情况是个例外，因为结果会与规则的目标不相容。

---

〔10〕也可参见 J. Wróblewski, *The judicial application of law*, Edited by Zenon Bankowski and Neil MacCormick, Dordrecht etc.: Kluwer, 1992, pp. 105～106.（原文误注为1991年出版。——译注）

〔11〕参见相关学者在麦考密克和萨默斯《解释制定法》中的论述，芬兰：阿尔尼奥，意大利：拉托雷、帕塔罗（E. Pattaro）和塔雷罗，英国和苏格兰：班科夫斯基和麦考密克，瑞典：佩策尼克（A. Peczenik）。N. MacCormick and R. S. Summers, *Interpreting statutes* (n. 2), pp. 152～163, 221～222, 371～373, 312.

〔12〕在麦考密克和萨默斯《解释制定法》中，班科夫斯基和麦考密克认为，比照德沃金（R. Dworkin）对法律体系“整全性”的叫法，存在诉诸规则目标的目的论论证的特殊形式、“正义”的论证。基于整全性的论证比实在的正义（*ius positivum*）走得更远、在更广泛意义上变得更有价值。班科夫斯基和麦考密克在这种背景下自问，这种论证能在多大程度上超越仅仅表达一种直接的法律原则和价值的诉求？N. MacCormick and R. S. Summers, *Interpreting statutes* (n. 2), p. 371; Ronald Dworkin, *Law's empire*, London: Fontana, 1986.

〔13〕可参见 Ch. P. A. Geppaart, *Fiscale rechtsvinding. Een onderzoek naar de rechtsvinding door de rechter in belastingzaken in het bijzonder aan de hand van rechtspraak in de periode* 1 *maart* 1957 －1 *mart* 1965, Amsterdam: FED, 1968; G. J. Wiarda, *Drie typen van rechtsvinding. Bewerkt en van een nabeschouwing voorzien door T. Koopmans*, Vierde druk. Zwolle: Tjeenk Willink, 1999, p. 40.

威亚尔达（G. J. Wiarda）主张，[14]合理性论证不应该被认为是违反法律（*contra legem*）的论证（违反法律的论证暗示着只有语言的解释是被允许的），但是应该被认为是基于立法者意图的论证。[15]

德国法律理论家阿列克西给出了不可接受结果之论证的结构和要素，他把这叫作归谬法。[16]他还表述了如下的论证图式：[17]

(J.17)（1）不可接受的结果 Z 应该被禁止（O－Z）

（2）对规则 R 的解释 R′会导致不可接受的结果 Z（R′→Z）

（3）解释 R′是不可采纳的（－R′）

阿列克西把这种荒谬性论证看作是在法律背景下为目的论论证一般图式（J.4.2）的特殊形式：[18]

(J.4.1)（1）R′（规则 R 的解释 R′）是立法者所意图的

（2）R′

(J.4.2)（1）对于立法者来说，R 是追求实现 Z 的一种手段

（2）除非 R′获得，否则 Z 不会获得（那就是说，R′是 Z 的一个条件）（－R′→ －Z）

（3）解释 R′是可取的（R′）

---

〔14〕 G. J. Wiarda, *Drie typen van rechtsvinding. Bewerkt en van een nabeschouwing voorzien door T. Koopmans* (n. 9), p. 39.

〔15〕 荷兰作者丹·布尔（J. den Boer）讨论了这种论证形式在税法背景下的使用，基于对不可接受的结果的考虑，不去适用法律规则的裁决会发生在立法质量差或者如果规则制定后社会发生重大变化（因为技术的或者思想的发展）因而使得法律变得过时的情况中。发挥作用的其他发展是民法的影响、条约中的非歧视条款、一般原则基础上的平衡等。J. den Boer, Redelijke wetstoepassing in de belastingrechtspraak van de Hoge Raad, *Weekblad voor privaatrecht, notariaat en registratie*, Vol. 122, nr. 5989, 1991, pp. 41～47.

〔16〕 R. Alexy, *A theory of legal argumentation. The theory of rational discourse as theory of legal justification* (n. 2), pp. 283～284. 关于类似描述，请参见 M. Golding, *Legal reasoning* (n. 2), pp. 58～59，他把荒谬性论证看作目的论的特殊形式。这一论证指出，因为 X 是法律应该促进的目标，Y 的法律认可会废止 X 的实现，所以 Y 应该被法律禁止/不应该被法律认可。

〔17〕 阿列克西使用德语术语"不可移植性论证"（Untragbarkeitsargument）和英语术语"不可接受性论证"（argument from unacceptability）。R. Alexy, *A theory of legal argumentation. The theory of rational discourse as theory of legal justification* (n. 2), pp. 345～346; R. Alexy, *Theorie der juristischen Argumentation. Die theorie des rationalen Diskurses als Theorie der juristischen Begründung* (n. 2), S. 283～284. 阿列克西对这种论证形式分析的描述来自于：U. Diederichsen, Die 'reductio ad absurdum' in der Jurisprudenz, In *Festschrift f. K. Larenz*, hrsg. von G. Paulus und U. Diederichsen, C.－W. Canaris, München 1973, pp. 155～179.

〔18〕 R. Alexy, *A theory of legal argumentation. The theory of rational discourse as theory of legal justification* (n. 2), p. 237.

为了使这一论证是完整的，以下的推理规则是必要的：

"如果实现Z是强制性的，那么对实现Z是必要的任何手段也都是强制性的"[19]

依据这个推理规则的论证在（S）中被表达出来：

（S）（1）事态Z获得实现是强制的（OZ）

（2）除非M获得，否则Z不会获得（那就是说，M是Z的一个条件）$-M \rightarrow -Z$

（3）M必须能获得实现（OM）

然而，阿列克西没有明确指出一般图式（S）应该怎样被转化为（J.17）。（S）表明行动M是有义务做的，而（J.17）表明解释R′是不可采纳的。S到（J.17）转换的解释并不是完全没有问题的。

根据阿列克西的观点，（1）和（2）应该是被正当化的。Z是不可接受的和R′会导致Z都是应该被捍卫的。在他看来，论证（1）连接了这种论证形式和法律论述，论证（2）连接了实践论述。然而，他没有进一步明确指出这两种论证是怎样支持1和2应该被重构的，以及这两种论证是怎样连接到彼此的。因此，阿列克西为我们提供了一些关于荒谬论证的元素和这种论证图式结构的基本观点，但是，对于在具体案件中完整的合理性论证之复杂结构的重构，他并没有进一步的论证。

（二）诉诸合理性时不可接受结果之论证的充分性作为法律解释的证立

在法律理论上，主张法律合理适用的不可接受结果之论证是否可以作为法律解释良好理由的问题是接近于解释方法层级结构观点的。在解释论证的国际研究项目中，麦考密克和萨默斯对解释论证层级结构的描述被大多数国家所承认，[20]所以，我们也在荷兰的法律文献中发现了。

从法律确定性的角度来看，这个层级结构是基于这样的一个观点：诉诸显式表述（语用论证）和立法者意图（体系论证）的论证具有优先性。如果语用论证和体系论证都不能提供一个可接受的解决方案，法官可能会使用目的论或者评

---

[19] 在阿列克西看来，（J.17）是不可接受性论证的强形式，弱形式将显示Z不是绝对禁止的，但只是最坏的可供选择的方案。

[20] N. MacCormick and R. S. Summers, *Interpreting statutes* (n. 2), p. 512 ff.

价性的论证，这就是指立法者意图和其应该想要规则所实现的目标和价值的论证。从这样一个层级结构来看，荒谬论证与正义论证属于最后一个范畴。

自从在法律合理适用的背景下，不可接受结果之论证唤起了（重构的）理性立法者的意图之后，问题就来了：在法律背景下，术语“合理的”（reasonable）和“理性的”（rational）所指的是什么。跟随佩雷尔曼，[21] 阿尔尼奥也在这一情境中使用**合理的**和**理性**的这两个术语去解释法律规则的**合理**解释与**理性立法者**的概念之间的关系，即法官通过主张根据文义解释的法律规则之适用来正当化其裁决会导致不可接受的结果。在阿尔尼奥看来，法律中的**合理性**（reasonableness）概念是指法官在具体案件中适用法律规范的要求。**理性**（rationality）的概念是指立法的要求。[22]

阿尔尼奥认为，“理性立法者”的概念意味着立法者应该寻求每个立法行为的一致性，换句话说，理性意味着要避免法律规则之间的冲突。同时，它意味着立法者不被推定去寻求一个荒谬的结果。[23] 在法律规则的适用导致荒谬结果的具体案件背景中，阿尔尼奥认为，合理适用的选择意味着法官选择符合理性立法者不想产生荒谬结果意图的解决方案。[24]

像班科夫斯基与麦考密克，拉托雷、帕塔罗与塔雷罗，以及佩策尼克这样一些参与了这一解释论证的国际研究项目的学者最后都得出一个类似的结论。[25] 法律的合理适用意味着法律规则的适用会导致一个荒谬的/不公正的/不合理的、与立法者目的和价值不相符的结果，由于理性立法者不会想要一个不可接受的结果，所以这种结果可能会通过创造一个例外的规则得以更正。

如果法律被认为是理性的、融贯的、一致的、目标明确的和道德上是可接受的规则与原则的体系，并且与这些理性的起点是一致的，那么法律规则的合理适

---

〔21〕 Ch. Perelman, *The new rhetoric and the humanities*, (n. 2).

〔22〕 N. MacCormick and R. S. Summers, *Interpreting statutes* (n. 2), pp. 152 ~153.

〔23〕 阿尔尼奥争辩道，理性立法者的概念也包括道德的预设：假设立法者只追求与现有系统中道德和价值相和谐的结果。在这方面，阿尔尼奥把正义的需求作为理性立法草案的一部分。N. MacCormick and R. S. Summers, *Interpreting statutes* (n. 2), pp. 152 ~153.

〔24〕 阿尔尼奥在麦考密克和萨默斯《解释制定法》中强调，在芬兰的判决中，主要问题之一是在个案中可预测性和衡平的相对分量之间的平衡必须被建立。在个案中，对可预测性（比如“条约必须遵守”）的过度强调导致死板的态度，然而对衡平的强调会导致可预测性的降低。N. MacCormick and R. S. Summers, *Interpreting statutes* (n. 2), p. 131. 佩策尼克详述了在法律背景下一致性和融贯性意味着什么。A. Peczenik, *On law and reason*, Dordrecht etc.: Kluwer, 1989, pp. 198 ~204. 对于一致性和融贯性的论证描述，请参见 D. N. MacCormick, *Legal reasoning and legal theory*, Oxford: Clarendon Press, 1978。

〔25〕 N. MacCormick and R. S. Summers, *Interpreting statutes* (n. 2), pp. 371 ~313, 222, 312, 340.

用就意味着法官只用在具体案件下试图通过适用规则使这些理性的观点生效。[26]法律的合理适用可能因此导致对规则文义的背离，而用与这些理性的起点相和谐的方式去解释规则。

因此，基于这些观点，法官决定不去适用对证立其裁决合理有特别负担的严格的文义解释规则。首先，他有义务证立为什么文义解释和体系解释不能提供一个可接受的解决方案。其次，通过讨论规则的目标、原则、价值，他必须解释从理性立法者的角度来看，为什么裁决的结果是不可接受的。

在接下来的第三部分，根据这些义务，我会确定论证不得不提出的问题，在第四部分，根据对评价的关键问题，我会解释连接这些义务的正确性法律规范是怎样能够被表述的。

三、法律适用背景下不可接受的结果之语用——辩证的重构

上一部分是从不可接受结果之论证的法律——理论描述开始的，这一部分中，我将展现法官有义务从理想观点中给出的论证是如何通过语用——辩证视角被重构的。我会展示这种观点的优点，它能使我们确定，作为经常在法律中使用的复杂论证之特殊形式的变体，不可接受结果之论证的不同形式是能够被重构的。这种复杂论证由**语用论证**（*pragmatic argumentation*）的主要层次和**客观—目的**（*objective - teleological*）论证的次要层次组成。通过重构这些不同层次论证所依赖的论证图式，它能够确定与这些论证图式相关的理性批判形式。

（一）论证结构和内容的语用——辩证重构

在不可接受结果之论证重构中，对两种不同背景中不可接受结果之论证做出区分是非常重要的，因为它们对于论证的重构有着不同的结果。

在第一个背景（A）中，法官决定不在严格的文义解释中适用法律规则。在这个背景中，只存在一个观点：规则 X 不应该根据严格的文义解释 X′而被适用

---

〔26〕 法律中理性原则的描述，请参见 A. Aarnio, *The rational as reasonable. A treatise of legal justification*, Dordrecht etc. : Reidel, 1987; R. Alexy, Die Idee einder prozeduralen Theorie der juristischen Argumentation, In A. Aarnio, N. Niiniluoto, J. Uusitalo (eds.), *Methodologie und Erkenntnistheorie der juristischen Argumentation*, Berlin: Duncker & Humblot, 1981; A. Aarnio, R. Alexy, A. Peczenik, The foundation of legal reasoning, *Rechtstheorie*, 1981, Band 21, No. 2, pp. 133 ~158, No. 3, pp. 257 ~279, No. 4, pp. 423 ~448; A. Peczenik, *On law and reason* (n. 20)。

（-X）。在第二个背景（B）中，法官决定不根据文义解释 X′适用法律规则，而是根据另一个解释 X″来适用 X，因为 X′会导致不可接受的结果，而 X″产生可接受的结果。在这种背景下，存在两种观点：（1）规则 X 不应该根据解释 X′而被适用（-X′），（2）规则 X 应该根据 X″解释而被适用（+X″）。在第二个背景下，正如我们会看到的，第二个背景中的论证结构是不同的。

首先，我会重构主要论证层次的论证，然后，重构次要论证层次的论证。

主要论证层次

在两种背景下，法官通过诉诸适用（1.1a）结果和通过评估这些结果是不可接受的（1.1b），从而不去适用规则来捍卫其裁决。在主要论证层次上，论证图式深层次的论证是语用论证的论证图式，它表明了诉诸观点的论证和诉诸结果的论证之间的因果关系。结果被评价为正面的或者负面的。根据菲特丽丝 2002 年提出的观点，[27] 这种论证能够作为语用论证的消极形式而被重构。

（A）观点 1　　在这一具体案件中，规则 X 不应该被适用（-X）

因为 1.1a　　在这一具体案件中，X 的适用会导致 Y

1.1b　　从一个法律角度来看，Y 是不可接受的

（1.1a-1.1b′）

如果从一个法律角度来看，Y 是不可接受的，并且在这种具体案件中 X 的适用会导致 Y，那么 X 就不应该被适用。

在（B）背景下，法官决定适用规则，尽管不是在严格的解释 X′中，而在另外一个解释 X″中。这就有了复杂论证的结果，因为论证由两种观点辩护的同等论证所构成：消极观点（-X）的证立和积极观点（+X）的证立。

（B）观点 1　　在这个具体案件中，规则 X 不应该在严格的文义解释 X′中被适用（-X′）

因为 1.1a　　在这个具体案件中，严格的文义解释 X′中 X 的适用会导致 Y′

1.1b　　从法律的观点来看，Y′是不可接受的

观点 2　　在这个具体案件中，在广泛的解释中，规则 X 应该被适用（+X″）

---

[27] E. T. Feteris, The role of arguments from consequences in legal argumentation, In H. V. Hansen and C. Tindale, *Argumentation and its Applications. Proceedings of the OSSA Conference on Argumentation*, Windsor May 17 ~19 2001, (CD-rom), 2002.

2.1a　在这个具体案件中，解释 X″中 X 的适用会导致 Y″

2.1b　从法律的观点来看，Y″是可接受的

(2.1a－2.1b)

如果从法律的角度来看，Y″是可接受的，并且在具体案件中，X″的适用会导致 Y″，那么 X″就应该在具体案件中被适用。

在这一论证之后是这样一个一般论证（1.1a－1.1b－2.1a－2.1b′）：

从法律的角度来看，如果 Y′ 是不可接受的，并且在这种具体案件中 X 的适用（在 X′的文义解释中）会导致 Y′，那么 X 就不应该被适用（在 X′的文义解释中），以及，如果 X 的 X″解释会导致 Y″，且从法律的角度来看 Y″ 是可接受的，那么 X″解释就是法官如何权衡两种对立解释结果的首选。

笔者使用通用的术语“不可接受的”来指代后果是不可接受的、不可取的、荒谬的等。

次要论证层次

在法律文献中，很明显重点在于规范论证 1.1.b/2.1b（即在具体个案中的特定适用结果是（不）可接受的）的法律视角的证立。正如我们在前一节中所看到的，文义解释中适用结果的不可接受性之论证和被建议的解释之可接受性的论证一定会被某些法律假设所证立。从语用—辩证的角度来看，需要回答的问题是结果的（不）可接受性和这些法律假设之间争论的关系是怎样被重构的。

法律学者之间的总体思路是要求从法律合理适用的角度来评价具体案件中适用的结果。在他们看来，根据规则意图实现的目的、目标、原则等，具体情况下的合理适用不应该屈服于不可接受的或者荒谬的结果。他们援引理性立法者的意图来作为规定法律适用一致性的功能，法官应该以这样的一种方式，即适用结果与规则的目标和目的是一致的来适用法律规则。

这些假设背后的论证能够被重构为这样的论证，因为结果与特定的目标、价值等的（不）一致使得该结果是（不）可接受的。[28]

次观点　1.1b　Y 是（不）可接受的

因为　1.1b.1a　Y 与目标 G（原则 P、价值 V 等）是（不）一致的

〔28〕 在荷兰，对于这种论证形式的例子，法官使用这种表述“是违反的”或者“与冲突”去表示结果与规则的目标等是不相容的。

1.1b.1b 目标 G 是一个由有效法律秩序规定的客观上的理性目标〔29〕

(1.1b.1a–b′)

如果目标 G 是一个有效法律秩序规定的客观上的理性目标，以及，如果 Y 与这个 G 目标是（不）一致的，那么，从法律的角度来看，Y 就是（不）可接受的。

法律合理适用的原理是理性立法者不会有意适用会导致不可接受的、与目标 D 等不相符的结果 Y 之规则 X。因此，法律的合理适用需要法官在与理性立法者应该有的目标等是相一致的解释中适用规则。

从语用—辩证的角度来看，通过次要论证来证立的论证图式是一个基于**征状**（symptomatic）关系的论证图式，鉴于某些特征，它决定了在这种关系中某些事情是属于某一类，值得一定的谓词等。在这种情况中，它是有争议的，即如果一个法律裁决的结构有与某些法律目标等（不）一致的特征，那么这个裁决就是（不）可接受的。〔30〕〔31〕

在这个次要层次上，如果法官引用立法者的目标和意图，从法律的角度来看，征状的论证能够被视为客观—目的论论证的特殊形式。有人认为，拒绝适用/解释是与特定的客观规定的法律目标不相符的。如果法官还提出了其他解释，他会认为与这种客观规定的目标相符的解释是首选。

在下面的部分，通过举例论证的方式，我将从不可接受结果之论证来讨论这些形式的例子，以及我将展示它们是怎样能够从语用—辩证的视角被重构的。

---

〔29〕 在当前的形式中，这种论证形式背后的证立是无效的。为了使论证是完整的和逻辑有效的，一定的转换和增添是需要的。

〔30〕 参见 P. J. Schellens, *Redelijke argumenten.* Dordrecht: Foris, 1985, pp. 127～140，他描述了两种能够证立规则的方式（除立基于权威的证立和立基于相似案件的证立外）。第一种证立方式要根据与其他规则保持一致性（他称之为内部证立）：

R1 是与 R2 保持一致的/由 R2 推导出来的

R2 是可接受的

因此，R1 是可接受的

第二种证立方式要根据适用结果：

R 的适用会导致 A 等

A 等是可欲的

因此，R 是可接受的

〔31〕 舍伦斯（P. J. Schellens）把这种形式的论证描述成基于评价规则的论证：考虑到特定的特征，特定的评价应该被适用。评价谓词的特征及其适用之间的关系可以是必要条件、充分条件、充要条件三者的一种。P. J. Schellens, *Redelijke argumenten* (n. 25), p. 130 ff.

（二）诉诸法律合理适用导致不可接受结果之论证例子的示例分析

在本部分，我会证立上述语用—辩证的视角是怎样能够使我们去重构这样的具体案件中法律决定之证立所依赖的论证的，即法官基于文义解释之不可接受的结果并且通过诉诸法律的合理适用，从而不去适用法律规则。

第一，在第1小节中，我将讨论在前面部分作为（A）背景形式特征的两个例子，即当法官决定不去适用依据严格文义解释的法律规则，这里的观点是："X规则不应该被适用"（-X）。第二，在第2小节中，我将讨论（B）背景中的两个例子，即当法官决定不去适用依据严格文义解释的法律规则（-X′），而是适用其他广泛的（目的论的）解释（+X″）中的法律规则。

1. 不根据严格文义解释适用规则X的裁决

在第一个案件中，最高法院决定不去适用一个规则，而依照上诉法院法官的意见，根据文义解释这一规则之于具体案件是可适用的。这个案件是关于这样一个问题的：一个妻子能否被剥夺就使其不能工作的身体伤害获得赔偿的权利，如果身体伤害是由于她丈夫的过错所导致事故发生所产生的。那么1921年事故第95款的规则，即强制司机对由于其过错所引起的损失赔偿的规定是否适用于夫妻之间。最高法院规定的规则认为，丈夫对损失负责并不能得出妻子的赔偿被否定的不利结论，因为它会导致不可接受的结果，即妻子会被剥夺其获得赔偿的权利，而这又是与规则的目标不相符的。根据最高法院，从规则的目标角度和如果立法者已经考虑到这些案件显然不可能想有不可接受的结果来看，如果适用规则有不可接受的结果，法律的合理适用就意味着规则不应该被适用。

在这个案件中，Millenaar太太在一个由她丈夫引起的事故中受到了伤害。[32]这些损伤的后果是她已经不能工作。她前老板的保险公司支付了她必需的医疗救治费用。随后，保险公司起诉了她的丈夫，声称由于他的过错导致了事故，所以他应该偿还这些费用。为了支撑他们的观点，保险公司提到了1921年荷兰工业事故法案（Ongevallenwet）第95条，声称司机应该为由于其过错导致的损伤负责。因此，保险公司认为Millenaar先生应该赔偿他妻子的损伤，而这就意味着他应该偿还保险公司支付给Millenaar太太的费用。

最后，最高法院决定不在本案中适用第95条，因为条款的适用会导致不可

〔32〕 荷兰最高法院1973年2月2日，NJ 1973，225（Hoge Raad February 2，1973，NJ 1973，225）。

接受的结果，即由于她的丈夫是引起事故的人，所以 Millenaar 太太不会得到赔偿。最高法院给出了以下证立：

这个事件的程序与人身意外伤害险的目的是不相符的，因为她与由于过错所引起的事故之人有共同的财产，而这**将会导致被保险人被剥夺她有权依据** 1921 年工业事故法案（婚姻和过错是相关的）所享有的赔偿，因此，**该法案第 95 款的合理解释意味着本条款不应该在具体案件中适用**。

一个语用—辩证的重构如下：

观点　–X　在这个具体案件中，工业事故法案第 95 款不应该被适用

因为　1.1a　Millenaar 太太与由于过错所引起的事故之人有唯一范围的共同财产，适用会导致她会被剥夺她基于工业事故法案获得赔偿的权利（X 的适用会导致 Y）

1.1b　Millenaar 太太会被剥夺她基于工业事故法案获得赔偿的权利是不可接受的，唯一的证立是她与由于过错引起事故之人有着共同的财产（Y 是不可接受的）

因为　1.1b.1　这是与工业事故法案的目的不相符的（Y 与 G 目标是不相符的）

2. 不根据严格文义解释适用规则 X，而是根据其他广泛的目的论解释 X″（B 背景中）适用规则 X 的裁决

在接下来的两个案件中，最高法院没有只是拒绝文义解释，而是提议一个可供选择的解释。因为最高法院捍卫两种观点，因此，论证的结构就比前一个案件更加复杂。

这两个案件是关于未被父亲承认之子女的合法性问题。在第一个案件中，父亲在知道母亲怀孕之前就去世了，在第二个案件中，父亲在孩子出生之前陷入了昏迷。在这些案件中，核心问题是荷兰民法典第 1 编第 215 条第 2 款的规则是否也适用于这些情形：

1. 如果计划结婚的父母承认孩子之后，由于一方的死亡而使得结婚变得不可能，就可以请求国王使之合法化。这个请求可以由在世的父母一方提出，如果父母都去世了，可以由孩子提出。

2. 如果这个已经知道孩子母亲怀孕并且有与其结婚意图的男人在孩子出生并且承认孩子之前去世了，那么这个合法化的请求也可以被提出。

这条规则不适用于文义解释中。第一个案件中它是不适用的，因为它要求知道怀孕作为合法化的一个条件。第二个案件中它也是不适用的，因为它要求孩子在父亲去世之前出生。然而，在两个案件中，按照规则的目标，最高法院认为这样的文义解释会导致不可接受的结果。在他看来，法律的合理适用意味着规则不适用于（将导致合法化要求被拒绝）的文义解释，而应该广泛适用于这些具体（将导致合法化要求被准许）的案件中。

在第一个案件中，（荷兰最高法院1973年2月2日，NJ 1973，225）最高院规定：

像在目前这样的案件中，这个要求的严格适用会导致不可接受的、显然是立法者并不想要的结果：这个孩子被拒绝成为一个合法的孩子，仅仅是因为他的父亲在母亲怀孕后不久就去世了，以至于父亲还不知道孩子的母亲已经怀孕。由于父亲的死亡使得预期的婚姻无法实现，从而使得孩子合法化还没有得到承认之规则的目的不是强制接受这样的结果。因此，**法律的合理适用**意味着这样的事实是充分的，即从母亲听到父亲想成为其孩子的生父和母亲一知道她可能怀孕就通知了父亲。从上面看来，第215条第2款的条件是满足的，且没有授予请求的阻碍，这就意味着根据最高法院，这个请求是能被授予的。

在第二个案件中，（荷兰最高法院1996年11月21日，NJ1997，422）最高法院规定：

然而，它会导致不可接受的、立法者显然不想要的、这些情况会妨碍实施合法化要求的结果。因此，这个孩子会仅仅因为他的父亲不可能与出生几天的孩子有任何接触，且在孩子出生几天后去世，而被认为是一个非法的孩子。1：215，2款[33]的目的是在由于父亲去世使得预期婚姻无法实现的案件中，使还没有得到承认的孩子合法化成为可能。保持这个目的，以同样的方式去对待像父亲在孩子出生之前就去世了的案件。从上面看来，合法化的条件是满足的，并且没有授予请求的阻碍，因此，根据最高法院，这个请求是能被授予的。

从语用—辩证的角度来看，在这些案件中的论证能够被如下列举重构，适用B模型：

观点：　1　在这个具体的案件中，荷兰民法典第1编第215条第2款的规则不应该根据严格文义解释X′而被适用（暗示着在男人知

〔33〕 编者注，1：215，2款指荷兰民法典第1编第215条第2款。下同。

道孩子的母亲怀孕之前去世/男人在孩子出生之前陷入昏迷中的情况下，规则是不可适用的）（-X′）

因为：　1.1a　在文义解释（X′）中，严格地适用会导致不可接受的、显然是立法者不想要的结果（Y′），这个孩子会被拒绝成为合法的孩子，仅仅因为他的父亲在其母亲怀孕后不久就去世了/这个父亲在孩子出生之前就陷入了昏迷，以至于父亲还不知道孩子的母亲已经怀孕

1.1b　仅仅因为孩子的父亲在母亲怀孕后不久就去世了/这个父亲在孩子出生之前就陷入了昏迷，以至于父亲还不知道孩子的母亲已经怀孕，而拒绝这个孩子成为合法的孩子是不可接受的（从法律角度来看，Y′是不可接受的）

1.1b.1　规则的目标（使在由于父亲的死亡而使得结婚变得不可能的案件中，还没有被承认的孩子合法化变得可能）不强制接受这样的结果（Y′与G是不相符的）

观点：　2　在这个具体的案件中，荷兰民法典第1：215，2规则应该在一个广泛的解释（+X″）中被适用（暗示着这个规则在男人知道怀孕之前去世/在孩子出生之前男人陷入昏迷中也是可适用的）

在第一个案件中，支持2的以下论证被提出：

2.1a　在这个男人想要成为这个女人孩子的生父，且在他知道孩子母亲怀孕之前去世的情况中，基于规则的目的属于规则的适用范围（Y是与G相符的）

（三）不可接受结果之论证的语用—辩证分析

在所有三个案件中（关涉到法律的合理适用），我们看到最高法院通过诉诸被拒绝的解释之适用结果的不可接受性以及被选择的解释之结果的可接受性去证立其裁决，从而不去适用规则。通过说明这些结果与规则的目标是不相符的来捍卫结果的不可接受性。

这些重构表明，法律合理适用的论证能够被作为论证的复杂形式进行重构，而此时论证的复杂形式是由基于不可接受的结果之语用论证在主要层次上的适用和次要层次上的规则目标或者目的与结果不相符之征状的论证组成的。在所有三

个案件中，从法律合理适用的角度来看，一个会导致不可接受的结果之裁决不应该被作出，因为它们与这个案件相关的规则目标是不相符的。

这些重构也表明，主要层次上论证的复杂性是与争论中观点的数量相连接的。在作为（B）背景例子的第二个和第三个案件中，法院拒绝了严格文义解释（X′），选择了一个广泛的客观—目的论解释（X″）。主要层次上的论证反映了怎样根据规则目标的相容性以及这些目标背后的原则、价值的一致性来权衡相互抵触的两种解释的。

诉诸法律合理适用的不可接受结果之论证分析的语用—辩证路径表明，这种论证形式是怎样以一个理性的、作为论证复杂形式的具体贯彻方式被重构的，这种论证的复杂形式试图表明，从具体案件的公正角度来看，具体案件中的裁决是可接受的，这种论证形式考虑了具体案件中的适用结果，并且从法律体系等角度来看这个裁决是可接受的，这种论证与作为整体的法律体系、与其他相关的规则、原则、目标和价值是相一致的。

在接下来的部分，我会解释语用—辩证的观点是怎样使我们指出如何论证，从而重构可提出的理性批判。

四、不可接受结果之论证的评价

从语用—辩证的角度来看，对于各种论证图式在不可接受结果之论证的复杂结构下的评价，各种类型的批判性问题是与此相关的。在各种论证形式的评价中，重构论证图式的原理是能够确立与何种批判性问题是相关的。

第一种类型的批判性问题想要知道，这种类型的论证在此种背景下是否是捍卫这种类型观点的适当方式。第二种类型的批判性问题想要知道，这种论证在具体案件中是否被正确适用。在第（二）节中，笔者会面对第一种类型的问题，在第（三）节中，笔者会直面第二种类型的问题。

（一）不可接受结果之论证是一种捍卫法律裁决的适当方式吗？

在法律合理适用的背景下，不可接受的结果之复杂论证结构的语用—辩证重构表明，这种足以作为裁决完整证立的论证形式应包括两个层次。在主要层次上，法官应该解释结果是不可接受的。而为了证立结果是不可接受的，其必须证立在次要层次上为什么它们在法律适用的背景下是不可接受的。一个完整的证立包括负面结果论证背后的语用论证和由客观—目的论论证组成的征状论证。

一个完整证立的要求是根据我在第二部分描述的法律理论中来发展观点的。正如我已经在其他地方描述过一样，[34] 根据法律学者如贝尔（J. Bell）、戈特利布（G. Gottlie）、麦考密克与萨默斯等人的观点，[35] 一个完整的法律裁决之解释的证立应该包括法律裁决效果背后的论证和将裁决与法律体系相关联的论证。在理想的情形中，一个完整的证立包括具体案件中和未来相似案件中规则适用结果深层次的结果论证，一致性的论证表明裁决是与法律体系的原则、目标、价值等相一致的。

评价中第一个要回答的问题是，诉诸不可接受的结果之语用论证和从法律合理适用的角度来看，诉诸与这些规则目标的结果不相容的征状的——客观的——目的论的论证之复杂论证是否是一个捍卫法律裁决适当的方式。正如我已经在其他地方解释过的一样，语用论证和客观—目的论论证能够形成一个捍卫法律裁决的适当方式。[36]

从解释方法层次中现代方法的角度来看，如果法官证立为什么诉诸立法者明确意图的文义解释和体系解释不会导致可接受的结果，那么这些属于客观的—目的论类型/评价类型的论证就能够形成一个可接受的证立。法官能够不适用（在文义解释中）立法者（重构的）客观理性意图的规则证立其裁决，而是通过解释优先的解决方法是如果理性立法者考虑到目前的案件则应该有的作为优先解释的规则。

以这个层次为基础，与尊重语用的和客观的—目的论的论证相关的问题是：

1a 法官是否解释为什么语言的和体系的解释不能给规则 R 提供一个可接受的解释？

[34] E. T. Feteris, The role of arguments from consequences in practical argumentation in a legal context, In H. V. Hansen and C. Tindale, *Argumentation and its Applications. Proceedings of the OSSA Conference on Argumentation, Windsor May* 17 ~ 19 2001, (CD - rom), 2002. （原文引注为 2003 年，但似应为 2002 年。——译注）

[35] J. Bell, *Policy arguments in judicial decisions*, Oxford: Clarendon Press, 1983; G. Gottlieb, *The logic of choice. An investigation of the concepts of rule and rationality*, London: Allen and Unwin, 1968; D. N. MacCormick, *Legal reasoning and legal theory* (n. 20); R. S. Summers, Two types of substantive reasons. The core of a theory of Common - Law justification, *Cornell Law Review* 63, 1978, pp. 707 ~ 788.

[36] E. T. Feteris, The role of arguments from consequences in legal argumentation (n. 23); E. T. Feteris, The role of arguments from consequences in practical argumentation in a legal context (n. 29); E. T. Feteris, A pragma - dialectical approach of the analysis and evaluation of pragmatic argumentation in a legal context, *Argumentation*, Vol. 16, No. 3, 2002, pp. 349 ~ 367; E. T. Feteris, The rational reconstruction of pragmatic argumentation in a legal context. the analysis and evaluation of teleological argumentation. In F. H. van Eemeren, J. A. Blair, C. W. Willard (eds.), *Proceedings of the fifth ISSA conference on argumentation*, 2003.

1b　法官是否解释从推荐的解释结果的角度和从法律体系的目标、原则、价值的角度来看，为什么推荐的解释在具体案件中是令人满意的？

（二）负面结果的论证已经在具体案件中被正确地适用了？

从语用—辩证的角度来看，论证图式的不同形式之不同批判性问题是与在具体案件中尊重正确的适用是相关的。在菲特丽丝早期的出版物中，笔者描述过批判性问题与语用论证的论证计划和征状的客观的—目的论论证的论证图式是相关的。[37]

语用论证的批判性问题

正如我已经在其他作品中解释过的那样，在法律规则适用和解释的背景中，语用论证也是一种在法律中使用的、普遍的、语用的论证形式。[38]

之于规范性论证：

2　按照相关的法律原则、社会目标和价值，Y 真的是（不）可接受的吗？

之于经验性论证：

3　X′真的会导致 Y 吗？

客观——目的论论证的批判性问题

正如我已经解释过的一样，客观——目的论论证是语用论证普遍形式的一种特殊的法律贯彻。[39] 在法律规则解释背景下，我已经构想出了以下的问题：

2a　目标 G 真的是一个被有效法律秩序描述的理性客观的目标吗？目标 G 是建立在法律秩序背后的一般法律原则和/或价值基础之上的吗？

2b　达到目标 G 与其他目标 G′、G″等是不一致的吗？

3a　Y 真的与目标 G 不相符吗？

4a　解释 R′没有任何不良的负面影响吗？

4b　R′与相关的法律价值和原则是一致的吗？

---

〔37〕 从语用——辩证的视角来看，我们可以区分两种形式的客观——目的论证：一种是在菲特丽丝 2003 年描述过的基于语用论证的形式；一种是在这里描述的基于症状论证的形式。在两种情况中，对于规范论证 1. 1b. 1b，同样的批判性问题是相关的。E. T. Feteris, The rational reconstruction of pragmatic argumentation in a legal context. the analysis and evaluation of teleological argumentation（n. 31）.

〔38〕 E. T. Feteris, The role of arguments from consequences in practical argumentation in a legal context（n. 29）.

〔39〕 E. T. Feteris, The rational reconstruction of pragmatic argumentation in a legal context. the analysis and evaluation of teleological argumentation（n. 31）.

因此，从法律合理适用的角度来看，在语用——辩证的观点和法律——理论的观点整合的基础上表述的这些批判性问题，明确说明了哪种形式的批判与不可接受结果之论证的评价是相关的。如果这些批判性问题能够被满意地回答，那么这一论证就构成了法律裁决的充分证立。

五、结论

在本文中，我已经分析了诉诸合理性的不可接受结果之论证在司法意见的证立中所扮演的角色。从语用——辩证论证理论和法律理论的整合观点，我已经澄清了这种论证形式的复杂论证结构和这种复杂论证背后的论证图式，我也已经解释了在这一评价中哪种理性的批判形式是相关的。

通过澄清这种复合论证形式的结构和内容，我已经确立了这种论证类型的完整版本，根据现代法理论诸多学者的观点，它是这样一种论证的特殊贯彻，这种论证是法律规则解释的妥当证立之标准。就我在这里讨论的论证来说，这一论证由普遍的实践论证（语用论证）和客观的——目的论的论证（征状论证）组成。

这一论证的语用——辩证重构澄清了，在主要论证中，引起可评价的、道德的论证要素的论证是诉诸结果的不可接受性的论证。从法律观点来看，为了使这种可评价的要素和法律相关联，第二个层次上的次要论证作为一种证立，表明从法律视角为什么这一结果是不可接受的。使用这种论证，法官诉诸法律体系背后的那些（重构的）客观的、理性立法者通过制定这种规则应该实现和获得的目标和价值。鉴于这些目标和价值，适用会导致与这些目标和价值不相符的结果的规则与理性立法者的意图是相违背的。因此，诉诸合理性暗示着法官试图表明从理性立法者的角度来看，具体案件的结果是不可接受的。在具体案件中，规则合理适用的提议暗示着一种解决方式是被建议的且是正当化的，这是与理性立法者的目标相符的。

这一语用——辩证重构为各方面的法律的——理论的文献提供了一种重要的补充：

第一，这一语用——辩证重构使这一点变得十分清楚，即各种形式的论证（诸如荒谬性论证，等等）以及法律的合理适用，在法律理论中他们被当作完全不同的论证形式，应当被当作是同一论证类型的不同变体，即语用论证的消极形式，引起负面评价结果的论证。

第二，我已经表明了，语用——辩证方法通过考虑不同观点的区别，使得给出一个这种论证形式的复杂结构之系统重构成为可能。法律理论学者，比如阿列克西，仅仅描述了主要层次的归谬法（*reductio ad absurdum*）的结构和要素，而不去考察次要层次上不可接受的结果的证立。甚至，他们并不总是将各种可供选择的解释之间的权衡的可能性纳入考量。[40]

第三，我已经确定了主要层次和次要层次上的论证背后的论证图式是不同形式的论证。他们能够被作为主要层次上的语用——结果主义论证，次要层次上的征状的——客观的——目的论的论证，以及与最低层次上的法律原则和目标保持一致的论证予以重构。大多数法律理论学者仅仅说荒谬性论证能够作为一种目的论的论证形式被重构，但是他们不明确说明这种论证的内容和结构。

我已经解释过了，如果某些条件被满足，合理性论证可以是一种证立司法意见的可接受的方式。我也已经解释过了，从法律的角度来看，“合理性”并不必然是不能讨论的主观标准。通过诉诸拒绝结果的不可接受性和法官能明确地考虑法律想要的和不想要的解决方式的平衡之优先解决方式的可接受性。通过这样做，他就有了去指出立法者想要的客观目标和构成这些目标的原则和价值的义务。通过明确地指出这些法律考虑，他展开其对于理性批判和主体间测试的论证。

为了能够更好地理解这种论证形式的法律背景，更进一步的法律研究、理论的论证和哲学的定义以及使用这些概念“理性的”、“合理的”、“一致的”、“不相容”都是需要的。甚至，为了得到这种在法律实践中被使用的论证形式的系统洞察，为了应该被贯彻的不可接受结果之论证的分析和评价，这里发展的语用——辩证观点应该得到进一步重构。

---

〔40〕 正如已经被诸多法律学者如贝尔泰亚（S. Bertea）、麦考密克和萨默斯所讨论过一样，不是所有类型的法律论证都可以很容易地化约为传统类型的法律推理或者单一论证。我已经表示过了，使用语用——辩证的视角可以理解不同形式的法律论证在复杂论证中是怎样相关的，以及各种论证形式在不同层次上是怎样发挥作用的。S. Bertea, Legal argumentation theory and the concept of law, In J. A. Blair, F. H. van Eemeren, A. F. Snoeck Henkemans, C. W. Willard (eds.), *Anyone who has a view*, Dordrecht: Kluwer, 2003（原文误注为 1993 年出版。——译注）; N. MacCormick and R. S. Summers, *Interpreting statutes* (n. 2), p. 529.

什么是法律规范?

——一个本体论视角的追问

马　驰*

法哲学研究常常为一些看上去司空见惯，其意义和依据却晦暗不明的名词术语所困扰，“法律规范”（legal norm）便是其中之一。围绕着法律规范这一主题，可能提出许多极为重要且远未形成共识的理论问题，例如，法律是规范还是法律现实主义－斯堪的纳维亚学派所谓的“事实”?法律规范具有约束力，这种约束力如何可能发生，又如何被正当化?有效法律规范的效力来源为何?作为规范的法律在实践推理中充当何种作用?如何利用法律规范进行法律推理?法律规范是单纯的吗?是否存在区别与法律规则的法律原则?法律规范具有何种逻辑结构?多个法律规范间具有何种逻辑关系?如此等等。本文所要处理的问题不同于上述任何一个，却必然与这些问题发生间接联系。这个问题是，法律规范作为某种客观存在而作为我们言谈和思想的合法对象，那么它究竟是如何存在的，这便涉及法律规范的本体论问题。笔者认为，法律规范发生于命题和实在（reality）两个层面，前一个层面对于解释规范的存在来说是不充分的，后一个层面则构成了法律规范的本体论基础。文章将法律规范理解为某种制度性事实，从而初步确定对法律规范的实在基础。当然，这里讨论不可能完全彻底地回答这一关涉法律最基本性质的问题，毋宁是，笔者希望通过这一尝试性的研究，厘定问题的性质和可能的理论资源，同时还将对某些观点作出必要澄清，例如法律效力与实效的关联，规范与事实的二分等问题。

---

* 马驰，男，天津商业大学法学院讲师，法学博士，主要研究方向为西方法哲学。本文为国家社科基金项目——法律规范的元理论研究（13CFX007）阶段性成果之一。

一、法律规范的说明与证成

在以法律规范为主题的研究中，说明（explanation）和证成（justification）这两类性质不同的进路必须获得明确的区分。按照科尔斯戈德的看法[1]，规范的说明是从第三人称的视角对规范现象的描述，而规范的证成则从第一视角出发，为规范的要求提供论证或确认。仅仅对规范现象进行描述意义上的说明，当然不可能证成规范的要求，但同样正确的是，在没有说明规范现象如何可能情况下，证成规范的要求也是水中捞月。尽管存在上述关联性，两者间的差异性和独立性依然清晰可辨。在将法律视为规范的情况下，必然承认法律规范具有约束力（无论何种意义），于是在很多法哲学和政治哲学的研究中，对这种约束力的证成便成了问题。法律规范不是在描述世界，不是让我们相信某件事情，而是向我们的行为提出了要求或标准。证成便是要将法律规范的要求更加正当化，探究法律作为正当理由的依据。与证成相对的是某种更为“客观”的研究，这种研究并不十分关心规范本身内容的正当性，而是要对“法律规范”这一现象加以解说。此问题来源于规范在认识论意义上困惑。在一个经验世界中，我们如何可能谈论规范这件事情？在认识规范的过程中，哪些条件是我们必须设定的前提？哪些因素是构成规范的必要成分？

将法律规范的说明问题与其证成问题加以混淆，这在笔者看来是造成法哲学领域众多争议的根源。这里我们举出针对法律命令论某个著名批判，看看误解究竟是如何发生的。按照霍布斯－奥斯丁传统的命令论，法律（规范）是命令，而命令存在于此种情形中：命令主体向其对象发布的一个要求（wish），同时还在自己的要求没有被服从的情形下，可以对另外一方施加不利后果。对此，一个著名的批评意见是[2]，将法律界定为命令，这使得法律与抢匪在作案时向受害人下达的号令无法区分。然而，这种混同的要义在于法律与劫匪号令在证成的意义上无法区分呢，还是在说明的意义上无法区分？如果我们认为，法律约束力因为某种原因具有正当性，因而才构成了义务（obligation），而抢匪口中的号令则完全不具备正当性，所以被害人只能被迫（obligated）听从，则很有可能是将证成问题与证成问题混淆了。将法律定义为命令，这一方案首先是对法律规范的说明

[1] [美] 科尔斯戈德：《规范性的来源》，杨顺利译，上海译文出版社 2010 年版，第 2 页。
[2] [英] H. L. A 哈特：《法律的概念》，许家馨、李冠宜译，法律出版社 2006 年版，第 18 页。

而非证成。因此，恰当的批评是，将法律定义为命令后，将无法说明一些法律具备而命令并不具备的特定，例如法律的连续性、持续性、多样性等，而这恰好也是批评者本人的意见。对于正当性，除非我们非要将证成问题和说明问题看成同一问题，否则应当说法律命令论完全有可能容纳某种证成命令本身正当性的理论。

本文讨论法律规范的本体论问题，是对法律规范现象进行认知和描述，而不关心规范本身正当与否，显然属于说明理论而非证成理论。当然，某种极端的自然法理论可能提出，法律规范存在的前提是它本身被证成，如果没有这种证成，法律规范就不存在了，自然也就无所谓说明问题。笔者认为这一思路并没有混淆说明和证成这两种不同的方法，它至多是在主张某种特殊且悬而未决的说明理论，即在说明意义上确定法律规范的前提在于某种证成。只要说明和证成间的差异依然可辨，就有可能进行某种不涉证成的说明工作。

二、作为命题的法律规范

“法律规范是什么?”这个问题或许是因为语境的不同而大相径庭。在许多情况下，人们在语言表达或语义分析的意义上讨论法律规范，将其作为一种区别于事实描述的特殊语言表达，即法律规范是某种规范语句，而非陈述语句。其实严格来说，就法律文本而言，无论是制定法、判例法甚至自然法，它一定要由规范语句来加以呈现，无论这些语句的具体形态如何，法律规范实际上就是这些句子的意义（meaning），区别于陈述句所表达的意义。在语言哲学中，人们用命题（proposition）来表达句子的意义，因此规范就是规范句所表达的命题，称为规范命题，正如事实（fact）是陈述句所表达的事实命题。在将法律规范视为命题的情况下，可以展开许多只能在此一维度下进行的研究，例如法律规范类型或逻辑结构，法律规范法在法律推理或实践推理中的作用、法律规范的效力等。因为只有语言才有逻辑结构可言，只有语言的意义之间才可能存在逻辑关联，进而在其中进行推理（reasoning）。

对于法律规范的本来论研究来说，如果主张法律规范是一种命题，那么是不是可说在此种意义上“存在”呢？这个问题取决于我们如何来理解存在这一术语。如若只是将物质或经验意义上的事物理解为存在，那么作为命题的法律规范当然不是存在；但若将存在的外延扩大，将所有具有时间跨度的事物都视为存在，则此一维度的法律规范就可称为某种意义上的存在〔3〕。这种特殊的存在实际上在汉斯·凯尔森（Hans Kelsen）有关法律规范的效力理论中获得了体现。在双重纯粹化的口号下，纯粹法理论一方面主张法律科学不在道德伦理领域进行应当如何的实质判断，另一方面与关注经验存在及其因果关系的经验科学无甚瓜葛。〔4〕法律科学在描述性的立场下，其研究对象是包含有“应当”而非“是”的语句或命题，即“描述性（descriptive）的规则，也就是法律规范〔5〕。然而讨论某种语句或命题的存在毕竟在表述上有些怪异，于是凯尔森引入了规范的“效力”（validity）这一术语——效力就是规范的特殊存在形式，说一个规范有效就是说它的存在〔6〕。

即便如此，将规范语句视为研究对象是需要前提的。这里至少可以提出三重相互关联的质疑。首先来说，在精确的意义上，承载语句的书写或语音符号乃至肢体动作本身不是规范，这些物理存在所表达的意义才是规范，因此需要将物理存在转化意义。其次，语言是人们主观意志的表达，这种主观存在是否可能作为人们的研究对象？这种担忧在于，自然现象不会进行自我解释，不会将自己的情况用自然科学的语言报告给研究它的科学家，因此是以纯粹客观的姿态呈现在研究者面前，这种客观性保证了它作为科学研究对象的合法性。语言表达则不然，人能够对自己的行为进行自我解释（self - interpretation），主动赋予其意图和意义。于是，如何保证规范本身的“客观性”便成了问题。最后，也是最为重要的质疑是，作为一种语言现象，与法律规范类似的规范语句在很多情况中都可能出现，例如在抢匪在作案时口中的“将钱交出来，否则开枪了!”，甚至我可以为了练习我的语言能力而随便说出一个与法律规范完全一致的规范语句。这些语句难道都是法律规范，能够作为法学研究的对象吗?

上述三重质疑的核心之处其实在于，如果法律规范果真能够在语言－命题的层面存在，那么此种存在的本体论基础不可能仅仅在于出现了某种语言现象乃至与语言现象相关的书写、语音符号、肢体动作，它要求的更多。对此，凯尔森本人的思路是，某个命题维度法律规范存在的前提是另一项命题维度的法律规范。

---

〔3〕［英］麦考密克、［德］魏因贝格尔：《制度法论》，周叶谦译，中国政法大学出版社2004年版，第49页。

〔4〕［奥］凯尔森：《纯粹法理论》，张书友译，中国法制出版社2008年版，第43页。

〔5〕［奥］凯尔森：《法与国家的一般原理》，沈宗灵译，中国大百科全书出版社1996年版，第49页。

〔6〕［奥］凯尔森：《法与国家的一般原理》，沈宗灵译，中国大百科全书出版社1996年版，第32页。

他的解释方案是这样的：其一，依照一个在先的规范，书写、语音符号、肢体动作可被视为有意义的语言表达，例如在法律领域，人群聚集一处，有人发表演讲，有人起立，而其他人安坐不动，这些社会学家眼中的自然事实因为之前另一法律规范在法学家眼中别具意义：议会立法获得通过[7]。其二，针对规范的客观性问题，凯尔森区分了法律材料的主观意义与客观意义。主观意义是法律文本或立法者直接表达的意义，这种认知不必与其客观意义相一致；后者则是法律研究者按照某种客观的标准对法律的重新建构和解读，将法律材料纯化为某种“理想的语言形式”[8]。这里的客观标准当然就是另一个在先的法律规范本身，即按照在先的法律规范来解释主观意义上的法律文本，将之归结为具有客观意义的法律规范。

至于最后一项也是最为重要的质疑，则涉及凯尔森的规范效力理论。法律规范的效力就是规范存在的标准，规范有效力则存在，反之亦然。因此，如若主张命题维度上的法律规范的确存在，就是要论证该法律规范为何有效。按照凯尔森的看法，某个规范的效力只能来源于另一个规范。“一个规范的效力理由始终是一个规范，而不是一个事实。”[9]换作本文本体论的话语，这即是主张法律规范A存在的基础在于另一个法律规范B的存在，法律规范B的存在当然又以法律规范C的存在为前提，如此等等。例如，某项制定法或司法判决之所以能够算作法律规范，乃是因为在这之前存在某个涉及立法或司法的授权规范；而抢匪口中的指令乃至我因练习口语而说出的规范语句不是法律规范，其原因就在于并没有什么在先的规范对此加以规定；换作凯尔森自己的用词，即发出指令或规范语句的主体缺乏资格（competence）。

针对这一理论，世人的诟病之词主要集中在法律规范效力间的此种依存关系可能导致的无限回溯（infinite regress），进而出现有关基础规范（basic norm）的疑云。然而，这种质疑可能至多涉及纯粹法学理论本身的自洽性，并不直接涉及对于本文关心的法律规范本体论问题。在笔者看来，凯尔森主张用一项规范的存在来解释另一项规范的存在，这一方案如果针对的是一般意义的规范，则可能是正确的，即包括法律在内所有规范的存在都要以另一规范为前提，但对于法律规

[7] ［奥］凯尔森：《纯粹法理论》，张书友译，中国法制出版社2008年版，第38页。

[8] S. L. Poulsen, The Weak Reading of Authority in Hansen Kelsen's Pure Theory of Law, 19 *Law and Philosophy* (2000).

[9] ［奥］凯尔森：《法与国家的一般原理》，沈宗灵译，中国大百科全书出版社1996年版，第125页。

范这种特殊规范来说，上述条件却未必充分。想象此种情境：某个政府原本一直在十分正常的情况下统治着某个国家，其发布的指令总能够以某些在先的法律规范乃至宪法为前提，以至于我们能够按照纯粹法学而认定这些指令当然就是我们所谓的法律规范；但由于某种原因，这个政府被该国民众抛弃而不得不流亡海外，政府原来指令的内容以及指令间的依存关系没有变化，甚至多数民众对这些指令在政治－道义意义上的认可也没有变化；唯一变化的是，由于客观条件所限，该国的民众只能普遍遵守和适用新政府的指令，而对流亡政府的指令不理不睬，此时，我们还能主张流亡政府的指令是作为法律规范而存在的吗？凯尔森本人曾坦承[10]，此时由于实效（effect）的绝对缺失而不能主张法律规范的效力，这便是所谓实效性原则。实效性原则被认为违反了凯尔森对法律效力的界定，导致了纯粹法理论不能自圆其说。但在本文看来，对于法律规范的存在来说，实效性原则其实是必备的，我们的确不能在“法律规范”完全缺乏实效的情况下认定它还依旧存在，问题在于，如果拘泥于纯粹法理论所主张规范间的依存关系，实效性原则不能获得完全的证明。这表明，纯粹法理论只是作为规范的一般理论而道出了规范存在这件事的必要条件，但是对于法律规范来说，因为其具有的特殊性，它存在的条件不仅仅是另一项法律规范的存在，其基础需要在规范本身之外另行找寻，这便是实在维度的研究，实效性原则的正确性也将在这一维度获得展现。

在处理作为实在的法律规范这一主题之前，在此还需要补充的是，上述讨论只是在本文问题意识之下对凯尔森理论所作出的归纳，凯尔森完全可以争辩说，他本人从未意图建立一套关于规范的如何存在的本体论[11]：“纯粹法理论显然充分意识到不能如证明自然物质事实及其规律一般证明法律之存在，也不能提出令人信服的证明，反驳理论上的无政府主义者的态度，后者将法学家所谓之法律视为赤裸裸的强权，除此之外别无他物。”就此而论，纯粹法理论实为阐述针对法律规范的认知如何可能的认识论而非本体论，特别是，他其实为我们讨论法律规范语句间的逻辑关联提供了平台。

---

〔10〕［奥］凯尔森：《法与国家的一般原理》，沈宗灵译，中国大百科全书出版社1996年版，第125页。

〔11〕［奥］凯尔森：《纯粹法理论》，张书友译，中国法制出版社2008年版，第62页。

三、作为实在的法律规范

将法律规范视为“实在”（reality）是与命题维度相对应的说法。然而，这种说法看上去是在说法律规范是一种“事实”（fact）。法律是规范而不是“事实”，两者不得相互推导。这种说法对于法哲学研究来说似乎是老生常谈，但其意义和前提却须仔细鉴别。一般认为，事实与规范区隔的二元论命题来自于大卫·休谟（David Hume），他在一个著名的附论中写道〔12〕：“我一向注意到，作者……确定了上帝的存在，或是对人事作了一番评议；可是突然之间……我所遇到的不再是命题中通常的‘是’与‘不是’等连系词，而是没有一个命题不是由一个‘应该’或一个‘不应该’联系起来的；……同时对于这种似乎完全不可思议的事情，即这个新关系如何能由完全不同的另外一些关系推出来的，也应当举出理由加以说明。”很明显，休谟怀疑“是”与“不是”不能推论出“应该”或“不应该”，但他提到了“命题”，即作为一种语言表达，一个主张“是”的命题不能推论出主张“应该”的命题。原因非常清楚，因为推理前提中的谓词是“是”，而结论中的“应该”是前提中所没有的，所以该推理无效。就此，事实与规范二元论含义其实在于命题间的推理，它是运用逻辑规则的当然结果。推理无非是从一些句子的意义，推导出另一些句子的意义，或者说是从命题推导命题的过程，只有在命题的维度上，才有所谓推理的发生，才可能讨论命题间的逻辑关联。由此，如果将一个陈述句的意义称为“事实”，那么由它不能获得一个规范语句的意义“规范”。这恰好符合前文凯尔森对语言维度法律规范的判断：作为命题的法律规范，其效力的依据在于另一个法律规范，而此一维度的法律规范本身不是也不依赖陈述句或事实。

然而，鉴于“事实”一词的模糊性，事实与规范的二元论有时可以另作理解，尽管这并非休谟本人的看法，而这种理解将直接影响到我们对“作为实在的规范”的界定：人们有时可以将事实与规范视为两种具有不同性质的事物。在某些语境下，事实的确可以是某种事物而不是命题。比如“我看见花开了，这是一个事实。”事实在这里指的是花朵的某种确然状态，而不是某种句子的意义，甚至没有句子来表达这一现象，它仍然可能被认为是一个事实。与此同时，我们也可能说，“刑法有关醉驾的规范减少了醉驾的发生。”这听上去是在说法律规范是

---

〔12〕［英］休谟：《人性论》，关文运译，商务印书馆1997年版，第509页。

某种事物，甚至按照法律社会学的理解，它好像是在因果关系而不是命题推理的意义上改变了人们的行为。然而，花朵的某种状态在经验上是可感知的，而法律规范却未必如此——即便是法律社会学，也不会认为刑法规范仅仅是纸张上由油墨构成的特定符号，于是这就构成了某种事实和某项规范的差异。当然，这里马上可以提出的反对意见是，上述看法是将法律规范视为某种实体（entity）；在一个由经验事物构成的世界中，不存在实体意义上的法律规范。但这种意见并不能解开人们在解释法律规范现象时所遇到的疑惑，我们所看到的规范现象不仅仅是一种语言现象，所以它必须获得语言之外的说明，毋宁是，反对将法律规范视为实体这一意见本身就构成了某种在实在维度对法律规范现象的解说。

其实，这里涉及的问题依然在于，如何在规范的命题维度之外理解其存在的样态或基础。对此，我们有两个来自伦理学的经典答案，首先是客观实在论的观点，即认为对于规范现象来说，的确存在着某种与事实在性质上迥异的特殊实体，这种实体可能表现为柏拉图的理念、上帝或其属性、甚至就是所谓的客观价值，或者其他任何“完全不同于宇宙中其他任何东西的”古怪实体〔13〕。相反的看法是自然主义，即认为规范现象是我们所熟知的经验事实的幻象以至于必然能够通过这些经验事实加以解释，或者说可以被分解为某种自然现象或自然事实，这些自然事实构成了规范的本体论基础。主张规范命题和事实命题二分的休谟恰好是一位主张在实在维度上将规范现象还原为自然事实的自然主义者，他认为道德现象不能完全由作为理性对象的外部世界来说明，当然更不能指望任何超自然的特殊实体，而是必须借助情感、意志之类的人类心灵活动来呈现。就在上述引文的同一页，休谟指出〔14〕，承载道德判断的只是人的情感或动机，但也“是一个事实，不过这个事实是感情的对象，不是理性的对象。它就在你的心中，而不在对象之内。”当然，休谟强调说人的情感或意志是一种事实，无非表明，不能将这些心理活动理解为一种纯主观的现象，以至于研究者完全无法对它的内容进行客观化的判定，毋宁是，这种心灵活动仍然是可描述的，是客观化的主观现象。“我在思念我的家乡”，虽然这是我思想的主观活动，但对于观察者来说，这种思念仍然可能作为经验现象，尽管这种经验现象的验证手段或许较其他经验现象来说要特殊得多。也正是在这个意义上，心理活动也配得上“事实”这一称谓，可以将之称为“内部事实”，以区别于作为心灵经验对象的外部事实。

---

〔13〕［澳］麦凯：《伦理学：发明对与错》，丁三东译，上海译文出版社2007年版，第27页。
〔14〕［英］休谟：《人性论》，关文运译，商务印书馆1997年版，第509页。

客观实在论和自然主义的争论虽然常常只是出现在伦理学的讨论中，但它们在法哲学中可以找到几乎完美的对应，这便是自然法理论和法律实证主义。经典的自然法理论主张存在某种超越特定国家秩序的普遍性规则，产生普遍性的缘由显然不可能是任何繁杂而多样的经验现象，特别不能是凡人反复无常的主观意志，而只能在于某些“原本如此”的客观原则。依据不同的方法，自然法学家们获得这些根本原则具有不同性质的形而上学属性，从而形成了形形色色的自然法理论。例如，以亚里士多德－阿奎那的传统就认为〔15〕，人类活动所必须遵守的秩序（无论是道德的还是法律的）是理性认识的对象，通过对事物本质认识，理性能够认识此类有关事物本性的知识。在这个意义上，秩序作为认识的对象，外在于人类的主观意志，它是既定的、被给与的，独立于人的思考，甚至是整个宇宙秩序在人类活动中的体现和投射。

如果上述总结是对自然法理论的正确认识，那么这种名为“自然”的理论所不能同意的恰是法律领域中的自然主义，也即法律实证主义。早期的法律实证主义秉承休谟式的自然主义，认定法律规范存在的关键是作为人类心理现象的意志，而与某些形而上学式的“客观”存在毫无瓜葛。约翰·奥斯丁（John Austin）直言不讳地指明法律乃是主权者的命令〔16〕。命令是这样一种东西，一个人向另一个人发布的要求（wish），要求应该做什么或不得做什么。无非是，作为法律的命令来自于主权者而非上帝抑或其他任何普通公民，同时伴随着制裁作为其实施的后盾。

对于法律规范的实在维度来说，早期实证主义无疑找到了一项极为重要的构成因素，这便是人的意志。然而，法律规范的存在难道只是因为某项意志的作用而已吗？这里，一个与凯尔森理论类似的问题又产生了：在命题维度，如若没有其他条件，规范语句本身并不能充分地构成法律规范，而在实在维度，难道任意一种意志乃至其表达都足以成就法律规范吗？显然也不能。也正是在这个意义上，奥斯丁开始为作为命令的法律规范寻找除意志之外的外部条件，这便是主权者观念所传达的内容。在奥斯丁看来〔17〕，主权者作为特定社会中的群体或个人，包含两个基本特征：其一是主权者处于一种优势的地位，他（们）处在一个获得其他群体习惯服从的位置；其二是主权者自身并不习惯于服从于其他群体。

〔15〕［德］罗门：《自然法的观念史与哲学》，姚中秋译，上海三联书店2007年版，第54页。

〔16〕［英］约翰·奥斯丁：《法理学的范围》，刘星译，中国法制出版社2002年版，第23页。

〔17〕［英］约翰·奥斯丁：《法理学的范围》，刘星译，中国法制出版社2002年版，第217页。

存在主权者的社会被称为独立的政治社会，这是一种特定的社会结构。于是，对于法律规范的存在来说，奥斯丁式的法律命令论其实包含了两个条件：其一是作为内部事实的意志；其二是作为外部事实的特定社会结构。当然，非常明显的是，奥斯丁这里所要求的外部事实，即法律获得普遍的遵守而不是违反，与凯尔森的实效性原则也是一致的。

用内部事实和外部事实叠加的方式解释法律规范的存在，这几乎是在自然主义式的法律实证主义中所通行的策略。然而，如何利用这两类因素具体地说明法律规范的存在，则是一个更为复杂的问题。就此，哈特（H. L. A Hart）的社会规则理论认定奥斯丁的解释方案过于简单甚至粗糙，难以对法律规范现象进行妥当的说明。社会规则区别于“习惯”这样纯事实描述的术语，尽管从表面上看，习惯和社会规则都表现为人们大致统一的、具有规律性的行为。两者的区别在于：首先，人们对于习惯的偏移不会导致任何形式的批判，而对社会规则的违反将招致人们不同形式的批判和压力。其次，在社会规则存在之处，不但在实际上有这样的批判，并且对于标准的偏离，普遍地被认为是受到批判的理由。最后，社会规则具有内在面向，这意味着，当一种事态可以被称为是社会规则时，总会有人将该规则所要求的行为视为整个群体所必须遵守的普遍准则。实际上，由于第三种特征不过是第二种特征的引申〔18〕，所以社会规则的存在可以被归为两个方面：其一，存在一种较为普遍的与社会规则相一致的社会实践；其二，人们对于认为一个群体的成员必须遵守的规则来说，对规则的违反是应该受到批判的。前者可以被称为社会规则的外在面向，后者是社会规则的内在面向。为了方便起见，人们将社会规则的前一个特征称之为聚合行为（convergent behavior），将后一个特征称为批评反思态度（critical reflective attitude）。

在经过一些必要的调整和明确之后〔19〕，哈特用社会规则理论对法律的存在进行了具体的解说。法律由第一性的义务规则和第二性的授权规则构成，其中作为第二性规则的承认规则是关键，该规则为人们界别什么是法律提供标准。承认规则是社会规则，法官群体一方面会在审理案件时基本遵守某个决定何种规则为法律的承认规则，即存在遵守承认规则的聚合行为；另一方面，对于个别法官来说，他之所以感受到了承认规则对自己的约束力，乃是因为法官群体对该规则持所谓批判反思态度，违反承认规则的行为将被据此认为应当受到评判，即法官有

〔18〕［英］H. L. A 哈特：《法律的概念》，许家磬、李冠宜译，法律出版社 2006 年版，第 54 页。
〔19〕［英］H. L. A 哈特：《法律的概念》，许家磬、李冠宜译，法律出版社 2006 年版，第 218 页。

遵守承认规则的义务。从法律的整体来看，由于承认规则决定何为法律，既然承认规则决定了哪些规则是法律，那么如果法官果真是依照承认规则来识别法律的，承认规则所识别的规则自然就是这个社会的法律。

就实在维度的法律规范而言，社会规则理论没有将对法律规范的理解局限于命题，指明了作为法律规范体系基础的承认规则必须伴随着某些社会实践乃至人们特定的看法，这实际上并未突破奥斯丁以来内部事实与外部事实这两类基本构成因素：作为外部事实，法律的存在仍然要求大致的遵守；作为内部事实，早期法律实证主义所笼统强调的意志被细化为批评反思态度。然而，该理论的模糊之处在于，虽然哈特不断强调社会规则的两个面向，但当这两个面向出现时，为何我们就能判断此时存在某种有约束力的社会规则而不是别的什么东西呢？更何况，在只有承认规则是社会规则的情况下，实际上满足内部事实叠加外部事实这一条件不是所有的法律规范，那么对承认规则性质的解说在何种意义上能够被传导至整个法律规范体系，乃至构成完整的规范本体论呢？这些都是社会规则理论自身所难以应对的。对此，需要从一般哲学的角度，将社会规则理论的内部机理更为系统和深入地揭示出来，这正是本文在剩下的篇幅中试图处理的问题。

四、作为制度性事实的法律规范

将法律规范理解为必须借助内部事实和外部事实两类构成因素，即人们的特定看法和实践能够被说明的社会实在，这对于探索其本体论基础来说当然是恰当的，却依然较为宽泛，更为准确的说法应当是，法律规范是一种制度性事实（institutional fact）。作为一种特殊的社会实在，制度性事实由特定的条件构成，它虽然需要以某些原始事实（brute fact）作为支撑，却不能仅仅以这些原始事实的任何外部特征来加以说明。以货币为例，这种制度性事实是作为一般等价物的价值载体而存在的，然而这种性质却与支持它的外部特征之间难以有对应关系——我们从纸张、图形、色彩、油墨等物理属性中难以寻觅类似“一般等价物”，“价值衡量”等任何货币所具有的常见特征。因此，这些外部属性在解释货币这种实在时是苍白无力的。当然，借助与社会规则理论类似的思路，能够马上想到的是，货币这种实在依赖人们的看法和特定的行为，即某个社会的民众普遍将某些类似的纸片当作货币，同时伴随着与这种接受相一致的特定实践，例如人们在行动上用它进行交易。然而，约翰·塞尔（John Searl）对此提出了一个更为精致的答案，在他看来，至少可以从三个方面来解释制度性事实的存在，即集体意向性，功能归属和构成性规则[20]。

集体意向性（collective intentionality）。塞尔将意向性视为意识最为重要的性质，正是意向性指向意识之外，将人的意识与外部世界联系起来。意向性常见的形式有愿望、意图、相信等。个人的意向性是有关意向性研究的标本，如“我相信”、“我愿意”、“我希望”等。在个人意向性之外，还存在着不能还原为个人意向的、独立的集体意向性。在很多情况下，尤其当“我做的事情是我们所做的事情的一部分时”，往往发生集体意向性。例如，在一个合唱团中，我的意向性并不是“我希望唱歌”并且我的伙伴碰巧也有类似的意向性，于是在特定的时空中我们碰巧共同完成了合唱这项活动。实际上，合唱者必须认识到“我们正在唱歌”，我唱歌这一活动仅仅是此种集体意向性的反应，只有这样，我才可能担当我在合唱活动中的角色。也正是在这个意义上，我合唱而不是碰巧与他人一起唱歌。因此，在集体意向性的意义上，当我们说包括制度性事实在内的社会事实之存在有赖于人们的看法时，则此种看法一定是某种集体意向性，而非个人意向的总和。一张纸片之所以是货币，其必要条件不在于使用该货币的社会成员各自独立地将其视为货币，而是“我们认为此种纸片是货币”。

功能归属（assignment of function）。功能是社会学研究中的常见术语，然而塞尔却提出了自己的独特理解。在他看来，对象所具有的功能总是与观察者关联的，或者说，功能依赖人们对对象的某种定位与认知，正是在这个意义上，包括制度性事实在内的各种社会实在的存在区别于原始事实。就原始事实而言，并无所谓功能的有无。只有当性质或相关的因果关系为人之意向性所关联时，方可产生功能。镇纸石的功能是镇压书籍纸张，此种功能并非那块充当镇纸石的石头所固有，仅仅因人们将其当作镇纸石时，这块石头才作为镇纸石而存在，一旦人们将这块石头挪作他用，它便不再是镇纸石了。离开人类的此种意向性，难以想象自然界能够存在镇纸石这种东西。就此而论，镇纸石的功能是镇压纸张，这种功能实际上是人们的意向性所赋予的，这便是功能归属。

构成性规则（constitutive rule）。塞尔将规则按照相对于某种活动时间上的先后，划分为调整性规则和构成性规则，这种做法受到了诸多攻击，其中所涉要点此处不再转述。然而，构成性规则之于建构制度性事实的重大意义，却需在此着重强调。在塞尔看来，制度性事实之所以区别于原始事实，最重要的原因就是前

〔20〕［英］约翰·塞尔《社会实在的建构》，李步楼译，上海世纪出版集团2008年版，第13页。

者只能在某个构成性规则之下才能获得说明，构成性规则实际上是制度性事实存在的前提条件和构成形式。可以将此种构成性规则在形式上概括为“X在C中算作Y”。其中X是某种原始事实，Y是制度性事实，C则是将原始事实转化为物理事实的时空条件或情境。例如，印有特定图案的纸片（X）在特定社会中（C）算作货币（Y），也即F（X）=Y。对于制度性事实来说，X并不是依赖其本身的物理特征而成为制度性事实Y的，或者说，当我们谈论X的功能时，这种功能并不能因为其物理特征而产生。塞尔将此种特殊的功能称之为地位功能（status function）。显然，地位功能与制度性事实的特征是一致的。

不仅如此，还需要指明的是，X在C中算作Y这一公式可以被叠代（interated），由此不断构成更为复杂的制度性事实。这是说，虽然在最初的层级上，X一般为原始事实，并由其构成制度性事实Y。但已经形成的制度性事实Y却可能在更高层次的公式中充当X项或C项，进而构成新的制度性事实，如此不断递进，则制度性事实叠出。例如，印有特定图案的纸片（X）在特定的社会中算作货币（Y1），而货币（Y1）的交付在特定情况下算作购买（Y2），购买（Y2）特定的事物（如股票、债券）算作投资（Y3）。低层级的制度性事实还可能在高层级的公式中充当C。例如，在由答辩委员会（C）在场的情况下，博士生回答问题（X）算作论文答辩（Y），而答辩委员会却是一个先在的制度性事实，同样需要类似X在C中算作Y来构成。在我们的社会中，充斥着大量由构成性规则叠代构成的制度性事实，这让人类社会变得无比复杂和丰富。

在制度性事实可叠代构成的意义上，需要特别留意一种特殊的X，即言语行为。首先来说，语言本身其实已经是制度性事实了。语言符号并不是因为其物理特征而具有特定含义的，它的含义同样是其作为制度性事实的体现。然而，塞尔却同时主张，语言交流的最小单位不是符号、语词甚至语句，而是被完成了的言语行为。“言语行为就是在一定条件下构造出或者说出一个语言标记，……是语言交流基本的或者最小的单位。”[21] 在塞尔看来[22]，语言命题的内容在数量上是无限的，但作为言语行为的类型却极为有限，他称之为以言行事的要旨（illocutionary point）。只有五种类型的要旨，分别为“断定式”、“指令式”、“承诺式”，“表情式”和“宣告式”。这需要强调的是指令式和宣告式。指令式的以言

〔21〕 John R. Searl, *Speech Acts: An Essay in the Philosophy of Language*，外语教学与研究出版社2001年版，第16页。

〔22〕［英］约翰·塞尔：《心灵、语言和社会》，李步楼译，上海译文出版社2006年版，第142页。

行事要旨就是力图使听话人的行为方式与指令的命题相一致，例如指令、命令、要求等，其适应指向总是事件指向词语的指向。而对于制度性事实的构成来说，尤为重要的是宣告式的言语行为，这种类型的言语行为能够直接充当X项进而在F（X）＝Y中构建制度性事实（这并不是说所有的宣告式言语行为都是如此，也不是说其他言语行为不能构成制度性事实）。“一般来说，在X项是言语行为的地方，这种构成性规则就会使言语行为作为以言行事的宣告而被执行，这种以言行事创造了Y项所描述事件的状态。”〔23〕例如，如果会议主持人宣布“现在散会！”，则他的这种宣告会因为其身份和特定的时空条件造成一个制度性事实，即已经散会这一制度性事实。一个雇工向其雇主宣布“我辞职”，无论这种表达是书面的还是口头的，宣告本身便会产生已经辞职的效果。在这样意义上，宣布散会（X）在特定的情况下（C，宣告人是会议主持人）便会造成已经散会的效果（Y）。这与具有特定图案的纸片（X）在特定社会（C）中算作货币（Y）具有共同的构成方式。

有了上述理论准备，我们便可以看一看法律规范这种制度性事实是如何构成的了。如果说哈特社会规则理论的核心观点在于，人们的聚合行为和评判反思态度是解释法律规范存在的关键所在，那么塞尔对制度性事实的解说无疑为哈特的这一认识提供了一个较为坚实的哲学基础。申言之，在集体意向性、功能归属、构成性规则来解释制度性事实的情况下，这些因素同样可以用来解释法律这种制度性事实。

集体意向性。法律的存在需要一定范围内社会成员的普遍接受或认可。哈特的社会规则理论已经指出，作为社会规则，内在观点和聚合行为是必备要素，这里的内在观点便是对特定规则的接受或认可。在这个意义上，塞尔集体意向性的说法与哈特对法律的认知是一致的。不仅如此，这里的集体意向性其实也解释了为何实效性原则对于法律的存在来说是必要的：由于集体意向性的支持，人们的行为在一定范围内体现出普遍的一致性，而当法律绝对缺乏实效性时，显然也就不能断定存在集体意向性。当然，这里还涉及的问题是，就承认规则而言，为何仅官员群体小范围的集体意向性就足以构成整个法律规范体系的基础，而无须社会全体成员的集体意向性，笔者将在后文专门处理这个问题。

功能归属。笼统地谈论法律的功能令人想到法律社会学，人们可以说法律的功能在于约束人们的行动。然而，如果有人主张“有关醉驾的刑法规范之功能在

〔23〕［英］约翰·塞尔《社会实在的建构》，李步楼译，上海世纪出版集团2008年版，第47页。

于确保司机不会酒后驾车”，则这种说法在某种意义上是令人惊奇的，因为如果仅仅去观察与该法律规范相关的外部特征，例如立法者的特定身体形态或特定文字，乃至因酒驾而产生的处罚，是难以与“不会酒后驾车”这样的行为间建立起因果关联的。实际上，我们应当在地位功能的意义上理解法律规范，它被归属的功能并不在于它的物理特征，也不在于能够迫使人们作出某种行动，无论法律以何种物理形态表现出来，它都可能具有约束人们行动的地位功能。当然，这里的解释也构成了对法律命令说的批评——为何制裁不是法律规范的构成要件。

构成性规则。构成性规则是创造制度性事实的基本形式。如果法律是制度性事实，一定存在创造法律的构成性规则。显然，在哈特理论中具有核心地位的承认规则便是法律的构成性规则。构成性规则的一般形式是，X 在 C 中算作 Y 或 F（X）=Y，承认规则则表现为，凡 X 都是法律规范，例如，在中国（C），凡全国人大及其常委会制定颁布的规定（X）都是法律规范（Y）。两者的结构完全一致。相比与其他的制度性事实的构成，在构成法律规范 Y 的过程中，特殊之处不在于法律规范 Y 的特点，而在于承认规则中 X 的特点：它们是言语行为，尤其是那些指令式的言语行为或是以规范语句为内容的宣告式言语行为。

“任何人不得故意伤害他人”是一个指令式的以言行事，当它以前法律的规范形式出现时，便可能因为特定的承认规则而成为法律。因此，当我们将大量诸如此类的指令式言语行为（X）当作法律 Y 时，便创造了法律规范。当然，这些指令式的言语行为 X 的存在形式可能在不同的时空条件中有所不同，有时需要人们去刻意地找寻。例如，在君主的指令即为法律的社会中，或许很容易断定君主发布命令的活动便是 X；而在判例或习惯法作为法律的时候，先前的法院判决书或流行的习惯或许需要裁剪取舍而归纳为某个指令式的言语行为。

在现代国家，承认规则中的 X 往往是规范语句为内容的宣告式言语行为。例如，很多国家的法律都须经由国家元首或立法机关签署颁布方为有效。在这种情况下，可以将特定主体签署颁布法律的活动看作宣告式的言语行为，而宣告的内容则是包含大量规范性语句的法律草案。比如，国家元首一旦宣布“任何人不得故意伤害他人是法律”，则在具备相应承认规则的前提下，这种宣告本身就会使得“任何人不得故意伤害他人”成为法律规范。如果对此用 F（P）加以表示，则 F 是宣告式言语行为的以言行事要旨，P 是“任何人不得故意伤害他人”这一命题的内容。

这里还需要作出澄清的是，罗纳德·德沃金与法律实证主义者们对承认规则是否是一个系谱规则所展开的争议可能会影响到我们对法律构成性规则的认识。[24]“凡全国人大及其常委会制定颁布的规定都是法律规范”与“国家主席签署颁布了《物权法》，这致使后者是法律规范”同为创制法律的构成性规则，但两者在形式上有所不同。前者试图用一个单一的系谱规则将某个社会中所有法律的创造方式归纳出来作为构成性规则，后者则仅仅是个别地将某个特定X构造为法律Y。因此，德沃金与哈特争论的一个问题实际上就是：究竟有没有一个能够将所有法律用某种单一的特征归纳出来的构成性规则，德沃金认为没有，因为至少这种构成性规则无法将法律原则纳入，哈特则认为即便存在法律原则，也可以用某种更为复杂的承认规则将其纳入。将哈特的说法放在本文的语境中，则如果X在C中算作Y是所有制度性事实所普遍适用的构成结构，那么我们一定能够在法律的构成方式中找到这种结构，无论它是个别的，系谱的，抑或具有其他任何特殊性，无非是，如果一个法律体系中的法律总是个别地构成而无法形成单一系谱的承认规则，则承认规则就会存在多个。当然，构成性规则是否为系谱的，会对人们的集体意向性的内容或对象产生差别。塞尔也谈到了这一点，试想，假如货币的构成性规则是“凡印有特定图案的纸片X都是货币Y”，那么如果有一张纸币A在印刷过程中掉入造币厂的地板缝，以至于实际上没有一个人意识到它的存在，遑论任何集体意向性，这张不为人知的纸币也依然是货币。在这种情况下，A之为货币这一制度性事实，并不需要人们集体意向性的支持，[25]人们只需集体解释或认可那个创造货币的系谱式构成性规则就可以了。如果我们能够用一个与货币构成类似的系谱规则概括一个社会中的法律规范（即便不是所有的法律规范），那么出现此种情况毫不令人惊奇：所有人对某部法律一无所知，但它正如那张掉入地板缝的纸币一样，依然是法律。这其实已经表明，无论德沃金有关承认规则是系谱规则的这一论断是否成立，都不会直接颠覆我们将法律规范视为制度性事实这一解释方案。问题的关键依然在于，从内在机理来看，法律规范作为制度性事实这一看法具有实在维度的解释力。

与上述问题相关的另一种质疑在于，当哈特试图用社会规则理论来解释法律时，很难证明全部法律都是被人们认可和实践的社会规则，为解决这一问题，哈特只能将承认规则视为社会规则，而后者仅仅是法官这一规模较小团体中的社会规则。换句话说，法律仅仅需要一个小团体认可便已经有资格成为全社会成员的

---

〔24〕 Ronald Dworkin, *Taking Rights Seriously*, Mass: Harvard University Press 1978, p. 14.

〔25〕［英］约翰·塞尔：《社会实在的建构》，李步楼译，上海世纪出版集团2008年版，第75页。

法律了。如果这一论断属实，是否意味着哈特的想法无法满足塞尔提出的制度性事实的构成条件呢？要知道，当人们将某种纸片视为货币时，真实的情况似乎是所有人都有将特定纸片视为货币的想法，而不是在只有小部分人这么做时，使得所有人都必须将这种特定纸片视为货币。在我看来，对此如果能明确以下两方面问题，则我们依然可以认定法律规范的这种特点与塞尔所提出的一般条件并不矛盾。

其一，社会成员对事物的熟悉程度导致了构成制度性事实的集体意向性在范围上的区别。很明显，货币几乎是任何社会成员最为熟悉和常见的制度性事实，因此，几乎所有人都对货币抱有认可或接受的态度。然而，其他很多制度性事实对一个社会的大多数成员来说较为生疏，但却不影响它在全社会的范围内构成制度性事实。例如"大学教授"，一个人具备什么样的条件才能够成为大学教授，大学之外的绝大多数社会成员对此并不十分清楚。但是即便如此，一般来说，大学之外的社会成员往往会认可那些经由特定程序遴选出的人成为教授，并以此区别于其他人。在这个意义上，大学教授并不仅仅存在于大学之中，而是整个社会中的特定制度性事实。法律规范的情况与之类似，在社会大多数成员对法律并无系统认识的情况下，法官集团的集体意向性决定了法律规范的范围，而这些法律对法官之外的所有社会成员都是存在的。在笔者看来，可以用某种社会进化论来解释上述现象：随着社会的发展进化，社会各个领域的专业化程度不断提高，如果所有制度性事实的出现都需要所有社会成员的认可，显然超过了普通社会成员的认识能力；于是，在相关领域的专业人士集体认可的情况下，制度性事实所需要的集体意向性便获得了满足；否则，专业化将导致社会难以制造出人们所需要的制度性事实。

其二，接受或认可可以在弱乃至"不反对"的意义上存在。在这个意义上，我们也可以认为所有社会成员都对法律的存在抱有集体意向性。由于特定的经济环境，在二十世纪八九十年代的苏东国家，人们曾经将万宝路香烟视为货币，当人们以香烟为媒介进行利益交换时，似乎很难说，所有人对香烟的看法与其对纸币的看法完全一致。情况很可能是，很多人只是不反对香烟作为货币罢了。而这种不反对就足以使得特定条件下的香烟就是货币。同理，即便社会成员没有十分明显的意向性将某些文件视为法律规范，人们也没有对此提出反对或不予接受。在司法程序中，无论当事人在此之前对法律有何认识，或是抱有何种道德态度，他通常也不反对将那些条条框框看作法律规范。

对本部分的讨论略作总结如下：对于为何聚合行为和内在观点构成了对法律

规范的本体论基础这一问题来说，应当将法律规范视为某种制度性事实，它的构成与塞尔所总结的集体意向性、功能归属和构成性规则是相似的。特别是，构成性规则其实就是哈特理论中的承认规则，其中，特定群体（法官）将某些言语行为或规范语句视为实在维度的法律规范。在经过一些细节方面的调整之后（或许还需要更多的调整），这种方案构成了对法律规范本体论基础的说明。

五、结语

本文是从说明理论的角度对法律规范所进行的本体论研究，由于命题或语言层面的不充分性，对法律规范的认知必然要走向实在层面，而某种特殊的制度性事实便是笔者对法律规范本体论基础的最终定位。就制度性事实这一结论而言，它实际上是在心理学和社会学的层面对法律规范现象所作的经验主义式的说明，这种说明如果还算成功的话，将会成为在命题层面乃至法律社会学层面对法律规范进行相关研究的逻辑前提。当然，作为一篇篇幅有限的论文，这里的讨论必定是不充分的。但笔者仍然希望它代表了人们思考“法律规范如何存在”这一问题的正确方向，从而增进我们对于法律的认识。

霍菲尔德与授权性规则

张书友*

拉兹（Joseph Raz）说过，“当法律理论家试图阐明……概念时，他并不想对这一术语在立法者、法官或律师中的含义进行界定。更确切地说，他努力锻造一种有用的概念工具，以便有助于我们对法律性质的更好理解。”〔1〕这一立场同样适用于霍菲尔德（Wesley Newcomb Hohfled）及其“基本法律概念”。的确如此，“当日霍菲尔德曾指望他对法律关系的分析与对法律术语的提炼能够为大众接受并经得起时间的检验。然而此后四十年的岁月却无奈地证明，他的雄心抱负纵然未全付诸东流，也相差无几了。”〔2〕尽管“不论霍费尔德还是独裁者都难以强迫人们清晰思考、严格用词，但他的分析方法却令法学家、经济学家甚至掌握了该方法的普通人得以分析复杂问题并提出解决方案，从而令日常语言在总体上具有更大的精确性，最终令那些自身不能区分不同术语、以一词表多义者也能间接受益。”〔3〕这是霍菲尔德的同辈学者在半个世纪前对其理论作出的评价，这一评价至今仍未过时。

在我看来，霍菲尔德的理论不论优点还是缺点都非常突出。其优点有二：第一，霍菲尔德锻造法律术语的方法不是直接赋予后者形式化的定义，而是从“相反”（opposites）和“相关”（correlatives）两类关系入手将八个术语分为两组。在他看来，不论多庞杂的法律关系，皆可化约（reduced to）为两人关于同一行为的关系，那么每一关系便包含了一对术语，换言之，他不是去孤立地思考“权利是什么”，而是在“权利—义务”关系中理解“权利”这一术语的含义和用

* 张书友，西北政法大学副教授。

〔1〕［英］拉兹：“法律体系的同一性”，载《法律的权威》，朱峰译，法律出版社2005年版，第69页。

〔2〕 Arthur Linton Corbin: Forward to *Fundamental Legal Conceptions*, ed. Walter Wheeler Cook, 3rd edn. (New Haven & London: Yale University Press, 1964), p. ix.

〔3〕 *Ibid.*, p. xiii.

法。这符合边沁（Jeremy Bentham）对分析方法提出的要求："一个词，如果可以用释义法来解释，那就不是把该词仅仅转释成另一些词，而是把该词参与组成的整个句子转释成另一个句子。"〔4〕霍菲尔德在这方面的努力使其基本法律概念在获得一种近似人工语言的精确性的同时并未脱离具体的法律情境。第二，霍菲尔德的基本法律概念共有八个，但这八个概念在理论上的贡献是有差异的，〔5〕"权力—责任"关系的分析对于现代分析法学显然具有更大的启发意义。霍菲尔德之前，法律理论家已经发现了权力（power）现象："法律界对'权力'一词并不陌生，其一般表达为'处分权'（powers of appointment）。握有权力者便有在法律上通过特定行为改变法律关系的能力，譬如改变财产的所有权即属之。"〔6〕但霍菲尔德通过重新解释"责任"（liability）令责任与权力相关，并据此阐释了其相反形式，即"无权力—豁免（无责任）"关系。这就构成了一个传统法律理论中并不存在的概念群。〔7〕譬如哈特在阐述"两种规则的结合"时就接受了霍菲尔德对上述术语的解释："一部有效地限制该制度的最高立法机关立法权的宪法……它设定的不是法律义务，而是法律上的无权力（disability）。'限制'一词在这里内含的意思不是义务的存在，而是法律权力的缺乏。"〔8〕

〔4〕［英］边沁：《政府片论》，沈叔平译，商务印书馆1997年版，第229页。哈特（Herbert Lionel AdolphusHart）也赞成边沁的上述要求，他指出，"我们切勿仅仅去考虑词汇'权利'（right），而应考虑的是句子'你拥有一项权利'"。［英］哈特："法理学中的定义与理论"，载《法理学与哲学论文集》，支振锋译，法律出版社2005年版，第29页。

〔5〕譬如对权利（狭义）和特权（无义务）的分析就很难说是霍菲尔德的专利，哲学家柏林（Sir I-saiah Berlin）对所谓"消极自由"（freedom from）与"积极自由"（freedom for）的著名区分就采用了相似的分析方法并得出了几乎相同的结论。

〔6〕Walter Wheeler Cook：Hohfeld's Contributions to the Science of Law, 28*Yale Law Journal*：721~738（1919）．在霍菲尔德之前，德国学者塞科（Emil Seckel）提出了"形成权"（Gestaltungsrecht）理论。参见［德］丢勒（Hans Dölle）："法学上之发现"，王泽鉴译，载《民法学说与判例研究》（4），中国政法大学出版社2003年版，第14~15页。民法上的形成权是指通过法律行为使特定法律关系发生、变更与消灭的权利，包括撤销权、追认权、选择权之属，除了只在民法理论中使用外，这个概念与霍菲尔德所谓的"权力"没有区别。但是，即使在民法部门中，霍菲尔德的权力在外延上也远大于形成权。譬如，关于要约与承诺，由于民法理论囿于缔约行为属"双方法律行为"这一成见，故未对二者的性质详加讨论，霍菲尔德指出：若某甲对某乙发出要约，便是给对方创设了一项权力，同时也将一项责任加诸自身，即令后者握有通过承诺而在二者之间创设一个合同的权力。若某甲撤回要约，则又是在行使另一权力消灭前述法律关系。参见［美］霍菲尔德：《基本法律概念》，张书友译，中国法制出版社2009年版，第60~61页。尽管哈特认为将缔约过程分解为两个阶段的做法"无所助益"，但在我看来，这对于精确认识法律现象实属必须。比较［英］哈特：《法律的概念》，张文显等译，中国大百科全书出版社1996年版，第45页。

〔7〕传统民法理论中没有和霍菲尔德意义上的"豁免"严格对应的概念，但诸如"无权代理"、"无权处分"及"无行为能力"等术语明显体现了豁免—无权力关系，只不过是以与其存在相关关系的概念间接表达罢了；同理"无责任能力"则是以与之有相反关系的概念来表达豁免概念。

〔8〕［英］哈特：《法律的概念》，张文显等译，中国大百科全书出版社1996年版，第71页。

因英年早逝，霍菲尔德尚有许多工作并未完成，这给其理论带来了两个同样突出的缺点：第一，如前所述，霍菲尔德将基本法律概念分为两组，每组四个概念都分别两两构成“相反”与“相关”关系，这就意味着从一个概念可以分别由这两种关系推导出另外三个概念，[9]换言之，每组概念都可以由一个概念来代表。如果我们用“义务”（或“权利”）代表第一组概念，用“权力”（或“责任”）代表第二组概念，那么义务与责任之间、权利与权力之间在法律上是什么关系？显然，它们之间的关系既不“相反”也非“相关”，而是霍菲尔德尚未详尽说明的第三种关系。第二，霍菲尔德的理论是一种典型的法律关系理论，“法律关系”是“法律规定的人与人之间的关系”，这个概念出自萨维尼（Friedrich Karlvon Savigny）的创造，用以区别对权利、义务做一般性规定的法律规范。换言之，法律关系与法律规范间的关系也就是“主观（意义上的）法”（Recht im subjecktiven Sinne）与“客观（意义上的）法”（Recht im objektiven Sinne）的关系。霍菲尔德讨论的主要是私人之间因法律调整而形成的所谓法律关系，他几乎不涉及国家与个人之间的关系，也不考虑法律创制与适用的过程，从而形成了一种纯“主观法”（权利）理论。既然法律关系是法律规范的结果，如果拒绝思考引起法律关系的法律规范，那么对法律关系的分析恐怕也很难是完整、透彻的。

在我看来，上述两个缺陷其实是同一问题的两个方面。“权利”、“义务”、“权力”、“责任”之类的术语其实无非是在刻画法律对人的不同影响，义务与权力的区别表现的正是两类不同法律的差异。我将从霍菲尔德的“权力—责任”关系入手，分析这一法律关系背后的规范性基础，从而阐释“授权”（empower）这一法律特有的规范作用。除非专门说明，否则本文对于上述术语的使用均与霍菲尔德在《基本法律概念》中的用法保持一致。

一、法律分析中的三类问题

霍菲尔德的理论是一种典型的分析性理论（analytical theory），这种理论不是通过对真实世界的观察来检验理论，相反，其有效性取决于以定义和法则为基础

---

[9] 譬如，以义务代表权利（与义务相关）、自由（与义务相反）及无权利（与义务的相关者相反），以权力代表责任（与权力相关）、无权力（与权力相反）及豁免（与权力的相关者相反），那么只需要义务和权力两个概念就可以说明霍菲尔德用八个术语表达的四种关系，这正是哈特的处理方式。参见［英］哈特：《法律的概念》，张文显等译，中国大百科全书出版社1996年版，第82页以下。

的形式系统。法律分析通常会涉及三类问题，即逻辑问题、语言问题和意义问题，〔10〕这三类问题的理论深度呈递增关系——理论深度不意味着困难程度，只表明问题的复杂程度。包括霍菲尔德在内的分析法学家都同时处理这三类问题，只不过他们对问题间的界限未必把握得那么清楚。

（一）逻辑问题

在法律分析中，那些无须理解法律术语的含义、只需掌握日常生活语言和最起码的逻辑规则即可回答的问题属于逻辑问题。“所谓逻辑问题，就是那些不依赖于主张之实质意义而能区分出有效论证与无效论证的理论。”〔11〕正如A与非A之间的关系，并不依赖于A的意义或表达方式。因此，逻辑问题是法律分析中最简单（simple，但未必easy）的问题。霍菲尔德的“相反关系”处理的就是典型的逻辑问题：权利与无权利、权力与无权力不能两立，不论权利与权力的含义如何。当然，特权与义务、豁免与责任的关系没有那么直观，如果读者不了解特权/自由正意味着不负担义务，那么也就无法根据逻辑定律来判断包含上述术语的法律命题正确与否了。但只要我们知晓“特权 = 无义务”、“豁免 = 无责任”时，仍然可以运用最基本的逻辑规则进行判断。譬如中国国务院总理李克强曾在回答采访十二届全国人大二次会议的中外记者的提问时曾谈到，“市场经济也是法治经济，我们要努力做到让市场主体‘法无禁止即可为’，让政府部门‘法无授权不可为’”。〔12〕只要我们承认“无禁止 = 可为”、“无授权 = 不可为”，那么李克强总理的说法肯定可以成立——当然上面两个等式究竟是否成立，那就是逻辑之外的问题了。逻辑问题不仅在法律分析中有所体现，在法律方法中也不乏其例。法律适用中被称作“反对解释”（*argumentum a contrario*，也译作“反面推论”）的那种解释方法就是上述逻辑规则在法律实践中的运用。

逻辑问题在法律分析中还有另一方面的意义，即法律概念、法律术语的构造必须遵守最起码的逻辑规则，诸如同一律、排中律、矛盾律等。当分析法学家同时使用两个不存在种属关系的术语时，就必须保证二者之间不存在任何全同、交叉或包含关系。霍菲尔德的八个“法律最小公分母”之间不存在上述关系，但其前辈边沁则不然。在将法律解释为命令的基础上，边沁又依据命令所指向的行为

---

〔10〕参见雷磊：“法律规则的逻辑结构”，载《法学研究》2013年第1期。

〔11〕舒国滢主编：《法理学导论》，北京大学出版社2006年版，第103页。

〔12〕“让市场主体‘法无禁止即可为’让政府部门‘法无授权不可为’”，载“新浪网”（http：//news. sina. com. cn/o/2014 - 03 - 15/005929711115. shtml），2015年3月5日访问。

进行了细分，并分析了其间的逻辑关系："命令包含许可，它排斥禁止与非命令。禁止包含非命令，它排斥命令与许可。非命令自身不是必然包含禁止或许可，但是它排斥命令；并且，当禁止与许可互相排斥时，非命令只能伴随其中一个；当它与另外的某个相互对立的时候，它就必然伴随着其中的这个或那个。"〔13〕边沁在分析方法上与霍菲尔德具有高度的相似性，二者都是从行为入手分析法律的不同规范作用，并且得出了几乎完全相同的两种关系，只不过霍菲尔德称之为"相关"与"相反"，而边沁则称之为"伴生"与"排斥"——然而二者却有一个重要差别，即霍菲尔德的基本概念中不存在边沁所谓的"包含"关系。〔14〕下文将指出，边沁与霍菲尔德所使用的术语之所以存在逻辑上的差异，是因为边沁对语言问题的理解出现了偏差。

（二）语言问题

在法律分析中，语言问题是指那些并不存在意义差别，而是由不同的语言表达习惯造成的表面上的差异。法律分析经常遇到许多"语言陷阱"，也就是那些用看似截然不同的术语表达相同意义的情形。"命令"（command）与"禁止"（forbidden）就是一对经常给分析法学家带来困惑的术语。边沁写道："不多不少，只有四种方式来传达与任何既定行为相关的命令（mandate）：命令（a command）、非命令（a non - command）、禁止（a prohibition）、许可（a permission）。这些命令互相之间存在这样的关系，某种与其他某种之间必然是相互排斥的，而与其他另外某种之间必然是相伴而生的。"〔15〕显然，边沁把对两类行为的同一规范作用当成了两种不同的规范作用，这才造成了其术语中的"包含"关系。凯尔森（Hans Kelsen）对这个问题则有着清醒的认识，他写道："尽管我们在语言学上区分命令与禁止，但其却非两种规范作用，而是对不同行为——作为与不作为——的同一规范作用。因此，每一禁止皆可表达为命令。"〔16〕结果，边沁尽管分析了四种关系，却只相当于霍菲尔德的第一组术语，即"权利—义务"关系与"特权—无权利"关系。

---

〔13〕［英］边沁：《论一般法律》，毛国权译，上海三联书店2008年版，第127页。

〔14〕有些学者对边沁的上述分析推崇备至，认为这是比霍菲尔德更为高明的分析。比较［英］拉兹：《法律体系的概念》，吴玉章译，中国法制出版社2003年版，第67～70页、第214页。

〔15〕［英］边沁：《论一般法律》，毛国权译，上海三联书店2008年版，第126页。

〔16〕Hans Kelsen: *General Theory of Norms*, trans. Michael Hartney (London: Clarendon Press, 1991), p. 96.

霍菲尔德的“相关关系”处理的正是法律分析中的语言问题。在他看来，“权利”与“义务”正如一个硬币的两面，是从不同的角度描述同一法律关系，这正是上文提到的霍菲尔德理论的两个优点之一。就此而言，“相关关系”非常类似于汉语中的“互文”这种修辞方法，即参互成文、含而见文，谈论我的权利，总意味着他人的义务，反之亦然。其实，一切关系性术语都具有上述特征，诸如夫妻、亲子之属概莫能外。在法律表达中，义务与权利可以相互代替和转换，惟其如此，不少分析法学家才将“权利”称作法律的“说明性内容”或“推动制裁的”法律技术。〔17〕这表明，“权利”除了是对“义务”的另一种表达之外，并不负载任何新的意义。法律当然以语言为载体或表达形式，但同一法律规范却不只有一个表达形式，同一规范或许会分散在多个语句中，而同一语句也可能表达了不只一个规范。尤其当某些规范所共有的成分在立法中因出于语言简练的考虑而被作为“公因式”提取或作为“同类项”合并时，法律自身与其表达方式间的关系尤其复杂，法律分析中的语言问题便由此而生。因此，法律规范理论不同于法条理论，法条可以“有完整的”或“不完整的”，但法律规范总是完整的；法条可以分别用“权利”或“义务”表达同一法律规范，但它们其实是一回事。〔18〕

（三）意义问题

“在任何时间和地点，法律都有一个最为显著的普遍特征，这就是它的存在意味着特定种类的人类行为不再是任意的，而是具有了某种强制性。”〔19〕法律的规范性就表现为法律对人的行为的影响，我将这种影响称之为法律的规范作用，法律分析中的意义问题就围绕不同的规范作用展开。不同规范作用间的关系是诸法律规范间的内部关系，所说的这种“内部关系”就是我所称的意义问题。需要说明的是，“当一个法律是另一个法律的存在条件，或者一个法律影响另一个法律的意义、解释和适用时，则这两个法律之间所存在的关系就是所谓的内部关

---

〔17〕参见［英］边沁：《道德与立法原理导论》，时殷弘译，商务印书馆2000年版，第372页。See Hans Kelsen: *General Theory of Norms*, p. 91.

〔18〕这里随便选一个法条作为例子，现行合同法第一百四十一条规定：“出卖人应当按照约定的地点交付标的物。”如果将该条改写为“买受人可以要求出卖人按照约定的地点交付标的物”，其意义不会发生任何改变。区别仅在于，原法条规定的是（出卖人的）义务，改写后的法条规定的则是（买受人的）权利。

〔19〕［英］哈特：《法律的概念》，张文显等译，中国大百科全书出版社1996年版，中国大百科全书出版社1996年版，第7页。

系。而其他的关系，都可以说是外部关系。”〔20〕内部关系涉及的不是法律的内容问题，而是法律不同规范作用间的关系，即法律对人的行为的不同影响，而并不涉及其所影响的究竟是什么行为。对于霍菲尔德的理论而言，权利与权力、义务与责任之间的关系是典型的意义问题，它们既不是逻辑上的“相反关系”也不是语言上的“相关关系”，而是一种霍菲尔德未加说明的意义关系，即两种不同规范作用间的关系。

在分析法学这一学术传统中，意义问题主要表现为如何说明命令、制裁与授权这三种规范作用的关系。早期的分析法学家通常乐于将意义问题曲解为语言问题，从而将一种规范作用解释为另一种规范作用。在边沁看来，下述语句皆是对同一命令的表达：“毋偷窃。任何人不得偷窃。凡偷窃者需如此这般地受惩罚。倘若任何人偷窃，此人须如此这般地受惩罚。一个人如此这般地行事是偷窃；对偷窃的惩罚如此这般。如此这般的罪过即偷窃的审理权，属于经如此这般地任命和如此这般地就职的法官。”〔21〕显然，强加不得偷窃之义务的命令，与对偷窃者的制裁，以及对实施制裁者的授权其实都是对同一规范作用的表达。因此，命令、制裁与授权其实是一码事，它们的差异仅是语言上的而非意义上的。奥斯丁（John Austin）承认主权者可以直接表达施加惩罚的意志，也可以命令下级间接表达（授权立法）。这说明他已经意识到法律体系中存在授权性命令，但却仍把后者解释为间接施加义务的法律。因此授权性命令也像惩罚性命令（次要命令）一样，只是义务性命令（主要命令）中的一个子类别。因为“这些仅仅起到废止作用、解除作用的法，也必须视为‘法是一类命令’这命题的例外情形。就解除现行法律所规定的义务而言，它们不是发布命令，而是撤销命令。”〔22〕但被称作“新分析法学家”的哈特承认授权是法律的一种有别于命令（设定义务）的规范，他拒绝了早期分析法学家的曲解。〔23〕此后，“授权”才与“命令”共同在新分析法学家的作品中扮演了重要角色。

那么霍菲尔德对上述意义问题持何种看法？前面已经提到，霍菲尔德并未专门处理“相反”、“相关”之外的第三类关系，但是我们根据他的理论至少可以

---

〔20〕［英］拉兹：《法律体系的概念》，吴玉章译，中国法制出版社2003年版，第29页。

〔21〕［英］边沁：《道德与立法原理导论》，时殷弘译，商务印书馆2000年版，第374页。

〔22〕［英］奥斯丁：《法理学的范围》，刘星译，中国法制出版社2001年版，第33～34页。

〔23〕其实，边沁早就发现不能将“授权”现象一概解释为命令，尤其是不能将宪法解释为命令：“除民法和刑法外，每一套完整的法律体系还必须包括第三个分支，即宪法。权力主要并首先由否定强制的或许可性的法律来确立，这些法律作为某些强制类或命令类的例外起作用。”［英］边沁：《道德与立法原理导论》，时殷弘译，商务印书馆2000年版，第376～377页。

得出结论：表现为意义问题的“权利—权力”关系与“义务—责任”关系的区别既不是逻辑问题也不是语言问题。在评论弗吉尼亚州的一项立法——“除本法后列之情形外，凡21岁至60岁的自由男性白人均有责任（shall be liable to）担任陪审员。”——时，霍菲尔德写道：“显然，其规定的是责任而非义务。这是一项能够产生义务的责任。只有当诉讼当事人和法官行使其权力并实施了必要的行为，某人才实际负担了履行陪审员职责这一具体义务。”〔24〕上述评论表明，立法者在影响普通社会成员的行为时并不一定采取直接设定义务的方式，而是尚有其他规范途径。而“责任”、“权力”之类的就属于与这种“其他途径”联系在一起，我们姑且称这种途径为授权（empower 或 power - conferring）。如果“责任”总是能引起“义务”，那么这就构成了拉兹所说的那种“内部关系”。进而能否将“授权”当做一种与“直接设定义务”（命令）有别却同等重要——如果不是更重要的话——的规范作用？为了验证这一推论是否正确，下文将采用归谬法进行论述：我先假设法律不含授权，进而证明这种假设无法成立，从而得出法律必须包含授权的结论。

二、法律不含授权的三个假设

如果法律的规范作用不包括授权，就意味着法律要么只有一种规范作用，即命令；要么有两种规范作用，即命令和制裁。那么下述三个假设之一必须成立。否则，授权便是法律的规范作用之一。

（一）法律是命令且只是命令

早在近代分析法学兴起前，自然法学家霍布斯（Thomas Hobbes）就已将法律解释为主权者命令（command/*mandatus*），这种命令不仅针对臣民，同时也针对官员：“依法律针对之对象，则可分为法（law）与刑（penal）。譬如：不得盗窃为法，而窃牛者偿牛价之四倍则为刑。……所谓‘法’者，乃对百姓之令；而所谓‘刑’者，则系对官吏之令，后者仅当废格法定之刑时方为有罪。”〔25〕他进一步指出，“刑”绝不是“向犯罪者提出的，我们不能认为罪犯会忠实地惩罚自

〔24〕［美］霍菲尔德：《基本法律概念》，中国法制出版社2009年版，第67页。

〔25〕［英］霍布斯：《法律要义——自然法与民约法》，张书友译，中国法制出版社2010年版，第205页。

己。”[26] 换言之，罪犯虽然是惩罚所指向者，却并非法律的规范作用之对象——接受惩罚并非罪犯的义务，毋宁惩罚罪犯才是官员的义务。显然，霍布斯设想的社会由主权者、官员和臣民三部分构成，但对于主权者而言，官员比臣民也好不了多少，因为他们都只是命令的执行者和义务的履行者罢了。因此，霍布斯虽将法律分为“法”和“刑”，但这两类法律仅存在对象上的差别，而并无规范作用上的不同。现代社会中的法律人很容易发现，霍布斯的对法律的想象显然有很大的偏差：除非法律中所有的“刑”都是“绝对确定的法定刑”，否则“刑”对于官吏来说就不能解释为命令。以旧刑法（1979）第一百三十六条为例：“严禁刑讯逼供。国家工作人员对人犯实行刑讯逼供的，处三年以下有期徒刑或者拘役。”“严禁刑讯逼供”符合我们对命令的理解，但对“国家工作人员……处三年以下有期徒刑或者拘役”一般不会被理解为对人民法院或法官的“命令”。更重要的是，如果将“刑”或“惩罚”理解为对官吏的命令，那么官吏实施这一惩罚便是在服从主权者的命令，换言之，是在履行一项义务。如此一来，官吏和违法者之间是什么关系？按照霍布斯的理解恐怕没有关系。这显然有悖于我们对法律的理解。

霍布斯的解说似乎过于年代久远，已不足以引起我们反驳的兴趣。其实，我们熟悉的另一对概念有表达着与“法”、“刑”二元相似的差异：行为规范与裁判规范。[27]“当法律规则是指向一般的行为人，并对其行为产生约束效果的时候，这种法律规则就是行为规则；当法律规则指向掌握纠纷裁判权力的机关或者个人时，这种规则便是裁判规则。”[28] 在法社会学家看来，“人类行为的规则和法官据以裁决法律争议的规则可能是大不相同的两回事，因为人类确实并不总是依照适用其纠纷裁决的规则来行为的。”[29] 在区分行为规则与裁判规则的基础上，埃利希又分别将两种规则所构成的秩序称为“一阶秩序”与“二阶秩序”，前者表现为调整性的社会法，后者则表现为保护性的国家法。在他看来，所谓“私法”，只有在指私人的契约、遗嘱以及社团内部规章时才有意义，至于法条化甚至法典化的私法，则“像刑法一样，这些规定既不创设财产也不创设社会制度，它们仅仅规制由法院和其他国家机关已然提供的保护。”[30] 显然，埃利希的

---

[26] [英] 霍布斯：《利维坦》，黎思复、黎廷弼译，商务印书馆1996年版，第222页。

[27] 本文不严格区分“规范”（norm）与“规则”（rule）这两个术语，视引文作者的习惯而定。

[28] 陈景辉：“合规范性：规范基础上的合法性观念”，载《政法论坛》2006年第2期。

[29] [奥] 埃利希：《法社会学原理》，舒国滢译，中国大百科全书出版社2009年版，第9页。

[30] 同上注，第58页。

两类规则在界限上有别于霍布斯的两类法律，在埃利希看来，不论“法”还是“刑”，只要出自“主权者”，就都是裁判规范。当代学者折中上述两种观点，得出了这样的结论：“行为规范即约束其下行为人的行为选择，同时还会对法官的裁判产生约束力；而裁判规范只针对法官的裁判行为，而非以针对行为人的行为作为目的。”[31]

如果一个行为规范（“法”）同时也是裁判规范（“刑”），如果同一法律规范同时对官员和普通人具有影响，那么对于官员的影响肯定不同于对普通人的影响，换言之，法律不只有一种规范作用。因此，“法律只是命令”这一假设不成立。

（二）法律包含命令和制裁，但首先是命令

奥斯丁同样视法律为主权者的命令，但他却首先将法律当作对普通社会成员行为的命令，唯有命令受到蔑视时才会以惩罚相威胁。他认为：“‘命令’、‘义务’和‘制裁’是不可分割的相互联系的术语。每个术语就像另外两个术语一样，具有同样的意思”。[32] 主权者可以直接表达这个惩罚出来，此时这个惩罚就作为一条法律的一个部分。因此，只有当命令遭到违反、义务未被履行时才需要动用惩罚/制裁。尽管离不开制裁，但毕竟通过命令设定义务从而规范人的行为才是法律的主要职能。因此，主要命令的内容便是立法者所希望有的行为；次要命令则是在主要命令未被服从时将加以执行的制裁。奥斯丁不仅在（关于义务的）命令和（对违反义务行为的）制裁间进行了主次的区分，还把这一关系套用到权利/义务领域。既然义务由主权者的命令创造，而权利又由义务派生，那么这样做似乎也并无不妥。在一定程度上，主要法律与次要法律在奥斯丁这里颇有些类似于今天所说的实体法与程序法的关系，而主要权利和次要权利则接近我们今天所称的“原权”与“救济权”。他写道：“严格说来，我对主要和次要的权利或义务的用语，并不代表一个逻辑上的划分，因为一个主要的权利或义务，没有次要的权利或义务的支持，并不自成为一个权利或义务，反之亦然。”[33]

既然从规范效果上看，是命令性法律规范作用的实现依赖制裁性法律而非相反，那么称前者“主要”而后者“次要”就不仅是在逻辑上不严密，而近乎本

---

〔31〕 陈景辉：“合规范性：规范基础上的合法性观念”，载《政法论坛》2006年第2期。

〔32〕［英］奥斯丁：《法理学的范围》，刘星译，中国法制出版社2003年版，第23～24页。

〔33〕 John Austin: *Lectures on Jurisprudence*, 5th edn., revised and edited by Robert Compbell, vol. Ⅱ (London: John Murray, 1911), p. 768.

末倒置了。规范的目的是一码事，实际的规范作用则是另一码事，尽管后者服务于前者，但是站在分析法学而非社会法学的立场上，奥斯丁对主要的命令/义务/权利与次要的命令/义务/权利的解释就显得令人难以接受了。尤其需要指出的是，在奥斯丁所生活的国度，所奉行的法律格言本是“有救济斯有权利”，而非相反。因此，奥斯丁的静态结构理论不仅在逻辑上难以自洽，甚至有悖于普通法语境中的常识。正如埃利希曾指出“尽管诉讼法不是最古老的法，但最早法条可能是关于诉讼法的法条，大概与刑罚的规定联系在一起”。〔34〕因为实体（命令）依赖于程序（制裁），而非相反。

如果命令与制裁确实是法律仅有的两种规范作用的话，奥斯丁对于二者内部关系的说明也是不能成立的。因此，“法律包含命令和制裁，但首先是命令”的假设不成立。

（三）法律包含命令和制裁，但首先是制裁

如果命令不能包含制裁，那么制裁是否包含命令？边沁一方面将规定义务的法律和规定制裁的法律看作两个不同的法律，另一方面也承认二者确属有关：“尽管单纯命令性法律和附属于它的惩罚性法律截然有别，以致前者不含后者的任何惩罚，后者在直接意义上也不含前者的任何惩罚，但由于必然的内涵牵连，惩罚性法律确实牵涉和包含它所附属的单纯命令性法律的含义。”〔35〕他接着写道：“指示法官使任何经适当法律形式被判偷窃者死于绞刑，乃是一种提示大众不要偷窃的方式，虽然并非直接，却和当面正告他们不要偷窃一样明白易懂，而且见效的可能性分明大得多。”〔36〕应当说，边沁对法律自身及其表达形式的区分可谓非常清晰，没有掉入“语言陷阱”，但他难免走得有些太远了：对行为的制裁在何种意义上才等同于对其相反行为的命令？边沁显然没有做出明确的解释。或许所针对之对象与所指向之行为截然不同的两个规范的确具有相同的社会效果，但要称二者是同一个规范，理由显然并不充分，还需要进一步的补充，这一工作是由凯尔森完成的。

凯尔森以“不应偷窃”和“如果某人偷窃，他就应受罚”为例，说明他对两种规范的理解：“如果假定禁止偷窃行为的第一个规范，只有在第二个规范对

---

〔34〕［奥］埃利希：《法社会学原理》，舒国滢译，中国大百科全书出版社2009年版，第219页。

〔35〕［英］边沁：《道德与立法原理导论》，时殷弘译，商务印书馆2000年版，第371页。

〔36〕［英］边沁：《道德与立法原理导论》，时殷弘译，商务印书馆2000年版，第371页。

偷窃行为赋予制裁时才有效力，那么在正确的法律解释中，第一个规范肯定是多余的。如果真存在的话，它是包含在第二个规范中的，后者才是唯一真正的法律规范。”〔37〕当然他也像边沁一样承认，假如允许推定前一个规范的存在，会给法律的表达带来便利。但他却为这一推定附加了一个前提：“只有在人们认识到要求不为不法行为的第一个规范，有赖于规定制裁的第二个规范，上面这样做法才是正当的。”〔38〕那么，在凯尔森看来，命令与制裁的差异仍是个语言问题而非意义问题，但他的理由与边沁不同：边沁认为法律的对象归根结底是臣民，对官员发布关于制裁的命令则是在间接地规范臣民的行为；而凯尔森却不再把臣民遵守法律（命令）的行为作为法律的规范对象，毋宁是规范国家机关适用法律（制裁）的行为才成了法律基本作用。

应当承认，在处理命令与制裁关系的问题上，凯尔森的逻辑性远远强于奥斯丁，其说服力也超过边沁。〔39〕但这种逻辑性和说服力是以反常识为代价的：制裁不可能是法律的目的，而只能是保障义务履行的手段。非但如此，凯尔森的理论不能解释刑法、侵权法之外的法律现象，譬如合同法中关于合同效力的规定、宪法中关于法律效力的规定就与制裁风马牛不相及。“其实，并不是所有的法律都命令人们做或不做什么。把法律分为授权他人订立遗嘱、契约或婚约的法律与授权官员（如法官）断案、（部长）制定规则或（郡议会）制定细则的法律，绝不会产生误解吗?”〔40〕这不仅是对奥斯丁的批评，同时也是对凯尔森的批评。因此，“法律包含命令和制裁，但首先是命令”这一假设同样无法成立。

三、理解授权的三个思路

既然法律的规范作用不能仅仅解释为通过命令或制裁强加义务，那么法律必须包含授权。关于法律中的授权，我们可以循着霍菲尔德的思路加以理解。上文已经提到，霍菲尔德的基本法律概念是一种“主观法”理论，即他讨论的并不是

〔37〕［奥］凯尔森：《法与国家的一般理论》，沈宗灵译，中国大百科全书出版社2003年版，第68页。

〔38〕［奥］凯尔森：《法与国家的一般理论》，沈宗灵译，中国大百科全书出版社2003年版，第68页。

〔39〕现行刑法（1997）对旧刑法（1979）的修改显然支持了凯尔森的观点：旧刑法中为数不多的命令性规定（如第一百三十六条、第一百三十七条、第一百三十八条、第一百四十三条、第一百五十八条等）在现行刑法中已被删除，大约立法者也认为这些规定是“多余的”。

〔40〕［英］哈特：《法律的概念》，张文显等译，中国大百科全书出版社1996年版，第28页。

法律的规范作用本身，而是这一规范作用的结果，也就是法律通过影响人的行为在人与人之间形成法律关系。在霍菲尔德的理论中，与授权问题有关的主要是“权力—责任”关系（及其相反形式）。按照科宾对霍菲尔德理论的概括，“权力—责任”关系是这样一种关系：“若某甲一己之行为将在甲乙之间或某乙与他人之间产生新法律关系，则某甲对某乙之法律关系便是权力。”而某乙对某甲之法律关系便是责任。〔41〕霍菲尔德强调，权力本身必须和关于行使权力之行为的义务加以区分，行使一项权力既可能是权力人的义务，也可能是权力人的特权。然而，这里的义务和特权并不存在于权力—责任关系的双方当事人之间，而是权力人与他人的关系。其实，自从边沁发现授权立法现象之后，本文提到的多数分析法学家——或许奥斯丁是唯一的例外——都使用了权力这一概念来描述国家及其机关（立法机关与司法机关）间的关系。但他们都未能准确地描述权力—责任关系，也很少将官员创制或适用法律的权力与霍菲尔德所描述的这类私人权力放在一起进行分析、比较。霍菲尔德的成就构成了本文的研究起点，下面将分别通过三种思路探讨“权力—责任”关系与授权这一规范作用间的关系。

（一）区分制裁与责任

上文曾提到，传统分析法学面临的一个主要难题是制裁（惩罚）与义务（命令）的关系，这种关系通常表现为：法律为人创设一项义务，并对违法义务的行为施加一项制裁。然而究竟制裁是否可以当作一种有别于义务的独特规范作用，以及二者之间有何严格的界限，却并没有统一的答案。其中一个重要的原因，在我看来就在于没有像霍菲尔德那样提出一个有别于义务的责任概念，从而令制裁越俎代庖，扮演了本应由责任扮演的角色。无论是中文中的“责任”还是英文中的 liability/responsibility，其最常见的用法是作为义务（duty/obligation）的同义词。“负责做某事”与“对某个结果负责”这两种截然不同的意义被以同一个术语表达。不论在法律界还是金融界的术语中，“责任”就是义务（债、债务），既包括逾期未获履行的义务，也包括尚未届履行期限的义务。奥斯丁所持就是这种看法，因此，他未能发现“有义务为某行为”（to be obliged to maintain a certain behavior）与“对某行为负有责任”（to be responsible for a certain behavior）这两种情况之间有什么区别。〔42〕为了对这个弱点进行补强，我们必须在义

---

〔41〕 Arthur Linton Corbin: Legal Analysis and Terminology, in 29 *Yale Law Journal* (1919): 163 ~ 173.

〔42〕 ［英］奥斯丁：《法理学的范围》，刘星译，中国法制出版社 2001 年版，第 19 ~ 20 页。

务与制裁之间直接引入责任这个概念。假如我们将接受制裁称作违法者的一项责任——刑法理论正是如此理解刑罚与刑事责任之关系的——的话，那么责任就是先于制裁而存在的，而制裁本身则是实现责任的方式。而在霍菲尔德眼中，责任却是一个同“权力”相关的法律术语，他发现多数司法判决中使用的相应概念都是“责任”。[43]

至于制裁这个术语不适宜表达法律的一种规范作用，一个重要的原因是其与义务不对位，换言之，二者并非同一层次的概念。“义务”是表达必须实施某行为的关系性术语，而“制裁”则是表达行为本身的实体性术语。其实，命令、禁止与制裁并列反而更加合适，[44]而义务（duty）——因命令和禁止而产生的关系——这个缺乏动词形式的术语显然与上述三个词不相类，也正因为如此，哈特选择了 obligation 这样一个动词变格来表达义务观念，以便与“授权”（empower 或 power - confer）这个动词来对应。用更通俗的方式来表述上述问题，就是决定进行制裁和实际执行制裁是两码事，正如设定义务和履行义务不是一回事。如前所述，对官员与主权者而言，前者实施制裁可能是义务，也可能不是义务；而对主权者与臣民而言，前者设立制裁则是与“权利—义务”关系截然有别的另一关系。制裁可能表达的两种含义分别导致了两种理论上的后果：第一种含义令制裁等同于义务（或与之相反的特权），从而令义务与制裁出现了包含关系，从而犯了逻辑上的错误；第二种含义则产生了一种新的关系，即“权力—责任”关系，这种关系以授权问题为核心。霍菲尔德正式是在第二种含义上了解制裁、权力与责任的。责任“经常表达与对方当事人和法官的某项权力（或权力之集合）相关的那种特定情形之责任（或责任之集合）”。这正是困扰传统分析法学的制裁问题更精确的表达方式。

（二）区分义务与责任

既然霍菲尔德将“权力—责任”关系理解为一方能够通过自己的行为改变另

---

〔43〕［美］霍菲尔德，《基本法律概念》，时殷弘译，商务印书馆2000年版，第66页。其实霍布斯早就用另一种方式表达了相同的观念：尽管法律普遍来说是“命令，却不是任何一个人对任何另一个人的命令，而是专对原先有义务服从的那种人的命令”。他虽未使用责任概念，却用“原先有义务服从”一词表达了责任先于义务——即因“命令”而生者——存在的观念。换言之，这种先在的“义务”构成了服从“命令”的前提。参见［英］霍布斯：《利维坦》，黎思复、黎廷弼译，商务印书馆1996年版，第205~206页。

〔44〕其实，古罗马法学家正是使用了一组动词来表达他们所理解的法律的规范作用：“命令、禁止、允许、惩罚”。参见［德］康特洛维茨：《为法学而斗争　法的定义》，雷磊译，中国法制出版社2011年版，第105页。

一方的法律地位，即令有关后者的法律关系——同时也就意味着法律规范——产生、变更或消灭。应当说，之所以将霍菲尔德的基本法律概念主要看作一种“主观法”理论，主要原因就在于他并未有意识地关注过法律规范的问题，因为法律规范及其规范作用之间的关系原本就在他的兴趣之外，他感兴趣的只是法律关系本身。然而正如上文所指出的，法律关系与法律规范本不是毫不相干的两个现象，相反，法律规范构成了后者存在的前提，后者恰是法律调整的结果。那么，在讨论法律关系时完全不涉及法律规范也是很难做到的。尽管霍菲尔德在其著作中仅有一两次明确涉及了两者之间的关系，但却足以给我们提供一个借此理解法律结构的机会。在谈论某些公共服务从业者的义务时，霍菲尔德写道：“服务提供者所承担的乃是现时责任（present liabilities）而非现时义务。与此类责任相关的则是公众成员各自的权力。”只要公众合理地提出有偿服务的要求，他便对从业者拥有一项权力，该权力的内容便是为从业者设定提供服务的义务，否则便将导致诉讼。“因此，旅店经营者在某种程度上就如同将选择权授予了每一位旅行者。……其责任却比普通合同要约人尤有过之，只因其难以通过类似撤回要约的简单行为来消灭其责任。”〔45〕霍菲尔德似乎想用这个例子来说明，尽管学者们在讨论此类情形时使用了“义务”这一术语，但其实却表达了两种关系：一项责任和一项义务。那么我的推论便是，任何抽象的、一般的或“潜在”的义务皆是“现时”责任，皆有待于某个行为的实施或某个事实的发生，才能最终成为一项真正的“现时”义务。换言之，如果义务与责任直接有什么内部关系，那就是责任产生义务而非相反——这同时也就意味着权力与权利之间存在同样的关系。

如果我们承认权力——以及责任——是“授权”这一规范作用的结果，那么这就表明授权在逻辑上优先于义务（命令），对于法律的规范作用而言，授权是“主要的”（primary）而义务是“次要的”（secondary）。这刚好与哈特的著名结论相反：“第一类规则设定义务，第二类规则授予权力，公权力或者私权力。第一类规则涉及与物质运动或变化有关的行为，第二类规则不仅引起物质运动或变化、而且引起义务或责任的产生或变更。”〔46〕哈特称前者为“主要规则”，后者为“次要规则”。然而，哈特是运用一种所谓“描述社会学”的方式而不是法律分析的方式得出的上述结论，他虚构了一个只存在主要规则（具体表现为习惯）的“前法律社会”，并指出其存在规则缺乏统一性而不成体系（不确定性）、难

〔45〕［美］霍菲尔，《基本法律概念》，时殷弘译，商务印书馆2000年版，第65页。

〔46〕［英］哈特：《法律的概念》，张文显等译，中国大百科全书出版社1996年版，第83页。

以对规则进行有意识的改变（静态性）及缺乏保障规则得以遵守的权威机关（无效性）这三个缺陷。而弥补上述缺陷的措施则是引入三种次要规则，“它们具体规定了第一性规则得以决定性的确定、引入、取消、改变以及违反这些规则的事实得以最终决定的方式。”〔47〕时间上在先——尚且存疑——是否必然导致逻辑上优先？恐怕未必如此，正如习惯的产生肯定早于制定法，但今天的习惯要取得哪怕非正式法源的资格，也必须获得制定法——实体法或程序法——的认可。因此，法律规范作用间的关系不能与法律的历史画等号，如果授权能够产生义务，而义务无论如何也不产生授权，那么我们只能承认对于法律而言，授权性规则是“主要的”，而义务性规则是“次要的”。

（三）区分行为与行为后果

如前所述，法律关系与法律规范间的关系也就是“主观法”与“客观法”之关系的一种现代表述。因此，法律关系无非是法律规范的具体化形态，其载体是私人间的合同、遗嘱及婚约等形式，正如同制定法与司法判决分别是立法机关与司法机关所创制之规范的载体。法律关系与法律规范的两立，体现了国家与社会的二元论。因此，将法律关系理解为法律规范的别称，应当不会产生理论上的难题。如果非要区分二者，不妨认为二者侧重点有别：法律规范强调法律的外部特征，即指导人的行为；法律关系则突出法律的内部特征，即对行为的不同指导方式。因此，霍菲尔德关于法律关系的理论完全可以视为对法律规范基本单位——尤其是其各自不同的规范/指导作用——的探究。既然霍菲尔德将“权力—责任”关系理解为一方能够通过自己的行为改变另一方的法律地位，即令有关后者的法律关系——同时也就意味着法律规范——产生、变更或消灭。然而，霍菲尔德的理论在这里却出现了偏差，在他和他的同事将法律关系界定为“两个人关于同一行为”时，〔48〕他们似乎并未意识到：“权力—责任”关系（及其相反形式）并不像“权利—义务”关系（及其相反形式）那样是“关于”行为的。如果我们非要将前者解释为关于行为的关系，那么这种关系中的“行为”也与“权利—义务”关系中的行为大相径庭。“若某甲拥有令某乙不得进入前者土地的权利，某乙便对某甲负担不进入该处的相关义务”。〔49〕这里的权利和义务指向

〔47〕［英］哈特：《法律的概念》，张文显等译，中国大百科全书出版社1996年版，第95页。
〔48〕Arthur Linton Corbin：Legal Analysis and Terminology.
〔49〕［美］霍菲尔德，《基本法律概念》，时殷弘译，商务印书馆2000年版，第32页。

的行为显然是"不进入"。而"设某甲为……财产所有权人，其便有权力通过'抛弃'……为他人创设有关取得盖屋所有权的权力"，这里的权力（以及责任）指向的行为是哪一个，是"抛弃"还是"取得"？不论"抛弃"还是"取得"，它们的性质都与"不进入"这样一个明显的身体动静有别：权力与责任指向的其实并不是行为本身，而是行为在法律上的后果，这种后果在法律上往往表达为"取得"、"消灭"、"有效"、"无效"、"受保护"、"不保护"等。

如果说授权——"权力—责任关系"的规范基础——也是对行为的指导，那么这种指导并不是对某个行为的"令行"或"禁止"，而是通过规定行为在法律上产生的后果——法律关系的变动——间接地影响行为人。据此，我们可以将义务——规定行为本身——称作法律的直接规范作用，而将授权——规定行为后果——称作法律的间接规范作用。对于行为人而言，只有义务性规则才能够遵守，正如只有命令才能够服从。这项义务必须也只有在其实施了一个在时空中具体、特定的行为时，才能够依据那个为其设定义务的规范或命令判断此行为是否符合了法律。换言之，一个义务之所以是义务，就在于其足以对行为进行直接规范。其仅涉及权利人与义务人双方间的一个行为，并不存在牵涉他人的可能。行为人要么必须为某行为，要么不必为该行为，二者泾渭分明，可以轻而易举地对行为与义务进行比较。守法与违法应是对作为义务之内容的那个行为的评价。"守法"与"违法"并非一个法律问题而是一个事实问题。同理，只有授权性规则才能够被适用，正如只有责任才需要从潜在变为现时、从抽象化为具体。因此，合法与非法并非是对行为自身的评价，毋宁是对行为之效果的评价：若此行为确实创制了一条新规则，则该行为本身也被称为"合法"，若此行为并未创制新规范，则该行为本身也因此被称为"非法"。因此，合法与非法是一个法律而非事实问题。我们有时将"合法行为"解释为法律保护的行为，其实法律所保护的并非行为本身，而是其法律效果，即此行为创设的法律关系/法律规则。因为行为是一个客观事实，无非也无须由法律加以"保护"，所能保护的只能是关系，即规范的内容。[50]

---

〔50〕 与"合法与非法"具有相同意义的概念是"有效与无效"，二者皆是在将规范与规范相比较，而不是将行为与规范相比较。因此，所谓"非法行为"带来的只能是规范的无效，而不会是针对行为人的制裁。纵然确有制裁，也是由于"不得实施"此"非法行为"同时被设定为一项义务。

四、授权——法律的主要规范作用

通过对霍菲尔德理论的上述解说与引申，现在可以对授权这一法律特有的规范作用作如下刻画：

（一）授权性规则不是授予权利，而是授予权力

依据霍菲尔德的分析，权利（right）这一术语可以在不同意义上使用：当权利被理解为某人自身可以为或不为某行为时，权利是指一种特权（privilege），特权是义务的否定，那么只要法律未将为或不为该行为设定为一种义务时，某人便享有这一特权，而无须法律专门授予；当权利被理解为某人可以要求他人为或不为某行为时，权利是指请求权（claim），请求权是义务在语言层次上的反面表述，只要法律将他人为或不为某行为设定为一种义务时，某人便享有相应的请求权，而无须法律专门授予。只有当权利被理解为权力，即某人能够通过自身的行为使和他人有关的某法律关系发生变动时，这种权力才无法通过设定义务这一规范作用创设，而是需要由法律专门进行授权。因此，设定义务与授予权力构成了不可通约的两类法律，他们体现了法律的两种不同的规范作用，二者不存在任何全同、包含或交叉关系。在边沁—奥斯丁模式的法律中，法律的一种规范作用，即（通过命令）设定义务；体现规范性的谓词“应当”被等同于“必须”或“不得”，因此一切法律都是义务性的，即使是所谓的“制裁性法律”，也只不过是在为官员而非臣民设定义务。这是过度追求一项法律的“独立性”的结果：“每一个法律都是一个命令的事实意味着，每个法律都是个独立的单位，一种独立存在，具有独立意义，甚至其适用也不受其他法律的影响。”〔51〕要纠正这一失误，就必须引入一种新的规范关系，后者即授权关系。

（二）授权性规则不是指向行为自身，而是指向行为后果

如前所述，权利与义务的差异是语言上的差异，某人要求他人为或不为某行为的权利总是意味着他人为或不为该行为的义务，反之亦然；特权与义务的差异是逻辑上的差异，一旦法律将为或不为某设定义务，就意味着为或不为该行为不再是行为人的自由，反之亦然。但权力和义务的差异既不是语言上的也不是逻辑

〔51〕［英］拉兹：《法律体系的概念》，吴玉章译，中国法制出版社2003年版，第31页。

上的，而是意义上的，换言之，权力体现的是法律的另一种规范作用，这是一种完全有别于义务的规范作用。在法律上，权利、义务和自由是关于行为自身的问题，而权力则是关于行为后果的问题。当法律通过指向行为自身来直接影响行为人时，法律的规范作用表现为义务；当法律并不直接指向行为自身，而是指向行为在法律上的后果——并以此间接地影响行为人——时，法律的规范作用表现为授权。在法律上，“违法”（unlawful）、“守法”（lawful）问题是行为自身的问题，义务为前提；“合法”（legal）、“非法”（illegal）是行为后果的问题，以授权为前提。若使用霍菲尔德的概念，义务与授权分别可以称为“现时的”（present）指导与“潜在的”（potential）指导，[52] 这同样可以表达直接与间接两种规范作用。假如我们像法律现实主义者一样，也对法律持一种哈特所谓的“外在观点”（external point of view），那么也可以称之为确定的指导与不确定的指导。[53]

（三）授权性规则不是对义务性规则的补充，而是义务性规则的前提

义务与授权不仅体现着法律的不同规范作用，而且呈现了两种规范作用的主次之别。授权性规则是主要的（primary），授权性规则的适用可以产生义务性规则或新的授权性规则，是“关于规则的规则”或称之为“元规则”；[54] 义务性规则是次要的（secondary），义务性规则是授权性规则的派生规则，是只能引起行为，而不产生任何新规则的规则。授权性规则是法律调整的起点，义务性规则是法律调整的终点。法律只有先通过授权性规则调整着法律自身的“再生产”，才能通过义务性规则调整社会成员的行为。在极端的情形下，法律可以仅由授权性规则构成，即法律对行为自身的任何影响皆以行为后果为媒介；但在任何情形下，法律无法仅由义务性规则构成，因为立法者事无巨细地规定社会成员的每个具体行为在技术上是不可行的，必须通过授权性规则安排法律调整的“中间阶层”——政府、法院或私人。传统法律理论中法律规范与法律关系、法律创制与法律适用的“虚假两分”遮蔽了我们对法律规范作用的认识。这就是凯尔森反对的“法律创制与法律适用的二元论”，在他看来：“创制法律（立法）与适用法律（执法）绝非如传统法律理论所称一般绝对对立。……绝大多数法律行为兼具法律创制

〔52〕［美］霍菲尔德，《基本法律概念》，时殷弘译，商务印书馆2000年版，第64~65页。

〔53〕［英］哈特：《法律的概念》，张文显等译，中国大百科全书出版社1996年版，第91~92页。

〔54〕哈特承认授权性规则是“关于规则的规则”，但拉兹却不赞成这种说法，并称之为“一种相当不幸的叙述事实的方式”。参见［英］拉兹：《法律体系的概念》，第196~197页。

与法律适用之双重性质：就上位规范而言属适用者，对下位规范则系创制。”[55] 任何人只要成为授权性规则的对象，他就参与了法律自身的“再生产”，不论他有无官方身份。因此，霍菲尔德的“权力—责任”关系就必须加以动态化的改造，即必须将此关系置于法律指导人行为并同时规制自身的创制与适用的过程之中，这种关系并非无条件地存在，而是必须获得法律上的授权。而授予权力的同时也就是在不断地填充法律的意义，直到足以直接指导人的行为为止。既然权力来自法律的授予，被授权者又因此得以创制法律（也就是依据自身的意思创设、变更或消灭法律关系），那么可以运用改造过的“权力”概念来为法律行为下一个定义：法律行为是行使权力的行为，而狭义法律行为则是行使民法上形成权的行为；而所谓“无效”的法律行为，则显然体现的是“豁免—无权力”关系。

结语：霍菲尔德与法律分析的边界

霍菲尔德的理论能否应用于分析法律之外的其他规范现象？在不少学者看来，这似乎从不成为一个问题，经济学家康芒斯（John R. Commons）、道德哲学家米尔恩（A. J. M. Milne）、人类学家霍贝尔（E. Adamson Hoebel）都曾运用“法律的最小公分母”分析法律之外的规范问题。然而，这种运用在多大程度上是成功的，取决于霍菲尔德的理论在多大程度上体现法律的独特性，尤其是体现了法律独特的规范作用。道德与宗教当然具有通过命令设定义务的规范作用，那么它们是否也包含授权性的规定？与其他规范的差异是内容上的还是形式上的？授权现象是否为法律所独有？在我看来，因授权而产生的“权力—责任”关系正是法律有别于宗教和道德的重要特征之一。宗教规范恰恰缺乏这种间接的规范作用：据说“耶稣（Jesus）在传道时，有人捉了一个“行淫”的妇人，就对耶稣说：‘夫子，这妇人是正行淫之时被拿的。摩西（Moses）在律法上吩咐我们，把这样的妇人用石头打死。你说该把她如何呢？’……耶稣直起腰来，对他们说：‘你们中间谁是没有罪的，谁可先拿石头打她。’”[56] 行淫是要承担责任的“罪”，然而却无人有权力追究这一责任。至于道德，凯尔森也强调，法律之所以有别于道德，并不在于后者没有制裁，而在于前者正是由于为义务人所应实施之行为的相反行为预先设定了制裁，从而才间接创设了一项法律义务。尽管他在此

[55] ［奥］凯尔森：《纯粹法理论》，张书友译，中国法制出版社2008年版，第92页。
[56] 《圣经·新约·约翰福音》，Ⅷ：3～7。

处并未使用责任概念，但立法者与国民之间却显然存在一种霍菲尔德所谓的“权力—责任”关系，立法者能够通过自己的行为在国民与制裁机关之间建立一种关于决定和实施制裁的法律关系。凯尔森接着写道：“就此而言，实在法与实在道德的根本区别并不在于道德制裁不是强制行为，而在于两类行为的关系有别：在命令特定行为的道德规范与制裁违反前一规范之行为的另一规范之间的关系，绝不能与法律王国中两类规范的关系等量齐观。”〔57〕在法律领域中，规定制裁的规范扮演了极端重要的角色：“法律若欲命令某一行为，唯一的途径便是为相反的行为附加一项作为制裁的强制行为。”〔58〕而道德王国中的两类规范却彼此独立而互不依赖，不具有上述“权力—责任”关系。就此而言，法律之所以有别于其他规范体系，就在于法律能够通过授权实现自身的扩大“再生产”，而不在于诸规范间内容上的差异。

其实富勒（Lon Luvois Fuller）关于“两种道德”的理论同样有助于说明法律与道德（以及宗教）在规范作用上的差异：“愿望的道德”（morality of aspiration）显然无法用霍菲尔德八个基本法律概念中的任何一个来刻画，因为“义务判断所特有的那种说明理由的话语类型并不适用于愿望的道德”。〔59〕当然，这种解释上的“无能为力”并不意味着霍菲尔德的理论有待完善或补充——相反，这恰恰表明法律分析的独特性在相当大的程度上依赖于其研究对象的独特性，过分夸大其应用范围将使法律理论丧失独立性与个性。

〔57〕 Hans Kelsen: *General Theory of Norms*, p. 143.

〔58〕 *Ibid.*, p. 142 ~143.

〔59〕［美］富勒：《法律的道德性》，郑戈译，商务印书馆2005年版，第7页以下。

宪法教义学的功能与界限

白 斌*

> 就像因自我观察而受折磨的人多数是病人一样，有理由去为本身的方法论费心忙碌的科学，也常常成为病态的科学，健康的人和健康的科学并不如此操心去知晓自身。
>
> ——拉德布鲁赫〔1〕

在我国宪法学界当前纷乱的理论格局中，宪法教义学正以其作为狭义法科学的独特品格吸引着自己的信徒。然而，诚如佩策尼克所言，法教义学乃是法学家自我反思的产物。〔2〕作为一门科学，反思对于宪法教义学而言异常重要。如果宪法教义学并不试图将自己视为一种包容一切的超级理论，它就必须仔细辨明自身的力量以及界限，将自己的力量保留在此种界限之内，乃是其维持自身之科学性的重要保证。由于在功能与界限方面，宪法教义学与法教义学具有相当程度的相似性，所以笔者在本文中将以宪法教义学作为法教义学的特案进行论说，并重点就宪法教义学的特殊之处加以分析。

一、宪法教义学所可能遭遇的批评及其回应

历史上，否定法教义学、宪法教义学及其作用的学者不乏其人，其中不乏极端尖锐的批评者。所受批评之要点也是多方面的，本文加以归纳梳理，择其要者，列述于下，一一分析。

---

* 中央财经大学法学院副教授。

〔1〕［德］拉德布鲁赫：《法学导论》，米健、朱林译，中国大百科全书出版社1997年版，第169页。

〔2〕 A. Peczenik, *Scientia Juris: Legal Doctrine as Knowledge of Law and as a Source of Law*, Springer, 2005, p. 12.

（一）对象的易变性（不稳定性）

在这方面，最为典型的批评恐怕当属1848年时任柏林检察官的基尔希曼（Julius von Kirchmann），他在柏林所做的一次举世闻名的演讲《作为一种科学的法学的无价值性》中，就曾主张：无论作为一种解决纠纷的科学还是技术，法教义学都是无用的〔3〕；并强调："立法者修改三个字眼，全部的法律藏书就变成了一堆废纸。"〔4〕此种批评无疑道出了些许实情，凸显了法教义学受限于立法者之心情和活动的残酷事实。立法者的活动，使得在今日有效之法，在明日即遭废弃，而在今日禁止否定的事物，在明日或获承认肯定。以至于连蒙田都不得不在其随笔中对伟大的法律揶揄一番："没有东西像法律那样多变！"〔5〕在此种情形下，法教义学或将丧失科学性和独立性，而最终沦为立法者的婢女，随着其对象的变化而更易自已的内容，顺从地为任何立法提供正当性证明。

若仔细考究上述批评意见，则其中不免有若干可值反思之处。拉德布鲁赫强调说："法科学研究对象因时因地而存在的可变性，并不构成其科学性遭受质疑的论据：否则人们将不得不基于同样的理由否定历史学的科学性。"如果说"否定法学作为科学的论据并非简单的是其对象的变化性，而是其随意的变化性"，那么就必须指出：立法者对法的立改废——为法学取消一项旧的对象或设定一项新的对象——的活动，并不比改善美学的价值判断的诗人的创作活动或者改变政治的价值判断的将军的军事活动更为"随意"。相反，立法者的活动更为谨慎，其是在历史的指令下活动。〔6〕但是，如果细加斟酌，拉德布鲁赫的辩解似乎不尽有力。因为无论是历史学，抑或是美学和政治，其在性质上均不同于法学，其所导致的相应价值判断标准的改变，无论对于个人还是社会，影响均不及正义标准的变化来的重大。我们可以容忍美学标准随意地变化，可以容忍历史学对象的变化，但恐怕很难容忍判断正义的法随意变化。但是无疑，拉德布鲁赫仍然给我们提供了相当的启示。

必须看到，基尔希曼道出了法教义学受制于立法活动的事实，虽然如此，但其对于立法者立法活动的恣意性的描述未免夸张。首先，立法权的运作并非是毫

---

〔3〕 Aleksander Peczenik, *A Theory of Legal Doctrine*, Ratio Juris. Vol. 14 No. 1, March 2001, p. 96. n. 24.

〔4〕 *Gustav Radbruch*, Rechtsphilosophie, K. F. Koehler Verlag · Stuttgart, 1963, S. 222.

〔5〕［法］蒙田：《蒙田随笔全集》（第2卷），马振骋译，上海书店出版社2009年版，第239页。

〔6〕 *Gustav Radbruch*, Rechtsphilosophie, K. F. Koehler Verlag · Stuttgart, 1963, SS. 222 ~ 223.

无背景的，而是往往受到如阿尔尼奥所谓的“法的前理论”（pre－theory of law）的制约。〔7〕其次，法教义学所构建的融贯的“教义体系”具有极强的稳定性，其对于立法者所创造的新的法规范的整合能力绝对不容小觑，易变的与其说是法教义学，毋宁说只是立法。“立法者修改三个字眼，全部的法律藏书就变成了一堆废纸”的说法虽然形象，但却有无视法教义学体系的整合能力的嫌疑。最后，如果不把法教义学局限于部门法教义学，而是放宽视野到宪法教义学，则真实的情况恐怕是：立法者并不是为所欲为的。在现实的立宪主义法制框架中，立法者受到宪法所设定的诸多限制性规范的约束，且即便某种有悖于整体法秩序之精神的法律获得通过，亦存在宪法审查制度作清理校正的工作。因此，在法教义学繁荣发达的国度，与其说是法教义学受限于立法者的心情，毋宁说是立法者受到法教义学的拘束。

而就宪法教义学而言，其受制定者的侵扰要少得多，因为无论是立宪活动抑或是修宪活动，其均不如法律变动的那般频繁。由于宪法作为国家的根本大法，规定了对于共同体之存在和发展而言具有极端重要性、基础性的价值决定，故而就单次宪法修正活动而言，其变动的力度必然不会是颠覆性的，也不会触及最为根本的宪法价值。而且如前所述，宪法教义体系主要由原则和原理构成，其适应能力不容小觑，对具体的宪法命题（实体性的宪法材料）的体系化处理的能力相较于部门法教义学更为强大。因此，与其说“立宪者修改一个字眼，全部的宪法藏书都变成了一堆废纸”，毋宁是如阿尔尼奥所言：“体系的每一个变化都将改变我们对法秩序的认识。”〔8〕

（二）历史性和地方性

与易变性比起来，法教义学的另一项缺陷，即其深受时空所限，对其科学性而言似乎危害更大。佩策尼克曾经论述道：

“法教义学创立于各别的国法体系中。比如，德国侵权行为的充分因果关系理论与英美近因理论毫无相似点，也与法国 cause étrangère 理论不同，虽然这三种理论在各自的法律体系中发挥着相似的功能。在这一意义上，法教义学本质上是实证主义的。其内容不仅受到寻求普遍有效性之各种原则的影响，也受到某特

---

〔7〕 关于此“法的前理论”的具体内容，请阅读 Aulis Aarnio, *Reason and Authority: A Treatise on the Dynamic Paradigm of Legal Dogmatics*, Ashgate/Dartmouth, 1997, pp. 240～241.

〔8〕 Aulis Aarnio, *Reason and Authority: A Treatise on the Dynamic Paradigm of Legal Dogmatics*, Ashgate/Dartmouth, 1997, p. 237.

定法律体系之特殊内容的影响。”[9]

这就导致法教义学无法为我们提供稳定的普遍性的正义，它所提供的正义永远是随着时代和地域的变化而改变其内容的。对此，法国思想家帕斯卡尔嘲笑道：

“我们本应当看到正义矗立于地球上所有国家和一切时代，但是我们却发现几乎没有什么正义或不正义不是随着气候的变化而改变其性质的。从极点下移三个纬度，整个法学就被彻底颠覆了。一条经线就决定了真理。根本法用不了几年就改变了；权利有其时代；土星进入狮子座对我们而言便标志着一种罪行的起源。多么可笑的正义啊：竟然以一条河为边界！在比利牛斯山的这面是真理，到了另一面却成谬误了！”[10]

帕斯卡尔的嘲笑并非言过其实。就宪法教义学而言，在时间方面，其也具有历史性，日本明治时期的宪法教义学，早已随着“大日本帝国”的陨落而掉进了瓦砾堆，只具有些许学说史的意义，现在最高裁判所的哪位大法官还会关注它曾经的精致细腻？某个政治事件——而不是该法教义学自身的缺陷——就这样无情地结束了该法教义学的生命。在空间方面，政治国家的边界限制了国家的权力，也界定了宪法教义学的有用范围，从而决定了宪法教义学的地方性。世界上有哪一种真理是受到地域限制的，在此地是真理，而到了彼地却成了谬误？一名德国的宪法教义学家，到了中国，面对中国的宪法问题，他还敢宣称自己的知识的真理性和有用性吗？非常明显的一点是，在时空限制方面，由于宪法的政治性，相对于民法教义学，宪法教义学受到的制约更大。社会主义国家的宪法和资本主义国家的宪法泾渭分明，由此导致无论在规范的解释方面还是在整体规范体系的构造方面，即便文本表述完全相同，所获得的教义学结论也有迥异的差别。那么，在这种情况下，宪法教义学如何保证其结论乃是理性的、可普遍化的？

对此，佩策尼克质问道：“受到某特定法律体系的特殊内容的巨大影响的法教义学的内容如何才能具有规范性的拘束力？以及是在什么意义上的‘规范性’？是否只存在一些特具法律性而不具道德性的规范性？那又是在什么意义上讲的？”[11]这一质问的力量在于，法教义学如何在作为地方性知识的同时还能保持自身的规范性？

---

[9] Aleksander Peczenik, *A Theory of Legal Doctrine*, Ratio Juris. Vol. 14 No. 1, March 2001, p. 85.

[10] B. Pascal, Pascal's Pensées, trans. by W. F. Trotter, 1910, pp. 83 ~ 84. 参考中译本［法］帕斯卡尔：《思想录》，何兆武译，商务印书馆1985年版，第137页。

[11] Aleksander Peczenik, *A Theory of Legal Doctrine*, Ratio Juris. Vol. 14 No. 1, March 2001, p. 85.

然而，从法的历史性和地方性层面考虑，法教义学的时空限制性亦可得到理解。因为宪法教义学的对象——现行宪法规范秩序——本身乃是历史性和地方性的，由人类在某一特定的社会历史背景下制定，并随着社会之变迁而演化，那么宪法教义学就必须具有历史性和地方性。此种历史性和地方性的批评完全是外部视角，而从内部视角而言，则宪法教义学对其对象而言则可能是永恒的。因为究竟在某个特定的社会里什么样的规范乃是有拘束力的，部分地取决于这个社会中人们普遍的观念。而宪法教义学既以一国现行实证宪法作为自己的基础和界限，则其已然自我限定自身的研究范围，“有所为有所不为”，不可因其未涉足界限——时空界限——之外的宪法现象而否定其研究的意义。反而正是由于对历史性和地方性的宪法秩序怀着一种真理性的确信，宪法教义学的工作才可能达到对其对象的永恒性的认识，甚至可能提升其对象的规范性价值，从而提升自身的价值。

进一步讲，宪法教义学的历史性和地方性完全是相对的，其还具有哲学性（普遍性）。[12] 一方面，从空间维度考虑，各国的宪法教义学并非完全不同，甚至与法的借鉴和移植一道，许多宪法教义学的理论也常常在母国之外被借鉴吸收，并得到应用；另一方面，从时间维度考虑，当今的法学亦并非与历史上的法学完全断裂，需要注意到，今日之法教义学仍然处于不断发展延续的法学传统之历史脉络之中，其承继了传统法学中绝大部分真理性知识。至少必须承认，法教义学的某些核心因素乃是西方共同文化遗产的一部分，在今日甚至已成为人类共同法律文化财富的一个组成部分。[13] 就宪法教义学而言，无论在细节上存在多大不同，各国宪法教义学在基本原理方面出现趋同倾向却是不可否认的。立宪主义意义上的宪法，即基于18世纪末市民革命时期所主张的，限制专断性权力、广泛保障国民权利的所谓立宪主义思想的那种宪法，于是成为近代宪法的主流。其所代表的价值，及至当今，甚至可以说已然构成全世界文明国家所共享的核心价值。与普通法律教义学相比较，宪法教义学的历史性和地方性反而可能是程度最小的，特别是在作为教义的宪法原理方面。

因此完全可以说，一方面，宪法教义学的国别性反而正是其力量之所在；另一方面，宪法教义学的某些理论虽然诞生于某个特定时空，但其之真理性却并不

---

〔12〕 萨维尼就曾指出：法学是一门历史性的科学，也是一门哲学性的科学，也可以说是历史性科学和哲学性科学的统一。参见［德］萨维尼、格林著：《萨维尼法学方法论讲义与格林笔记》，杨代雄译，法律出版社2008年版，第4~6页。

〔13〕 Aleksander Peczenik, *A Theory of Legal Doctrine*, Ratio Juris. Vol. 14 No. 1, March 2001, pp. 97~98.

必然局限于该时空，而是有可能因其契合于人类普遍的道德精神结构从而具有更为普遍的适用范围的。

（三）保守性

在诸种以宪法为研究对象的学问中，宪法教义学无疑是最为保守的，其以现行宪法秩序为对象和界限，对后者之真理性保持绝对的确信，并以此为前提开展宪法解释、建构和体系化工作。故而，宪法教义学对于现行宪法规范秩序必然采取一种无批判的、全盘接纳的态度，甚至可能无视现行宪法秩序中事实上存在的缺陷（矛盾和漏洞）。对于后者，宪法教义学总是在一方面通过体系化思考的方式——诸如例外置入、调整范围之分配、冲突规则的引入等——将规范之间的矛盾冲突降低到最低限度，另一方面则藉由建构的教义体系内在的推理进行漏洞填补，最典型者比如宪法未列举权利问题。如此，宪法教义学通过体系化的方式维护了宪法秩序的安定性。但是，体系一旦构建完成，其性质就决定了它的超稳定结构。与以零散的方式存在的教义相比，教义体系适应社会情状之变动的能力更强，故而也就自然拥有很高的稳定性。挑战者所挑战的就不单单是一条教义，而是由该条教义及与其处于密切连接与支撑状态的其他所有教义所构成的整体的教义网络。所谓“牵一发而动全身”，正因为某一构成部分的变动会导致体系整体的调整，因此某一教义体系一旦建构完成，便会极力避免或者谨慎地对待任何对个别宪法条款的新的理解和解释方式。

宪法教义学的大厦完全建立在对宪法教义的真理性确信的基础之上。其并没有对现行宪法秩序作整体性的反思，甚至因此而有捍卫现行宪法所确定的利益分配格局的功能，进而还对传统宪法教义学所建构的教义及其体系保持十分的尊重，故而可能流于过分保守。德国帝国公法学者们对于时代政治气候的变化，虽然不敢说是完全忽视，那也只是“试图谨慎地回应”，所以“直到帝国结束为止”，它还保持着原来的理论结构。[14] 他们对自己国家所拥有的那部“规范得很好的、自由的、能保平安的宪法”的真理性的过分自信，使他们那本应敏锐的神经变得迟钝麻木，最终随着帝国的陨灭而最终被时代抛弃。以上所述均彰显了宪法教义学的保守性。

那么其是否显得太过保守了呢？非也。其原因有三：其一，宪法教义学的保

〔14〕［德］米歇尔·施托莱斯：《德国公法史：国家法学说和行政学》，雷勇译，法律出版社2007年版，第23页。

守性—非批判性乃是由宪法的安定性所决定的，后者又是由宪法规范之内容的根本性所决定的；其二，宪法教义体系的保守性并不是绝对的，对体系的修正程度事实上取决于需要妥善解释的材料的范围和幅度，如果通过较大修正，体系能够包容更多规范性材料和满足更多规范性需要，从而将导致体系更具真理性，且在可预期之未来只须作较小修正的话，对教义体系作较大的修正便是合理的；〔15〕其三，虽然说在诸种以宪法为研究对象的学问中，宪法教义学是最为保守的，但在法教义学各种子类型中，宪法教义学的批判性却是最强的，因为其经常性地通过宪法审查制度来检视被法律教义学视为真理的法律规范的合宪性或正当性，从而履行其对于法律教义学之困境的救济义务。

宪法教义学的保守性是相对的，这也意味着其教义存在一定程度的可辩驳性，即便是历史中形成的宪法教义也有辩驳的可能，以致总是可以将某种例外解读为某条规范。这就自然导致了宪法教义学的不明确性，似乎我们很难借其而获得精确的规范结论，似乎没有什么是稳定的。但是，诚如佩策尼克所言，此种可辩驳性的主要源泉在于“我们的道德理性——其隐藏于所有法律的背后——有一种从旧有规则中寻找例外的自然的能力，当生活以新情况之面貌与我们遭遇时。”〔16〕正是通过不停地寻找例外并使得规范更具真理性和正当性，宪法教义学使得宪法规范体系在结构上更为圆满，在道德上也更具有正当性。而“无论何人从法中消减可辩驳性，都将以一种极易遭受道德批评的法状态结束。”〔17〕

（四）道德基础理论的零散性

道德基础理论的零散性乃是整体的法教义学所面临的问题。佩策尼克曾经论述过：

“在一个规整的世界里，各种教义学将与一个单一的超级理论保持融贯一致，就像自然科学的各分支以一种相似的方式与基础物理学保持融贯一致一样。但事实上，相对于实践理性与道德的诸基础理论，法教义学体现了一种中立性。功利主义者、权利理论家、排他主义者以及其他道德哲学家之间的争论对它们影响极小，如果不是丝毫无影响的话。对于法教义学之规范性力量的深层次基础而言，这一事实造成了一个问题。”〔18〕

---

〔15〕 Aleksander Peczenik, *A Theory of Legal Doctrine*, Ratio Juris. Vol. 14 No. 1, March 2001, p. 82.

〔16〕 A. Peczenik, *A Theory of Legal Doctrine*, Ratio Juris. Vol. 14 No. 1, March 2001, p. 88.

〔17〕 A. Peczenik, *A Theory of Legal Doctrine*, Ratio Juris. Vol. 14 No. 1, March 2001, p. 87.

〔18〕 A. Peczenik, *A Theory of Legal Doctrine*, Ratio Juris. Vol. 14 No. 1, March 2001, p. 84.

说得简明一些，正如伦敦大学法学院法理学教授弗里曼所论，多样化的意识形态因素统治者法律人看待问题的进路，它们不是公开宣明的，而是隐蔽不彰的。[19]

对宪法教义学而言，这个问题尤其成为缠绕于所有教义学工作之上的根本性的理论问题。宪法规范主要是原则性规范，其与价值直接相关，因此宪法学便不可避免地变成了现代社会多元价值争端的舞台。自由主义、功利主义、社会主义、共同体主义、全体主义等道德基础理论纷纷登台，以各自的方式建构着自己心目中理想社会的价值秩序，并努力使得该种价值秩序理念能够在宪法教义学论争中胜出，并最终通过立法和法院的裁判实定化，从而塑造整体的国法秩序和国家生活。如果说法律教义学还能够在诸种实践理性和道德的基础理论之间秉持佩策尼克所谓的中立性的话，佩策尼克的论断则可能并不适用于宪法教义学，换言之，这种中立性对宪法教义学而言是无法想象的。其原因，一方面在于宪法教义学尚未发展到如民法教义学、刑法教义学那般的绵密繁复以致几乎到了免予道德论争而以单纯技术处理的地步。另一方面也在于宪法教义学对其对象——即作为客观价值秩序的宪法规范——的认识本身就需要价值分析与衡量。因此，功利主义者、自由主义者、社会主义者以及其他道德哲学家之间对公共价值问题的争论——如果它们是可争论的——对宪法教义学并非毫无影响。

然而，我们也大可不必对这种影响的存在抱持一种绝望的态度。因为：

首先，不论法律人有着怎样的哲学倾向，藉由他们的训练与环境，他们——在对宪法的认识方面——的共同点都比不同点要多；换言之，法学教育和法律职业训练应当能够在统合法律人的哲学前提方面承担起自身的职责，以尽可能减少他们由意识形态分别所造成的分裂。[20]

其次，在另一层面上，这种多样化的意识形态争论反而有助于宪法教义学达到对于宪法价值秩序的真理性认识，如果我们承认在理想的规范世界里存在着唯一的宪法价值秩序的话。在此意义上，宪法教义学就应当立基于一种正确地反映该宪法唯一价值秩序的跨越性（overarching）的道德理论。

但是，这种跨越性的道德理论并不是明白地呈现的，也不是前述多种道德基础理论的简单集合，而毋宁得认为各该道德基础理论仅仅具有部分的真理性，而它们各自的真理性因素以某种方式最终结合为前述跨越性的道德理论。比如有关

〔19〕 See M. D. A. Freeman, *Introduction to Jurisprudence*, 8th Edition, Sweet & Maxwell, 2008, p. 1.

〔20〕 See M. D. A. Freeman, Introduction to Jurisprudence, 8th Edition, Sweet & Maxwell, 2008, p. 1.

公共利益及其与基本权利的关系问题，就不仅仅存在一种道德理论，功利主义者、自由主义者、社会主义者基于各自的理论会有不同的解答。但是，这些迥异的解答，只要它们是不同的，在法律学的范围内，通过说理的竞争，最后只可能有一种解答是正确的。这一个解答方才是前述跨越性道德理论的组成部分。换言之，我们不敢说任何道德问题均存在一个唯一正解，但任何宪法问题必然存在且只有一个正确解答。

即便参与竞争的道德基础理论存在多样化的状况，这也并不必然意味着宪法教义学理论的零散化。这是因为，作为规范科学的宪法教义学虽必然与道德哲学存在联系，但这种联系并非一一对应的，因此二者并不同一。宪法教义学经由数代人的智识努力所建构的概念和体系既不可能还原为道德哲学的概念和体系，也不是完全受道德哲学的演变而决定，毋宁有着自己独立的历史和传统。在这个意义上，还原主义的立场是行不通的。所以，佩策尼克才会说：法教义学“不会与道德理论相分离，也不会还原为道德理论”。[21] 每一个人都有自己独特的价值偏好，这是事实，但这并不意味着：这些多样的价值偏好无法被超越或整合。宪法作为共同体成员开展协作的框架规范，乃是共同体得以存续的基本价值决定。此中的价值并不等同于个人的价值偏好，也并非共同体成员价值偏好的简单相加或交集，而毋宁是社会成员对共同体存续之条件的实定化了的价值共识。在此意义上，宪法价值具有客观性，其不依赖于个人的主观价值偏好。道德理论的多样化乃是由其本体（＝道德法典）的多元状况决定的，而宪法典的一元性及其中之宪法价值的客观性也决定了作为宪法教义学之基础理论的某种道德哲学的统一性。可以说，在宪法教义学框架内，道德基础理论的零散性仅仅是外在的表象，而教义学的一元性和宪法的客观性均内在地要求宪法教义学之基础理论的统一性。

二、宪法教义学的功能

虽然每个时代都存在对法教义学力量的怀疑，但法学界的主流意见大都认可法教义学的重要作用。但究竟法教义学具有何种功能，学说则不尽统一。阿尔尼奥说得最为简洁明了，“根据规范的用法，法教义学有两项功能：对法律规范的

〔21〕 A. Peczenik, *A Theory of Legal Doctrine*, Ratio Juris. Vol. 14 No. 1, March 2001, p. 97.

解释和体系化”。[22]魏德士将法教义学的功能归结为5点[23]：（1）理顺功能和体系化功能；（2）稳定功能；（3）对实践的减负功能与否定禁止；（4）对法律适用的约束与革新功能；（5）批判与修正功能。阿列克西在其成名作《法律论证理论》中，总结了法教义学的6项功能[24]：（1）安定化功能；（2）进步功能；（3）减负功能；（4）技术性的功能；（5）制御功能；（6）启发功能。作为法教义学之一种具体形式，宪法教义学自然应当完全具有法教义学所可能拥有的一般功能，并使得这些功能在自身之中呈现出独特的意义。因此，综合前述学术观点，同时考虑到对目前我国法制的特殊问题状况而言，宪法教义学所可能发挥的独特功用，下文将具体探讨四点对我国而言具有特别重要意义的功能。

（一）统合法秩序、认识宪法和维护宪法的安定性

宪法规范体系并非自始直接呈现，正是在宪法教义学的不懈劳作中，其轮廓和细密构造方才逐渐显现与明晰起来。一方面，一国的实在法规范散落在数以万计的法典、行政法规、地方性法规、部门规章、地方政府规章、司法解释，甚至法院为数众多的裁判文书等之中，其间歧义迭出，矛盾冲突势所难免，缺漏竞合比比皆是，而宪法教义学则发挥价值统合功能，通过解释和体系内的批判工作，将自身的价值贯彻于整体的法秩序之中，从而达到维护人权、限制公权力的目的。另一方面，宪法规范以一种隐蔽的方式存在于宪法条文之中，宪法教义学只有通过宪法解释、建构和体系化作业从宪法条文及其脉络关联中解析出完满的无矛盾的宪法规范体系，方才最终完成其“认识宪法”的任务。特别是其中的体系化工作，我们知道，只有藉由法教义学的体系化，才能消除歧义、弥补缺漏，形成整齐有序的、可以从总体上把握的统一的法体系，裨益于法的认识、传授、学习与适用。[25]倘若没有法教义学的前提工作与体系化作业，立法将停滞于科学上甚为低劣的水准，或将陷入盲目和恣意的纷乱境地。法教义学一方面乃是法体系

〔22〕参见阿尔尼奥为佩策尼克的专著《论法与理性》所撰写的导言第三部分，see A. Peczenik, On Law and Reason, Kluwer Academic Publishers, 1989, introduction, pp. 2～3.

〔23〕［德］伯恩·魏德士：《法理学》，丁小春、吴越译，法律出版社2005年版，第145～146页。

〔24〕Robert Alexy, *A Theory of Legal Argumentation*, trans. by Ruth Adler and Neil MacCormick, Clarendon Press · Oxford, 1989, pp. 266～272；亦可见［德］阿列克西：《法律论证理论》舒国滢译，中国法律出版社2002年版，第328～335页。

〔25〕Robert Alexy, *A Theory of Legal Argumentation*, trans. by Ruth Adler and Neil MacCormick, Clarendon Press · Oxford, 1989, pp. 270～271；［德］伯恩·魏德士：《法理学》，丁小春、吴越译，法律出版社2005年版，第145页。

之建构；另一方面也是法体系的使用。[26] 倘若没有宪法教义学的体系化工作的完成，则宪法适用自然很难展开，因为没有体系，司法者无法完成针对特定争议宪法案件的规范的“体系定位”，也无法理解特定宪法条文的意义范围及其边界。宪法教义学既有之体系乃是进一步开展其作业的基础和平台。倘若没有经由前述的体系化作业所建构而成的宪法规范体系，则无论是宪法自身的理性力量，还是宪法教义学其他工作的效率以及其作业成果的可接受性都将大打折扣。因此，宪法规范体系的存在及其功能对于理解宪法教义学的力量而言乃具有重要意义。进而，如果没有宪法教义学的范畴论和目的论的建构和体系化作业及其相应的成果——宪法概念、原理和教义体系，宪法解释就可能纯粹沦落为单纯的文字游戏。

由传统、权威和理性共同塑造而成的法教义学为法律问题提供了权威性的解答，并通过体系性的工作将这些解答串联织就一张巨大融贯的“网络”。相较于单个的法律命题，一张融贯性的命题网络明显地更为坚韧、更为安全，[27] 也更能经受得住时代与永恒的考验。即便出现新的社会问题或事实材料，法教义学也是通过“体系内”的微调来适应社会环境的变迁，而非彻底地打碎或根除旧体系。这一点极大地维护了法秩序的安定性，保证了法的可预见性。宪法教义学同样具有这一功能，坚定地捍卫着宪法秩序的安定性。因为宪法规定了国家的根本价值决定和根本政治框架，其安定性对于共同体的存在和延续而言更为重要。在维护该根本政治框架和根本价值决定的前提下，宪法教义学亦努力实践宪法作为共同体成员协作的规范条件（=正义）的功能。拉德布鲁曾告诫我们：“只有天生应从事法官职业的人，才刻板地意识到；法官不是正义的奴仆，而只是法的安定性的侍者。”[28] 而宪法教义学则努力在履行其作为宪法的安定性的侍者的职责的同时，服务于正义的实现。

（二）减轻负担[29]与制约恣意

获得了绝大多数法律人确信的法教义学命题有能力使法律实践者不必每一个

---

〔26〕 Eberhard Schmidt－Aβmann：《行政法总论作为秩序理念》，林明锵等译，元照出版有限公司2009年版，第6页。

〔27〕 Aleksander Peczenik，The Passion for Reason，In *The Law in Philosophical Perspectives*. Ed. Luc J. Wintgents，Kluwer Academic Publishers，pp. 189～192.

〔28〕 ［德］拉德布鲁赫：《法律智慧警句集》，舒国滢译，中国法制出版社2001年，第134页。

〔29〕 Robert Alexy，*A Theory of Legal Argumentation*，trans. by Ruth Adler and Neil MacCormick，Clarendon Press·Oxford，1989，pp. 269～270；［德］伯恩·魏德士：《法理学》，丁小春、吴越译，法律出版社2005年版，第145～146页。

案件都重新开始论证工作，而是能够采纳已经经过检验并获得确信的法教义学命题或者解答方式作为论证当然的前提和路径。对每一个问题都重新开始讨论必然会导致为原因的原因寻找原因，无限地回溯不仅费时费力，也注定劳而无功，且为司法的时限制度所不容许。法教义学有助于减轻法律工作者的论证负担，提高法律工作的效率。从反面来看，法教义学也限制了司法者、法学者面对法律文本与案件事实时的自由空间，已有的法教义学命题总是一再地呈现并提醒他们，越过现有教义而提出任何新的解答模式的企图都要求承担更为沉重的论辩责任，而所提出的新解答模式也须接受更为严苛的检验。[30]

（三）解答具体法律问题和促进法治政治的成熟

在诸种以法现象为研究对象的科学中，法教义学是唯一以解答具体法律问题作为自己本职工作的科学。无论是法哲学，还是法社会学、法史学，都不具有此种为现实问题提供正确解答的实践风格。特别是在面对疑难案件之时，各种教义学技术被动用以应对法教义学的"紧急状态"，法教义学家的知识和能力有机会得到最为淋漓尽致的彰显。法教义学绝非高头讲章、玄妙学理，它的生命在于生活，正是在其理论与现实生活的对接中，法教义学得以证明自己存在的正当性，并借此发展自己的理论。正是在这个意义上，法教义学从不把疑难案件视为是对既有体系的挑战和破坏，而是看作延伸自己、完善自己的良机。法教义学的发展不是由形式逻辑决定的，而是被现实生活、人类的法律精神所决定的，因此投身于活生生的现实在法教义学者看来是必然的选择。正是这种对于生活的参与，使得法教义学真正地在直接参与一国的法治建设，其途径即是为法律问题提供在一定的语境下可被接受的正确答案。此一正确答案只有在一定的现行法秩序框架内方才得以主张自己的正确性，进而此种法秩序框架也成为法教义学的工作对象。在这种"具体案件——教义学解答——整体法秩序框架——具体案件"的循环过程中，法教义学在宏观和微观两个维度上促进着一国法治的成熟与实现。

而在实现法治政治的路途中，宪法教义学扮演着更为重要的角色。纵观其历史，宪法教义学主要是受到唯心主义思想的导控，此种唯心主义的具体表现便是前述的规范主义，正是借由规范主义的规范图景与现实的宪法文本的对接，宪法

---

〔30〕［德］伯恩·魏德士：《法理学》，丁小春、吴越译，法律出版社2005年版，第145～146页；Robert Alexy, *A Theory of Legal Argumentation*, trans. by Ruth Adler and Neil MacCormick, Clarendon Press · Oxford, 1989, pp. 266～268.

教义学得以有意识地对现实的政治运作方式加以理想化塑造，从而推进政治的发展。此一点之所以可能，盖由于宪法教义学所从事的建构和体系化工作，特别是其中的目的论的建构和体系化，因其是在一定的宪法理念的主导下运作，故而具有相当的创造性。该种基于一定理念所构造的教义学理论模型，当其被法律人接受，便会自然地影响到他们对于宪法规范的理解和认识，进而最终落实于宪政实践。这方面最典型的例证恐怕要数“公法与私法”的学理划分对现实的影响了。原本纯粹是为了教学和系统研究的目的对法秩序整体所作的划分，被大多数法学家采纳并细致化之后，有力地推进了“自由于国家”的独立的市民社会的形成。〔31〕

（四）沟通功能与法律共同体的构筑〔32〕

时至今日，在法律判断与法律推理中，“意识形态”统制的普遍存在已被学界所公认〔33〕并具备了某种程度的正当性。在此背景下，法学教育与法律职业训练应当能够在统合法律人的哲学前提方面承担起自己的职责，以尽可能地减少他们由意识形态的分别所造成的法律判断的分裂。而这一点又只有在法学教育和职业训练内容统一的情况下方可完成。普遍性的法学教育和职业训练首先将法律人塑造为一个语言共同体（Spachgemeinschaft）：他们运用共同的概念、术语，并赋予其一致的词意和稳定的精神内涵，并遵循同样的使用规则。进而在此语言共同体的基础上，以法律事业为中心，发展出真正的“法律职业共同体”。在此过程中，法教义学扮演着异常重要的角色。

法教义学乃是法学研究者与法律实务人员共享的立场与方法，立法者、法官和法学家均声称运用它，并成为法教义学更新其教义（体系）的主要力量。立法者的立法活动、法院的权威性裁判和法学家的理论研究构建而成的教义命题和解答方案彼此依存、相互塑造，最终推动着法教义学及其教义体系的发展与成熟。法律实务界若无视法学家的存在，则其将陷入具体、零散的制定法泥潭中难以自拔，从而无法以概观的方式认识个案及其相应规范的体系位置，也无法谈得上距离性反思的可能。而如果法学家轻视实务界的知识和努力，则法教义学理论就将

---

〔31〕［德］米歇尔·施托莱斯：《德国公法史：国家法学说和行政学》，雷勇译，法律出版社2007年版，第20～23页。

〔32〕此论点的形成受到孙笑侠教授的启发，他在一次学术沙龙的评点中谈到了这一观点的雏形。

〔33〕See M. D. A. Freemann, *Lloyd's Introduction to Jurisprudence*, 7th edition, Sweet & Maxwell LTD, 2001, pp. 1～2.

最终与现实生活分道扬镳，而成为某种纯粹逻辑的学理推演。故而，法教义学必须通过努力影响实务人员而将自身的理论付诸实践，并在实践状况的观测与反思中获得进一步改进的契机。由此，法教义学作为沟通理论界与实务界的桥梁而可能改变二者自说自话的困境，从而成为构筑统一的法律共同体的钥匙。可以说，法教义学乃是法律职业者方法论意义上的身份标记。拉德布鲁赫说："法律家阶层必须感到自己作为庞大的人权联盟超越于一切党派，必须具有一致的愤怒感，去反对不管由谁或针对谁的任何违法；反对总想去违法的人，不是为了受害者，而是为了受害的法本身，整个法律家阶层正是在法上安身立命的。"〔34〕

就宪法教义学而言，其无论对于修宪者、立法者，还是法官都具有举足轻重的影响力。宪法修正案的起草者自然需要接受并运用宪法教义学所提供的基本概念，认真对待宪法教义学已取得的教义学成果，了解其力量和弱点，并为消解无休无止的教义学争论而创制更为明晰的宪法规范条款。对立法者而言，其基于宪法之授权规范而享有立法权，故而对于宪法具有遵守义务，所有法律须依照宪法制定，不得违背宪法规范，否则无效。而对于宪法规范之意义及其体系的认识，立法者必然仰赖已有的宪法教义学的解释和体系化的成果。不论该国家是否已然建立具有实效性的违宪审查制度，对法官而言，其也必须在个案审判中遵守宪法，个案判决和对法律的解释均不得违反宪法；在诸种可能的法律解释方案之中，法官有义务选择合乎宪法的解释方案。除此之外，在对宪法条文的解释中，已有的宪法教义学模型对宪法裁判者的影响也是广泛而深远的。在德国联邦宪法法院的裁判中，可以非常清晰地看到这一点：法官在判决书中经常性地引用已有的权威宪法教义学成果证明自己的观点。〔35〕由此可以说，法官亦无法忽视宪法教义学的规范力量。

三、宪法教义学的界限

如果说前述一般法教义学在中国遭遇困境的话，那么相对于刑法教义学、民法教义学等，宪法教义学的处境则更堪忧虑，由于其所处理的国家法、政治法的课题，与政治学、社会学等学科多有重合，是故更容易遭受该种学科的"侵入"，

〔34〕［德］拉德布鲁赫：《法律智慧警句集》，舒国滢译，中国法制出版社 2001 年，第 132 页。

〔35〕一个典型的例子便是德国联邦宪法法院关于"吕特案"的判决，内中大量引用宪法教义学者的观点。参见我国台湾地区"司法院秘书处"编辑：《西德联邦宪法法院裁判选辑（一）》，司法院秘书处发行，1990 年版，第 100 页以下。

也更容易引起公权力的关注和干扰，进而被意识形态化。所以，许多宪法学作业虽以宪法教义学为名，但其实质却是政治意识形态的表达。在这个意义上，必须承认：不是任何事情宪法教义学都可以做到。这就涉及宪法教义学的界限问题。可以说，法律教义学的困境更多的是个案式的，而宪法教义学的困难则是全面的，其划定属于自身独特研究领域的边界也更为困难。

（一）对于非教义性研究立场的尊重

宪法教义学必须承认自己力量的有限性，并对自己以外的非教义性的研究立场保持适当的尊敬。如果宪法教义学过分沉湎于自己的力量，甚至将自己视为全部的宪法学，进而“把法哲学和法律理论的非教义学（超教义学）思维方式当作不必要、‘纯理论’，甚至非科学的东西加以拒绝时”，正如考夫曼所担忧的，“危险便显示出来”。[36] 因此，其必须尊重其他宪法学的研究成果，并从中汲取有益的营养。比如宪法社会学，其便能够为宪法教义学提供有益的事实信息，而不了解宪法规范所要适用的事实及其社会背景和规范性需要，便无法深刻地理解宪法规范。对宪法作社会学研究可以为我们提供关于宪法、宪法实践、宪法学研究以及其他一系列社会性因素之间的因果、结构和功能的联系，能为我们展现藏身于立宪过程、宪法裁判和宪法学著作之后的社会力量相互作用以及个人心理动机的作用，这些都是宪法教义学所无法做到的。[37]

（二）回避纯粹政治性问题[38]

为避免自身的意识形态化，宪法教义学必须坚守自身的规范阵地，与高度的政治性问题保持适当距离，后者一般也不具有可裁判性，即与个别性宪法规范的认识无关。该类问题在日本又称为“统治行为”，然其具体范围如何，学界则存在巨大争议。

在美国，司法审查回避的政治问题主要有以下几个方面：关于共和政体保障的问题、修改宪法程序及国会自律问题、有关外交和战争行为、关于选区划分的

---

〔36〕［德］考夫曼、哈斯默尔主编：《当代法哲学和法律理论导论》，郑永流译，法律出版社 2002 年版，第 4 页。

〔37〕此处写作受到佩策尼克论述的启发，请参见 A. Peczenik, *Scientia Juris: Legal Doctrine as Knowledge of Law and as a Source of Law*, Springer, 2005, p. 9.

〔38〕详细的介绍请参见林来梵主编：《宪法审查的原理和技术》，法律出版社 2009 年版，第二章第四节。以下相关资料均从该处获得线索。

问题、紧急状态问题等。[39]

在日本，宪法学者所界定的“统治行为”的范围宽窄不一，最宽泛的是入江俊郎所认定的四大事项：关于国家全体之命运的重要事项（关于外交、国防的事项）、关于政治部门的相互关系的事项（众议院的解散等）、关于政治部门的组织、运营的基本事项（两议院的议员的惩罚、议院中的议事程序等）、被委之于政治部门作政治性、裁量性的判断的事项（国务大臣的任免、内阁总理大臣对于针对国务大臣的追诉的同意等）。[40]

（三）穷尽法律教义学之分析

我们承认宪法教义学在整体的法教义学体系中的重要地位，然此并不意味着宪法教义学得越俎代庖，以一种“万能灵药”的方式，完全替代其他部门法律教义学之工作。其中原因，则无外乎以下诸点：

其一，宪法教义学对于所有法问题的“大包大揽”，其实无形中已然把自己的研究对象——现行宪法——变成了整体的一国现行的有效法秩序，从而在根本上消解掉了自身的独特性；

其二，此种“大包大揽”本质上无益于甚至会阻碍问题的有效解决。宪法不同于法律，此种不同不仅体现在其制定、修改和解释之主体、程序等方面的差异，也体现为其内容——特别是其规范之抽象程度和规范的功能方面——的区别。宪法授权立法者制定法律对整体国家和社会事务的方方面面加以规定，如前所论，此种规定绝不单单是宪法规范的“具体化”，而其中无疑包含了立法者对于就特定事项而言何者属于妥当的秩序的认识以及重大的建构性努力。其中的智识成果绝不是宪法教义学可以完全无视的可有可无的东西，此种无视不仅是对宝贵的社会资源的浪费，也是对立法机关作为宪法机构之身份的轻蔑，进而可能也是对宪法自身安排的轻忽，甚至也是宪法教义学对于自身能力的狂妄——幻想可以通过自己的解释和适用工作将任何抽象的宪法条款充分地填充入可以满足特定争议问题之规范需要的具体内涵。无疑，这会为其带来“生命不可承受之重”，并最终阻碍问题的有效解决。当其时，此种幻想便不单单是狂妄，简直就是冒失了。

因此，尊重立法机关及其建构性努力便成为宪法教义学必然的选择。此种选

---

〔39〕 参见李毅：《美国联邦最高法院的司法审查权》，载《法学杂志》1999年第1期。

〔40〕［日］中谷实编著：《宪法诉讼的基本问题》，法曹同人株式会社发行，1989年版，第88页。

择在原理上便呈现为“穷尽法律教义学之分析”的原则。其具体内涵是指，面对任何法问题，即便是潜在的宪法问题，也应当尽可能先由法律教义学加以充分的分析解答，在后者力有不逮或者其解答无法获得具可接受性的妥当结论之时，再转入宪法教义学的分析。当然，在此须加说明的是，这两种分析完全可能出现在同一个学者的同一篇论文之中，但其分析所运用的原理和方法则大相径庭。此一立场只是划定了宪法教义学的力量边界，而非剥夺宪法教义学者对于现实法问题的发言权。它只是表明，宪法教义学者对于任何法问题——特别是法律问题——的发言，在运用宪法教义学的原理和技术之前，应当首先在其可能的法律教义学的层面上展开充分的分析。

穷尽法律教义学之分析的原则，在诸国的宪法审查制度中，集中性地凝结为“穷尽法律救济原则”。对于后者，国内学者多有精彩阐论〔41〕，因其本属于实定的宪法审查制度之内容，与教义学无直接关联，所以具体内容本文则按下不表。

（四）宪法之实体内容不得随意改变

教义学既然以对教义持一种崇信态度为其工作前提，自然不得随意改变规范秩序的实体内容。因此，对于工作对象——现行宪法规范秩序——的实体内容的创造，乃构成宪法教义学工作之界限。换言之，宪法教义学应当仅仅履行其“认识宪法”的职责，而没有“创造宪法”或者“改正宪法”的能力。任何试图通过宪法解释将全新的规范内容置入宪法之中的做法都在本质上违背了宪法教义学的使命。需要时刻谨记，宪法教义学的对象仅仅是现行宪法，而不是“正义的宪法”。因此，希望通过宪法教义学的努力来达到法制改革之目的（=建设理想的宪政制度）的企望是注定要落空的。宪法教义学的任务便是本真地（尽可能好地）呈现现行宪法秩序的固有状态，在这个意义上，现行宪法秩序所固有的缺漏和矛盾就是宪法教义学所无力弥补的，尽管宪法解释、建构和体系化可以将该种缺漏和矛盾减少到很低的程度，但它们却无法彻底消除。这样，处于法制现代化和宪政建设进程中的国家，以对现行宪法秩序的崇信为前提的宪法教义学就不仅无助于宪政转轨和政治文明化，反而可能成为政治、经济体制改革的重大障碍。在这个意义上，在一国法制建设之水平未达到一定程度之前，

---

〔41〕具有代表性的成果请参考郑磊：《宪法审查的穷尽法律救济原则》，载《现代法学》2009年第1期；韩大元：《简论“权利救济程序穷尽”原则的功能与界限》，载《南阳师范学院学报》2007年第5期；胡锦光、王书成：《穷尽法律救济之规范分析》，载《江汉大学学报（社会科学版）》，2008年第2期；胡锦光、王书成：《论穷尽法律救济原则之存在逻辑》，载《中州学刊》2008年第1期。

过分执着地坚持宪法教义学就无疑等同于“自缚手脚”，诸多大幅度的制度改革项目也就无法开展。

拉德布鲁赫说：“绝不令人惊奇：任何时代都必须重新书写自己的法学。”〔42〕这句话的真理性毫无疑问也适用于宪法教义学：任何时代都必须重新书写自己的宪法教义学。这一点并不仅仅是由宪法的变动所导致的，更与宪法教义学自身的变迁有关。一方面，时代要求宪法教义学改变其理论，另一方面，宪法教义学的作业也塑造并改变着时代！

〔42〕［德］拉德布鲁赫：《法律智慧警句集》，舒国滢译，中国法制出版社2001年版，第137页。

评　论

法律续造的程式建构

——以张甲诉李乙离婚纠纷案为中心

石东洋*

法官应在法律规定的审判权限内解释和适用法律，法官无论遭遇什么类型的个案，都有能力从现有既定的法律规范中发现、识别应适用的抽象规定，不管这些规定是出自法律、法规或具有法律意义的习惯。“法律不仅是一种预设，还是一种行动。”〔1〕法官拥有将隐含在法律体系、目的或价值秩序、法律习惯中的抽象规定演绎出来之法的续造的裁判空间。基层法官身处特殊的司法环境，决定其法的续造的特殊模式。这要从一案例说起：原告张甲与被告李乙于2000年登记结婚。2001年双方生育一女孩，2007年双方生育一男孩。原、被告婚后共同财产有某单位新家属院楼房一套，现由被告使用；某单位老家属院回迁楼房一套，尚未建成。原告张甲于2013年诉至法院，称婚后因性格不合，与被告经常因生活琐事生气吵架，要求依法判决她与被告离婚，家庭共同财产依法分割，婚生孩子随她生活，被告承担抚养费。庭审中双方均同意离婚，孩子抚养问题可参照法律规定及民事习惯、个案案情、伦理秩序裁断；尚未建成的回迁楼的分配，参照最高人民法院《关于适用中华人民共和国婚姻法若干问题的解释（二）》第二十一条处理，然而涵摄尚未建成的回迁楼分配问题的规范部分并非该法条规定本身，而是依据该法条规定，考量案件实际情况而形成的规范。“只有以正确的伦理认识为基础才能解释法律，或为法的续造，因为至少在民主国家可以假定，立法者应该有追求理性及正义的意向。”〔2〕本案基层法官裁判个案，借助地方性伦理知识，识别法律条款，衡量法益进行裁判而形成规范，标示了基层法官法律续造的特定裁判思维进程。

---

* 山东省阳谷县人民法院研究室法官。

〔1〕 郑永流：《法律判断形成的模式》，载《法学研究》2004年第1期，第140页。

〔2〕 [德] 卡尔·拉伦茨：《法学方法论》，陈爱娥译，商务印书馆2003年版，第28页。

一、前理解：伦理秩序的法律确认

（一）情理观念的司法考量

乡土人情社会的特质，决定着基层司法不停断地在合法与合理之间徘徊往返。“情理社会人们诉讼的目的不是‘为权利而斗争’，而是为‘争个理儿’，他们对法官判决的期望是‘合情合理’。”〔3〕对于离婚纠纷案件的处理，长期处在基层审判一线的法官的职业定式是，积极利用民间亦通用的纠纷化解技术，即调解。若未作任何“调和”工作，调解结果是双方协议离婚，虽然符合法官被审判管理考核的心理，但是并未发挥司法促进社会和谐的功能，亦违背一般性情理观念。司法实践中，离婚纠纷案件处理同样要考虑情理，原则上“调和”，例外情况下“调离”，法官庭前调解首先的目标是调解和好、动员原告撤诉，坚持做“调和”工作，是因为法官作为情理的传承者，同样具有“宁拆十座庙、不毁一桩婚”的传统情结。若经法官调解，诉讼双方和好，案件当事人撤诉同样符合法官被审判管理考核的心理，照样提升了法官案件质效评估中的调撤率，更能符合情理。本文提及案例（以下简称“本案”），原、被告双方结婚已有十余年，单凭原告诉说性格不合，因生活琐事经常生气吵架，不能判断夫妻感情已经破裂。庭前调解法官首先劝说原告珍惜多年的夫妻感情，孩子大了也应该有一个完整的家庭，动员原告撤诉，皆因其固有的情理观念使然。考虑一般性情理观念，是基层司法不可逾越的一个非常重要的影响个案正义的因素。

（二）司法的地方性知识

婚姻关系的维持需要双方理性经营，离婚纠纷诉前经亲朋好友调解数次未果，诉讼中经同学劝说仍未达到好的结果，庭审中一方恶语相加，一方忍气吞声似有违背夫妻义务的嫌疑，双方均同意离婚，排除虚假离婚诉讼，本案可认定夫妻感情破裂，可准许离婚。然子女的抚养问题及夫妻共同财产的分配，须考量司法的地方性知识。“知识永远是对具体的社会环境和条件的生存回应或适应，尽

---

〔3〕 吴英姿：《“乡下锣鼓乡下敲”——中国农村基层法官在法与情理之间的沟通策略》，载《南京大学学报：哲学人文社科版》2005年第2期。

管其流通价值会有不同。”〔4〕乡土社会公众基于当地伦理秩序、公序良俗、生活经验、自身感悟形成的法律理解和判断，构成了法律的地方性知识。“法律就是地方性知识；地方在此处不只是空间、时间、阶级和各种问题，而且也指特色，即把对所发生的事件的本地认识与对可能发生的事件的本地想象联系在一起。”〔5〕乡土社会公众普遍认为《婚姻法》规定的夫妻共同财产，应该平均分割，甚至认为男方父母出资建设或购买的婚房，离婚时应该分给女方一半。尚未建成的回迁楼也是法律意义上的房屋，上述乡土社会公众的朴素的观念认识即为司法的地方性知识。最高人民法院《关于适用中华人民共和国婚姻法若干问题的解释（二）》第21条第1款（以下简称“《婚姻法解释（二）》第21条第1款”）规定：离婚时双方尚未取得所有权或者尚未取得完全所有权的房屋有争议且协商不成的，人民法院不宜判决房屋所有权的归属，应当根据实际情况判决由当事人使用。裁断尚未建成的回迁楼的分配，须考量上述地方性知识，又要论证其是否涵摄于该条规定的房屋概念范围之内。

（三）民事习惯的个案参照

民事活动应当尊重社会公德，经社会公德规训过的民事行为渐成习惯，而民事习惯日趋成为公众民事行为的依据。“我国台湾地区‘民法’第2条规定：民事所适用之习惯，以不背于公共秩序或善良风俗者为限。”〔6〕夫妻双方生育了儿女，发生离婚纠纷的民间应对通常是，男孩随男方生活，女孩随女方生活。上述民间习惯的潜在风俗背景为，男孩跟随男方生活是给男方家传宗接代，女孩跟随女方生活是女方可以较容易地嫁出去，而且农村公众一致认为男孩不仅是传统技艺的传承者，还是财产的理所应当的继承者，农村风俗一直以来是这样。计生标语似“女儿也是传后人”思维，并未成为公众的普遍意识。如果本案不进入诉讼过程，关于孩子的抚养问题，结果大致如此。而上述纠纷处理方式，渐成民事习惯。

关于本案孩子抚养问题，双方较一致地认为男孩随男方生活，女孩随女方生

〔4〕苏力：《崇山峻岭中的中国法治——从电影〈马背上的法庭〉透视》，载《清华法学》2008年第3期。

〔5〕［美］克利福德·吉尔兹：《地方性知识：事实与法律的比较透视》，邓正来译，载梁治平编：《法律的文化解释》，三联书店1994年版，第126页。

〔6〕王洪平、房绍坤：《民事习惯的动态法典化（下）——民事习惯之司法导入机制研究》，载《法制与社会发展》2007年第1期。

活。关于本案房产分配双方较一致地认为，应该一人一套房屋，但在本案庭审过程中，原被告双方又具有共同的民事意思表示，就是房产都可以登记在双方儿子名下，房屋归属问题都认可所有权可归儿子所有。民事司法应遵循社会公序良俗，个案裁判应参照民事习惯，本案裁判结果判决男孩随男方生活，女孩随女方生活，既不违背社会公序，又维护了社会善良风俗。司法实质上代表国家尊重乡土农村的自治规则，公众的行为依据、规范，此种裁判防范了制定法向乡土农村的过度扩张。民事习惯的个案参照，可渐渐积累乡土公众对司法裁判的认同。

（四）裁判者的先存理解

“法律是一个不断试错与纠错的过程，我们完全有可能始于一个错误（甚至是严重的错误），而后却仍然能够通过恰当的过程将错误剔除。”[7]只有预设法律文字含有合理性以及无所偏倚的意向，法律文字才能被正确地理解、解释。因此，在法官发现法规范的过程中，忠于法律及追求正义两者并不冲突。法官追求个案正义，坚持法律原则、理念与精神，公众在每一个案件中都自己感受到公平正义，是在对比诉讼前的法律认识与诉讼后的裁判可接受性。“如果人们根据原初的实证主义观，将法律解释与事实行为之确定视作分离的行为，人们便毫无进展。”[8]平衡公众的法律前见与裁判结论可接受性，理性引导公众的司法公正感，需要法官将法律与事实结合起来，进行理性的判断。而一般性情理观念、司法的地方性知识、民事习惯都将成为理解、分析法律及案件事实的先存认识。《婚姻法解释（二）》第21条第1款之规定针对的是房屋所有权不明确的问题，而本案双方共同财产有尚未建成的回迁楼，其使用权尚未形成，更不用处理该房屋的所有权归属问题。本案尚未建成的回迁楼建成后才能确定使用权，诉讼过程中其还是以较为确定的预期权益，亦可回收的财产性权益为主。房屋存在状态为预期的财产性权益，能否依据《婚姻法解释（二）》第21条第1款处理，假设回迁楼不能建成，房屋存在状态则变为对外的债权，新的事实出现，又定会与生效的裁判发生冲突。而公众的地方性知识及本案诉讼双方，皆认为尚未建成的回迁楼，同建成的楼房，没有什么区别。裁判者的先存认识参照公众的前见，才能平衡公众的公平感。

---

〔7〕 陈洪杰：《论法律续造的方法》，载《法律科学》2010年第6期。

〔8〕［德］阿图尔·考夫曼、温弗里德·哈斯默尔主编：《当代法哲学和法律理论导论》，郑永流译，法律出版社2013年版，第183页。

二、识别：法条涵摄范围判断

（一）婚姻法律的秩序目的

人类具有共同的倾向性，就是基于伦理而信任一时或一地特定群体所达成普遍认可的知识。法官有项重要的工作，即将实证法、实证法整体的效力主张以及个案裁判在伦理上进行正当化，尽管法官首先是在法律条款中寻求个案解决的方案，但获得伦理上被正当化的结论，使法官的裁判底气更足，因为其可以创造和谐稳定的秩序，减除法官因案件被信访投诉的后顾之忧。离婚纠纷的处理，不得不考虑当事人隐私生活权利和公序良俗这一社会公共秩序之间的平衡。“法官在诉讼程序中从争讼的问题本身所获得，并且被他并入其规范理解中的一些标准及事理上的论据，与先于法律的或者前实证的价值判断，共同决定了法官的认识，法官凭此面对个案问题及选择、理解规范。法官的这些价值判断当然不是颠扑不破的；在工作进展中，在寻求正当而‘可得同意’的裁判之际，这些价值判断必须一再地被检验。”〔9〕现行法制倡导的是一夫一妻制度，夫妻基于感情而具有共同的生活目的，相互忠诚于对方，才能创造稳定的婚姻和和睦的家庭。忠诚问题是婚姻秩序稳定的决定性因素，违反婚姻忠诚义务的当事人应当承担相应的法律后果。上文中提及，本案庭审中一方恶语相加，一方忍气吞声似有违背夫妻义务的嫌疑。依据日常经验判断，法官的听讼，可推知忍气一方违背了忠诚义务，但双方避而不谈，故不能在裁判事实中予以认定。正确处理离婚纠纷既要维护当事人的隐私权，更要维护当事人的财产权，理清法律条款所包含的道德评价。

（二）法条所包含的评价审视

法官将法律条款所包含的评价以及意义付诸实现，是法律适用的本质所在。婚姻法法律条款围绕着其所调整的婚姻社会关系进行设计，可以说社会公众与其有安身立命的关系，其所包含的评价有法律对婚姻的基本态度，对道德婚姻观的认识，对婚姻的社会妥当性的价值评判。法律条款规定夫妻忠诚义务具有道德感召力，然婚姻道德的最高层次是婚姻秩序稳定，这要求住有所居、幼有所依，双方财产权益、债权、物权得到合法保护。“当然，社会生活并不服从逻辑，相反，

〔9〕［德］卡尔·拉伦茨：《法学方法论》，陈爱娥译，商务印书馆2003年版，第21页。

逻辑倒是常要服从社会生活”。[10] 司法裁判决定什么是真正的现行法。法官为发现个案适法的解决方式，随即求助于法律文字或已经以其他方式发现的解决方案，此时法律文字也只是该解决方案的适当论据。为本案寻求正当的解决方式，既要忠于法律又要追求正义，既要平衡个案正义又要照顾地方性知识，这需要法官考虑法律条款所包含的价值评价，并与地方性伦理共识相结合，《婚姻法解释(二)》第21条第1款规定中，“根据实际情况判决由当事人使用”其目的是不是维护现有住房人的居住权，抑或考虑到分居后离家出走一方已有住房保障，“根据实际情况”属于法官自由掌握的裁量范围，结合裁判实践来看，一方正在使用房屋，而判决另一方使用，定会造成执行难。司法平衡本文提及的“司法的地方性知识——尚未建成的回迁楼也是法律意义上的房屋”，以《婚姻法解释(二)》第21条第1款作为适当论据，对本案双方当事人离婚后的社会关系、财产秩序作出正确预判。

（三）法条概念范围的识别

法律适用的过程，不是绝对精准或者机械的逻辑过程，普遍的抽象的法律条款需要通过识别，才能与具体个案事实相联系，形成适用的依据。某一法律条款往往是处理某一案件的关键，其隐含的意义在于，该法律条款是法官据以进行法律推理的前提。司法裁判是一种客观化的纠纷解决方式，通过借助衡量规则和查明事实来实现，过程中法官所进行的法律推理，依据纠纷双方平等诉辩为基础，进行法律识别、逻辑判断，进而推理结论。“当人们形构和界定法律概念时，他们通常考虑的是那些能够说明某个特定概念的最为典型的情形，而不会考虑那些难以确定的两可性情形”，[11] 法律推理的前提必须概念范围清晰、界限明确，识别规范法律条款概念范围界限是正确进行法律推理的前提，概念范围不清楚无法进行演绎，进而判断得出结论。在法律概念范围识别的过程中，法官需要对规则的不确定性、个人的善恶、其他案外因素作出价值选择与利益权衡。《婚姻法解释（二)》第21条第1款规定，“人民法院不宜判决房屋所有权的归属，应当根据实际情况判决由当事人使用”，该语句提及的房屋是指所有权权属不明确而使用权能够明确的房屋，故房屋的概念范围是指具有使用权且使用权明确的房屋。

---

〔10〕 苏力：《用法的观点看婚姻》，载《法制资讯》2014年第5期，第12页。

〔11〕［美］博登海默：《法理学：法律哲学与法律方法》，邓正来译，中国政法大学出版社2004年版，第505页。

依据该法条处理本案，就需要排除本案房屋不能依法判决的因素，必须正确处理物权法规定的使用权在婚姻法领域的界限。

（四）个案事实的涵摄与关联

司法裁判过程中，法官对从法律或法官法中取得的评价观点或者标准进行具体化以及特定化，凭借的是考量等待判断的个案事实，同时，法官应当以其认为适当的法律观点或者标准为依据，对案件事实进行补充，使其更加确定。地方性知识认为尚未建成的回迁楼属于法律意义上的房屋，本案又必须对该回迁楼作出裁判，经识别只有《婚姻法解释（二）》第21条第1款与本案最接近。然而尚未建成的回迁楼，在物权法意义上其使用权属不明确，没有固定的用益物权发生，如何作出法律处理，尚未建成的回迁楼所有权属不明确，使用权不确定，不能被《婚姻法解释（二）》第21条第1款指称的房屋概念范围所涵摄。必须作出裁判的要求，使法官认识到涉案回迁楼虽不能为该法条所涵摄，但该个案事实却难逃与该法条产生客观关联。由于法律制定之时，能力有限，其产生就落后于时代的脚步。“法律可能和允许不被明确地表达，因为法律是为案件而创立的，案件的多样性是无限的。一个自身封闭的、完结的、无懈可击的、清楚明了的法律，也许会导致法律停滞不前。”〔12〕在滞后的法律条款与变化的社会状况的缝隙间，就使个案在法律领域中无法通过简单识别，进行演绎推理。法律条款不能涵摄所有事物，涵摄不能解决所有问题时，然而法官不能固守静态的法律条款，而任由个案正义损害现象发生，因此法官就必须通过规则衡量与评价，将纠纷纳入规则整合系统，对权利义务进行社会化重整和建设性塑造，通过依据法律解释、法益衡量等法律方法来解决具体问题。

三、衡量：预拟裁判衡量法益

（一）法益的个案冲突

法益为法律规范所保护的利益。“法律的目的只在于：以赋予特定利益优先地位，而他种利益相对必须作一定程度退让的方式，来规整个人或社会团体之间

〔12〕［德］阿图尔·考夫曼、温弗里德·哈斯默尔主编：《当代法哲学和法律理论导论》，郑永流译，法律出版社2013年版，第187页。

可能发生，并且已经被类型化的利益冲突。”[13] 法官在个案当事人诉求竞争中，体会具体而真实的利益博弈。个案当事人之法律利益，在个案中发生冲突，法官在诉讼程序中平衡缓和法益冲突的程度，首先要清晰个案法益冲突的对象、状况。一旦冲突发生，为恢复和平状态，一种法益必须向另一种法益让步，或者两者在某一种程度上各自让步。本案原、被告婚后共同财产有某单位新建家属院楼房一套，现由被告使用，某单位老家属院回迁楼房一套，尚未建成。双方都要求已建成的房屋分割给自己所有，在利益面前双方上演一场悲剧，结果是二十余年积累的夫妻感情烟消云散，二人离婚后定会分道扬镳，形同陌路，某种程度上积累了仇恨。故本案裁判既要考虑目前财产秩序以及判决后的财产秩序，居住现房者对于现房的占有心理具有更大的迫切愿望，居住现房者不被判决占有使用该现房，将会对对方产生更大的仇恨。结合《婚姻法解释（二）》第 21 条第 1 款处理财产，当事人对房屋的权属不清晰，但对自身利益的保护具有更独到的认识，其在诉讼中的冲突走向的是平和的反方向，因为房屋不仅在城市，在农村也同样是安身之所在，没有房屋居住权保障，不仅使平等和睦的婚姻关系烟消云散，同样会影响社会成员的安定意识。

（二）法益衡量的思维模式

“在法官公平地针对相互竞争的利益作判断时，其思维过程有着可称为‘权衡’与‘平衡’的特性。”[14] 司法裁判谋求制度均衡和普遍公平，通过司法权力调整社会关系与优化制度化救济，实现纠纷的正义化解。法官追求法治的正义目标，通过规则的正当实施和不偏不倚的规范理性，并凭借超越纠纷、正义的自身道德，来评判利害至正义和调整利益达到公平，使得多元利益格局中纷乱的利益冲突得到梳理。“司法裁判根据它在具体情况下赋予各该法益的重要性，来从事权利或法益的衡量”[15]，法益衡量不是一种单纯的法感，“乃在发现立法者对各种问题或利害冲突，表现在法律秩序内，有法律秩序可观察而得之立法者的价值判断”。[16]“法官在阐释法律时，应摆脱逻辑的机械规则之束缚，而探求立法者于制定法律时衡量各种利益所谓之取舍。”[17] 在个案中衡量法益，考虑当下具

---

〔13〕［德］卡尔·拉伦茨：《法学方法论》，陈爱娥译，商务印书馆 2003 年版，第 1 页。

〔14〕［英］哈特：《法律的概念》，许佳馨、李冠宜译，法律出版社 2011 年版，第 180 页。

〔15〕［德］卡尔·拉伦茨：《法学方法论》，陈爱娥译，商务印书馆 2003 年版，第 279 页。

〔16〕杨仁寿：《法学方法论》，中国政法大学出版社 2013 年版，第 222 页。

〔17〕杨仁寿：《法学方法论》，中国政法大学出版社 2013 年版，第 221 页。

体情况，控制推论有效的结果作出裁判，《婚姻法解释（二）》第21条第1款要求根据实际情况判决使用权归属，法官必须结合实际案情裁量，财产分配后对社会关系起到修复性作用，又要对法益进行制度化规则化救济，利益的调整不能导致更加纷乱，彰显规则以及裁判理性的中立或者不偏不倚，《婚姻法解释（二）》第21条第1款处理具有使用权但所有权不明确的房屋，涵摄该类房屋的利益分配，但本案对尚未建成的回迁楼在法条款中违背立法者进行利益衡量，从反面衡量利益，居住者可继续使用已建成房屋更具妥当性，故离家出走者可获得尚未建成的回迁楼的使用权，但不可避免价值判断中的利益倾向性保护。

（三）法益保护的倾向性选择

法益衡量思维模式是将个案法益与法条法益进行对比，进而价值判断法条所保护的法益。本案财产的分割必须考虑法益，将个案法益与法律条款所保护之法益相比对。依据婚姻法处理离婚纠纷，要体系地看问题，《婚姻法》第2条第2款规定：保护妇女、儿童和老人的合法权益。“法律可以以及必须——首先经由人权的保障——依外在自由创造标准，无此则道德义务履行的内在自由无法顺利发展。”〔18〕法官作为司法权力的授予对象和公共权力的持有者，其除了法律的授权可以对当事人的人身、自由和财产进行强制或规则约束之外，法官没有任何自己的诉讼利益或个人利益，法官当为弱者与受害人权利的维护者。无论是立法者的决定，抑或是法官的决定，如果在多数有关的各种利益中，它优先保护那种“明显比较重要”的利益，它就是可以被正当化的。为作出此种规定，必须预测各种可能的后果，及其对其他利益可能的影响。就本案而言，法官作出裁判倾向保护妇女权益，但倾向性必须结合现实，预测其正当性以及妥当性，本案法官的决定虽有法益价值倾向，但要结合具体案情、一般性情理观念、司法的地方性知识以及民事习惯，内心预拟分配利益：居住者可继续使用已建成房屋，离家出走者可获得尚未建成的回迁楼的使用权。

（四）心证预拟裁判

法官希望尽可能地对案件作出正当的裁判，在个案中实现正义也是司法裁判的正当意愿，因此，法官预先考量自己认为正当的裁判，原无不可。当然也不能禁止法官就待判案件形成预拟裁判。法官会期待，法律将证实此预拟裁判。心证

---

〔18〕［德］阿图尔·考夫曼：《法律哲学》，刘幸义等译，法律出版社2011年版，第233页。

预拟裁判说理的最主要任务是证实裁判结果与法律的一致性。将裁判的发现与嗣后的说理加以区别；前者主要涉及个案的正当裁判，后者主要在证实事先取得的裁判与实定法一致，于此，法官得运用所有他认为对此有益的“方法”。实务界并非以学理上发现法规范“方法”作为出发点，大家毋宁只是借助它们，在法律正当化其（依其对法的认识及对事物的理解）认为适当的裁判。假使最后证实，其预拟的裁判在法律上不能获得适当的根据，那么法官就必须放弃此种裁判方式。“在个案的审判过程中，每个主体都试图从法律这个有限资源中寻找适合自己的制度安排。从民众的角度看，只要民众觉得案件的结果符合了他们一贯的伦理道德观念，那么法官的判决就是公正的。”〔19〕法官内心思维判断裁判的预拟结果，居住者可继续使用已建成房屋更具妥当性，故离家出走者可获得尚未建成的回迁楼的使用权，通过考虑具体案情、一般性情理观念、司法的地方性知识以及民事习惯法官得出上述预拟裁判，如果作出上述裁判，不仅逾越了法律的概念界限，而且需要将具体的方法展示出来，表示思维的进程。因为《婚姻法解释(二)》第21条第1款并未涵摄尚未建成的回迁楼，而裁判依据该法条则是对法律概念的扩张。尽管如此，法官仍然是在法律的目的之内处理纠纷，内心论证判断预拟的结果，裁判效果与法律本意一致，当事人认可、社会接受，不至于上诉改判。

四、续造：实体裁判续造规则

（一）法律概念界限的逾越

法律条文虽系抽象规则，但其以概念界限涵摄具体事务。“法律之所以能够成功地运作于范围广大的社会生活中，是因为社会的成员广泛地有能力地将特定行为、事物和情况涵摄到法条文字所作的一般化分类中。”〔20〕法官正确认识到《婚姻法解释（二)》第21条第1款房屋概念的范围界限，而要依据该法条处理本案房屋属尚未建成的回迁楼，其使用权并不存在的情形，实属逾越法律概念的界限范围。“然因任何法律用语除了非常技术性者外，上面都负荷着价值，所以

〔19〕胡发富、何方：《法律价值判断的歧义与特性》，载《人民法院报》2014年4月9日第2版。

〔20〕［英］哈特：《法律的概念》，许佳馨、李冠宜译，法律出版社2011年版，第113页。

很难辨清某概念一定是纯编纂性或纯当为性。"[21] 地方性知识要求法官必须作出裁判，超越法律条款可能的字义范围界限，而又不在立法者原本的计划、目的范围内，唯仍在整体法秩序的基本原则范围内，属法的续造。当法律不能帮助法官发现一种多少符合"事理上的正义"之裁判时，他还有作"超越法律"之法的续造的可能性，然而，就此他必须提出事理上的根据。在涉及事理、情理、道德价值间的选择时，法官呈现出他的德性：权衡选择时的公正和中立；考虑到影响所及的每个人的利益；以某些广为接纳的普遍原则作为判决的推论基础。因此判决是旁征博引地、公正地选择的合理产物，也就可以让人接受。

（二）目的性扩张的适用

方法规则意在标示法律思维进程中的阶段。"每当我们把特定的具体情况涵摄于抽象的规则时，总是会同时出现具确定性的核心以及值得怀疑的边缘。"[22] 在法条和判例的解释里，法官并不囿限在盲目任意的选择中，也不限于根据已有意义的机械性规则演绎。超越法律条款可能的字义范围界限，本案法官要依据该法条处理涵摄处理本案房屋属尚未建成的回迁楼，突破了《婚姻法解释（二）》第 21 条第 1 款房屋概念的范围界限，此方法并非扩大解释，而系目的性扩张，"目的性扩张是指为了贯彻立法目的，对法律条文作出超过其文义的解释，使其包括原本没有包括的案型。"[23] 法秩序不完美，法官在适用法律时，发现有关法律规范因涵盖的案件种类过于狭窄，不能实现特定法律调整目的的要求，那么法官可以从立法目的出发，扩大有关法律规定的适用范围，将特定案件类型纳入拟扩张的法律规定适用范围之内，本案适用《婚姻法解释（二）》第 21 条第 1 款，系超越了法律文义的射程范围，将尚未建成的房屋案件类型纳入已建成的房屋类型中予以处理，对该条款进行了补充，符合司法的地方性知识，体现了法官的司法德性，遵循并维护法律稳定财产秩序和社会关系的目的。

（三）法官的法内续造

"从规范到事实有一个依时空而变的具体化应用过程，具体化不是按图索骥，需适用者对规范的创造型应用。"[24] 法官的司法目标是通过诉讼程序来恢复遭到

---

〔21〕 黄茂荣：《法学方法与现代民法》，法律出版社 2007 年版，第 69 页。

〔22〕 ［英］哈特：《法律的概念》，许佳馨、李冠宜译，法律出版社 2011 年版，第 112 页。

〔23〕 黄茂荣：《法学方法与现代民法》，法律出版社 2007 年版，第 499 页。

〔24〕 郑永流：《法律判断形成的模式》，载《法学研究》2004 年第 1 期，第 140 页。

破坏的法治秩序。“在法律的创设过程中，应当结合特定时期社会民众普遍认同的价值和道德标准，来创制符合最大多数人利益和愿望的法律。”〔25〕虽然法秩序还不是一个完美的、为任何法律问题都预备好答案的法典，还需要明智的解释，在“适用”时，也需要借助法院，基于伦理原则及正义的考量来继续发展。又因，单纯借助涵摄方式的法律适用，或者仅凭法律解释方法，并不能找到对个案而言正当、同时又符合现行法的裁判。法官可遵循法律的精神体系以及目的，进行法的续造。“法官的法的续造，有时不仅在填补法律漏洞，而且在采纳乃至发展一些在法律中至多只是隐约提及的新的法律思想，于此，司法裁判已超越法律原本的计划，而对之作或多或少的修正。这种‘超越法律的法的续造’当然也必须符合整体法秩序的基本原则，实际上常是为了使这些原则能（相较于法律所规定者）更普遍适用，才有法的续造的努力。”〔26〕法官适用并续造法律，而不是创造法律，而是法内续造，因为法律续造的首要规则是法官善待规则，坚守规则的权威，“既不要死守法律文义的边界，亦不能恣意地抛开法律文义”〔27〕。本案适用目的性扩张的法律方法对法律进行补充，实质上为法官的法律续造，法律续造形成个案规范。法官法律内的法律续造坚持形式主义，在进行法益衡量时，不同于立法者的法益衡量，法官的法益衡量只在平衡与权衡个案法益与法条法益。

（四）个案规范的形成

“裁判者对每个具体问题的具体情形的判断，就是法律的具体化过程。在此过程中，裁判者将那个抽象的或者不太清楚的法律标准给予明确的界定。”〔28〕对于法官来说，首先要使用法律涵摄，但当其有不能解决的问题的时候，就有法律续造问题。但涵摄实质上，对于裁判来说不过是程序的最后步骤，在大多数的案件中，法官直到程序的终点仍然自己塑造出一个规范，然后才将案件事实归属于此规范之下，司法实践赋予法官较大的塑造、续造被适用的法规范的空间。“将规范具体化就是把规范向个案下延，看是否能满足个案的要求，甚至在既有规范不能或

〔25〕张三石：《法律应如何被信仰》，载《人民法院报》2014年1月3日第6版。

〔26〕［德］卡尔·拉伦茨：《法学方法论》，陈爱娥译，商务印书馆2003年版，第246页。

〔27〕黄锴：《法律续造在行政处罚法中的适用及限制》，载《政治与法律》2013年第8期，第153页。

〔28〕陈景辉：《案例指导制度与同案同判》，载《光明日报》2014年1月29日第16版。

不能完全适应事实时，去创立新规范。”〔29〕客观法规范是由个案规范的总和构成的，因为案件裁判实际上是依据它们作出的，对于个案规范的形成而言，含义较个案规范宽松的法律规定只是被证实有效的辅助工具之一。法官受双重的约束：于形成个案规范方面受法律的约束，于个别案件的裁判方面则受之前形成的个案规范之拘束。“法官在其裁定意见中会对那些始终存在的起作用的当代社会力量作出回应，而且他那个时代的社会与文化框架为他提供审判的标准与原则。”〔30〕基于多重因素考量，本案形成的个案规范，为人民法院可判决尚未建成的回迁楼建成后归一方使用。法官遵循客观法规范，而在实践中以个案规范作为涵摄推理的前提，作出裁判。个案规范的形成并经法官运用，体现了抽象到具体、思维到事实的规范具体化过程，个案规范的形成系法律内的法律补充，在固定的法律领域内，即使没有参照效力，但也可作为未来裁判的参考。“个案裁判绝不是发生在裁判者与当事人之间的私人判断，个案裁判向民众表明了他们未来应当遵守的具体公共行为准则是什么、个案裁判给了社会公众相应的受保护的合理期待。”〔31〕同样个案规范可引领正当合理性的地方性知识与法律的融合。

结语

“法律作为一种公共产品，因而对普通民众尤其是当事人来说法律更多地具有消费品的特性，多数情况下人们关注的是结果，即便偶尔把目光投向法律施行的程序，也几乎是对结果不满的表达。”〔32〕司法裁判的基本任务是，维持法秩序的一体性及法的续造，发现补正法律的规范，并将之实现于裁判之中。因此，作为法官，拥有将隐含在立法者、法秩序或一般价值秩序中的一般性法条，演绎出来的法的续造的裁判空间，其提供法官作有创意的裁判、共同参与法秩序的形式。“至于法律续造，其对象并非文字，而是法律规范本身和法秩序指向的意义整体，因而法律续造已超越了文义范围，而对规范和法秩序进行的全新的理解和

〔29〕郑永流：《法律判断形成的模式》，载《法学研究》2004年第1期，第140页。

〔30〕［美］博登海默：《法理学：法律哲学与法律方法》，邓正来译，中国政法大学出版社2004年版，第586页。

〔31〕陈景辉：《案例指导制度与同案同判》，载《光明日报》2014年1月29日第16版。

〔32〕胡发富、何方：《法律价值判断的歧义与特性》，载《人民法院报》2014年4月9日第2版。

表达。”[33] 法官不得拒绝裁判，在司法的领域内，法官的法的续造是被容许的，并且在实务上亦有其重大意义。基层法官坚守公正和中立，正确衡量诉讼双方的利益，以司法的地方性知识、民事习惯、一般性情理作为综合的推论基础，作出公正的选择，对法律进行补充续造，进而形成个案规范作出裁判，其符合常情的逻辑思维分析，推论出妥当性的心证结论，增强裁判的可接受性，衡平公众的公正感。

〔33〕 梁兴国：《法律续造：正当性及其限制》，载《法律思维与法律方法》2007 年第 4 辑，第 190 ~ 191 页。

官方话语体系修辞失效的法律原因探析

——以陈永洲事件为例

王春穗*

2014年10月17日，湖南长沙岳麓区人民法院作出了一审判决，认定原任《新快报》记者的被告陈永洲犯损害商业信誉罪和非国家工作人员受贿罪，数罪并罚后决定执行有期徒刑1年10个月，并处罚金2万元。自2013年《新快报》的“请放人”事件而始，陈永洲案这一看起来再也正常不过的司法过程，由于受到了自媒体的广泛关注，变成了一起充满了戏剧性的公共事件。中央电视台作为我国最权威的党政喉舌，由于其本身地位的特殊性，作为研究者，我们不能将其报道内容看作一般媒体话语，而应当将之看作一种官方话语。在陈永洲事件中，“托言于法”的传统官方话语体系与以“无罪推定”为代表的法律概念以及法治精神的碰撞，比起“陈永洲”事件本身的是非黑白，也许会更长远地影响我国的法律、政治、新闻传播等领域，也将对于落实党的十八大提出的“全面推进依法治国战略”具有重要的理论意义和实现意义。

一、传统官方话语体系之“原罪”

传统官方话语体系是相对于现代官方话语体系而言的。两者并非单纯是以时间先后顺序来进行概念定义，而是以话语体系的使用者来进行区分：传统国家的执政者更多使用的话语体系是传统官方话语体系，现代国家的执政者更多使用的

* 中山大学法学院和教育部人文社会科学重点研究基地逻辑与认知研究所在读博士生，广东开放大学法律与行政管理学院讲师。本文系国家社科基金项目重点项目“全面推进依法治国战略的逻辑理性根基研究”（13AZX0017）、2013年广东省珠江学者岗位计划资助项目（2013）阶段性成果。

话语体系是现代官方话语体系。[1] 当然，两种形态的国家在执政过程中也会存在两种话语体系的混用。传统官方话语体系的修辞特征导致其话语框架中蕴含了使之修辞失效的先天缺陷。我们将这种先天缺陷称之为“原罪”。而随着时代的发展，信息传播的多元化极大地削弱了使用传统官方话语体系的效率优势，反而使其先天缺陷愈发突出。

传统官方话语体系具有以下鲜明的修辞特点：

第一，过分使用道德修辞。通常表现为过分使用意识形态。使用这种修辞的技巧是：将执政者所主张的意识形态赋予道德优势，并设立一定道德标准，从而使听众产生了诸如“假如自己不接受该意识形态的主张，就违反了某种道德规则，因此，自己处于道德劣势”的错觉。于是，听众为了避免自己在论辩中处于道德劣势，就会趋向于接受该意识形态的主张。这种修辞生效的原因是由于人类具有道德情感这一独有的高级情感，这一情感是“人在社会生活实践中通过不断内化、深化和提升而形成”。[2] 因此，一种意识形态若要使自己具有道德的同义性，则其必须要诉诸情感，使人们能够依据该意识形态设立的道德标准，对现实的道德关系和由而产生的道德行为产生爱憎好恶的心理体验。因而，在传统官方话语体系中，诉诸道德和诉诸情感在修辞上相关联，即是通过唤起情感的、道德的修辞技巧直接诉诸公众的心灵。

尽管“中国是现代国家”这一命题已经是共识，但是我们发现在社会各个领域仍可见到很多诉诸道德、诉诸感情的修辞方法。这与传统中国“情感本体”的文化类型和秩序原理是有源流关系的。由于有着悠久历史传统，即使在现在采用诉诸道德的方法来达到修辞的目的，还是极为有效的。但我们也不难发现这一修辞的致命弱点是：由于说话人立场的改变，极容易产生在相同的前提下得出不同的论证观点的情况。而当这种情况反复出现的时候，意识形态设定的道德规则乃至意识形态本身的正当性和权威性都会被削弱。

第二，常常使用权力修辞。权力修辞表现为对听众的力量压制，传达方式为命令，传达内容为长官意志。通常的使用方法是通过将政治主体神圣化来达到修辞作用。传统官方话语体系经常将政府、政权甚至某个具体的执政者树立为权

---

[1] 传统国家和现代国家是西方国家理论中对国家的分类。主流意见认为，传统国家和现代国家最大的不同是现代国家摆脱了“胜者为王”式的国家政权更迭形式。现代国家成员效忠于有共同认同感的“同胞”及在此之上共同形成的体制。

[2] 朱小蔓在其所著的《情感德育论》（人民教育出版社2005年版）一书中系统地讨论了情感与道德之间的关系。

威，使用神圣化的概念隐喻和框架结构，用简单的话语体系不断强化人们的无意识〔3〕，潜移默化地增强民众对政治权威的服从，以此增强官方话语的说服力。传统官方话语体系选择权力修辞，是与其国家体制相关的。传统国家采用“统治”方式实现国家秩序，而现代国家采用“治理”来实现同样的目标。〔4〕两者其中一个主要的区别是其权威性质。统治是家长主义的，具有极强的强制性；而治理，虽然有时也表现为强制，但更多是将其治理对象视为平等主体，是协商的，其基本工具是法律。

采用权力修辞的传统官方语言体系，由于默认了官方话语的全能主义，认为官方话语是天然正确的，因而具有一种“无限理性”的致命缺点。当前，环境和信念的变化让公众不再信任权力规则。而随着社会阶层的复杂化，民众公民化程度的提高，以及大数据时代不可逆的到来，越来越成熟的公众对长官意志提出了各种的质疑，对权力命令的服从性也相应地降低。因此，为了使官方话语得到更好的修辞效果就必须直面公众的质疑来进行说理。如果再单纯依靠权力修辞，就显然没有办法有效地回应民众的质疑。在公众的质疑没得到合理解答的情况下，官方话语本身的说服力就会显著降低。

传统官方话语体系的上述两种修辞特点导致其话语所形成的隐喻框架是：政府说的即是正义的，所以我们要依命而行。这一话语框架一方面缺乏理性基础，另一方面又容易被公众的负面体验所削弱。在汉语中，理性大体可分为三个层面：说理理性（reason）、推理理性（reasonableness）、价值理性（rationality）。传统官方话语体系从给定的意识形态立场出发，经常会挑选对自己观点有力的数据与证据，选择性地忽略对自己不利的证据，亦不深究推导的合逻辑性。换句话说，重视价值理性，但忽略了说理理性和推理理性。诺齐克（Robert Nozick）将这种理性形式称之为“强行正义”（enforce of justice），认为这种强行正义以超人的智慧自居，是一种伪装的批判理性，体现出该主体对其自身理性能力的致命的自负，具有一种无厘头的道德优越感。惯于使用道德修辞和权力修辞构造话语框架的传统官方话语体系，恰恰体现出执政者对自身理性能力的过分自负。这也直接导致了传统官方话语体系修辞失效的情况在当今的时代条件下愈发常见。

---

〔3〕 1977年在两报一刊社论中提出的“两个凡是”的话语表达就是非常典型的权力修辞的使用方法。

〔4〕 从政治学理论来看，统治和治理至少有五个方面的区别：主体、权威性质、来源、权力运行的向度、两者作用所及的范围。但是本文为了论述方便，主要从权威性质来展开论述。

二、"陈永洲"事件中官方话语体系的策略选择失误

策略是可以实现目标的方案集。亚里士多德认为，修辞学具有"一种能在任何一个问题上找出可能的说服方法的功能"。传统官方话语体系在处理陈永洲事件所引起的舆论风波，选择了公布"陈永洲认罪视频"这一修辞策略。其从内容到载体都存在不同程度的失误，这导致了其在本次话语博弈中修辞失效的必然性。

"陈永洲"事件发生之后，对此案的讨论主要是关于抓捕行动是否是对新闻工作者权利的侵犯，本案背后是否存在地方保护主义以及新闻自由的保护。而参与者从普通的民众到公共知识分子，乃至参与抓捕的有关部门、陈永洲所属报社，可谓是一派"众声喧哗"之相。此间激荡着社会上普通民众表达各种诉求的民间话语、公共知识分子的批判性话语与传递党主张、国家意志的官方话语三大话语体系的碰撞。[5]但是，在央视公布了陈永洲认罪视频之后，我们观察到该视频并没有起到其原本应当起到的定分止争的效果。接下来，我们将对播出陈永洲认罪视频这一修辞策略的失误之处进行分析：

首先，缉捕战术的合法性没有得到体现。"程序正义"这一理念被认为是法治精神中极为重要的组成部分。在认罪视频对"陈永洲"事件的回放中，只关注了案件事实本身，而忽略了对程序合法性的阐述，因而，导致了普通民众对缉捕合法性的质疑。在网上，对于陈永洲抓捕过程是这样描述的：2013年10月17日陈永洲及妻子接到警方通知前往派出所补充一个月多前家中失窃的资料，进入询问室后仅被询问了几句关于失窃案的情况，陈永洲即被长沙警方带上一辆湖南牌照奔驰车带回长沙。[6]这一段关于抓捕过程的描述中涉及了两个刑事诉讼法的问题。其一是关于"跨省抓捕"的合法性。"跨省抓捕"这一网络用语首见于2008年河南省灵宝市王帅案。在该案中，身在上海的王帅由于在网上发帖举报灵宝市大王镇非法征地，而在上海市遭到灵宝市网警的抓捕。在此之后，"跨省抓捕"这一词语就被赋予了"非法抓捕"的含义。但是根据我国刑事诉讼法第

---

〔5〕 这三种语言体系分类出自《人民日报》评论部卢新宁写作的《重构现代政治话语体系》一文（2012－11－06），［2014－4－25］http：//www.21ccom.net/articles/dlpl/szpl/2012/1106/article_70491.html。

〔6〕 在网上随处可找到关于抓捕陈永洲的表述。这里我们引用的是维基百科"《新快报》记者陈永洲被刑拘事件"词条的描述。

81条规定："公安机关在异地执行拘留、逮捕的时候，应当通知被拘留、逮捕人所在地的公安机关，被拘留、逮捕人所在地的公安机关应当予以配合。"也就是说，公安机关有异地抓捕权力。但是，不知道是不是官方认为法条对此的规定很清晰，所以迄今我们都没有看到官方在任何案件中正面回应公众对于"跨省抓捕"质疑。这也导致了公众对于"跨省抓捕"广泛存在的误解，并由此形成了一个"跨省抓捕=违法抓捕"的隐喻。其二是关于诱骗缉捕的合法性。对于缉捕合法性的另一个质疑则来自于对警方采用了"欺骗"的方法将陈永洲传唤到派出所，然后对其实施了缉捕。在实践中，对于具有潜逃、暴力抗拒抓捕可能性的犯罪嫌疑人，公安机关往往会采取诱骗抓捕的方式，以减少在抓捕时可能遭遇的反抗。虽然我国法律中并没有与诱骗抓捕相关的明确的合法性规定，但是这是现今世界通用的警察抓捕战术之一。换句话说，本案采用的缉捕战术是合法的、合理的。但缉捕战术的合法性却被并没有出现在央视对陈永洲案的报道中。现在公众已经普遍接受了"程序正义是实体正义的保障"这一法治理念。因此，在论述中的缺失程序正义这一合法性前提直接导致了论证结论的可信性出现了瑕疵。

其次，论据本身具有不稳定性等缺陷。央视所播放的陈永洲认罪视频涉及了两种证据类型，一是言词证据，二是视听资料。视频中最广受关注的就是陈永洲本人的一长段自白。这段自白，在刑事诉讼法中，被归类为"犯罪嫌疑人的供述与辩解"这一证据类型。从视频本身拍摄的内容来看，本案具有诸如书证等其他类型证据。对于电视播放来说，言词证据无疑是最适合用电视表现的一种。然而，言词证据本身具有极大的主观性。说话者所处的环境、所承受的内外压力以及心理状态会极大地影响到言词证据的可靠程度。口供是言词证据的一种。基于对言词证据不稳定性的认识，我国刑诉法也规定了"只有口供不能定罪"。而且，视频本身就是视听资料，央视播放时长已经决定了其不可能展示案件的全貌。而对于视听资料来说，其是可被删节和修改的，这也会影响了视听资料作为论据的可靠程度。因此，论据本身的缺陷，也导致了视频的可信性遭到质疑。

再次，论证的推理形式有瑕疵。央视播放视频的论证是：陈永洲收受了贿赂，且上述报道并非出自陈永洲之手，因此关于中联重科的相关负面报道是虚假的，也就是说，中联重科不存在"利益虚增""利益输送""畸形营销"或"造假"等情形，并由此推出陈永洲构成损害企业商誉罪。在央视后续的报道中，仍旧反复强调陈永洲收受不正当利益的这一事实。其实这是本末倒置的做法。在央视视频的论证中隐藏了一些前提：收受了不正当利益的人所说的话均不可靠；挂名写作的报道都均不符合实际情况。在这样的假定之下，原本的论题"陈永洲是否构成损害商业信誉罪”转移甚至偷换了。根据我国《刑法》第二百二十一条规定，捏造并散布虚伪事实，损害他人的商业信誉、商品声誉，给他人造成重大损失或者有其他严重情节的，构成损害商业信誉、商品声誉罪。而只有根据上述损害商业信誉罪犯罪构成来进行的类比推理才是有效的。陈永洲是否被他人收买、是否挂名写作与其是否构成本罪并无必然关系。

最后，对侦查阶段案件报道限度的质疑，是压断骆驼脊梁的最后一根稻草。在对央视播放陈永洲认罪视频是否构成了“舆论审判”这一宏观的质疑之外，对于侦查阶段案件报道限度的问题，则是法律共同体对本案的主要质疑之一。一方面，对在侦案件报道限度的质疑，背后站立的其实是刑事诉讼三大法律原则之一的“无罪推定”原则。根据无罪推定原则的精神，任何人未经法院裁判不得被认为有罪。在侦查阶段的案件，显然是未经法院裁判的案件，那么在此时公开报道犯罪嫌疑人以及案件的相关情况，可能会造成对犯罪嫌疑人人格权、隐私权、公平审判权的侵犯。另一方面，在侦案件本身属于国家秘密。根据《中华人民共和国保守国家秘密法》第 27 条，对于涉密的电视节目的制作和播放，应当遵守有关保密规定。虽然视频一直回避出现收买陈永洲的同案犯的名称，只使用“他”或“他人”来指代。但是，在央视播出陈永洲认罪视频后，即有网友根据央视播放的陈永洲讯问笔录的视频截图，明确了本案的利益相关人是某大型企业，并将这一信息公布在天涯论坛上。因而该视频实质上泄露了未公布的案情，影响了案件的正常侦办。

对于认罪视频播出的决策者和支持者来说，这次宣传的失败是难以理解的，因为他们认为这个视频明明白白地呈现了陈永洲认罪的过程。在他们看来，既然嫌疑人已经认罪，一切纷争都应归于尘土。这次宣传策略的错误一方面与策划者的法律修养欠奉有关，另一方面则与策划者没有理解大数据时代的信息特征有关系，在视频中提供的“薄数据”没办法满足公众对于“厚数据”的渴望，反而激起了公众对于薄数据背后未亲见事实的阴谋论式的猜想。因而虽然官方话语在表达逮捕陈永洲这一行为的合法性时使用了大量的法律概念，但是由于与这些法律概念背后的法律精神背道而驰，而产生了形实不符的违和，因而这种“托言于法”的修辞既得不到精英听众的认同，也得不到普遍听众的支持。这种修辞虽然有时在个案上能够达到立竿见影的效果，但其回避了公众对于本案真正关注的问题，借助官方话语的公信力粗暴地干预司法，以媒体审判，公众审判代替司法审判，因而其并不能最终实现公平正义的效果，反而伤害了法治之根本。

三、法律概念隐喻框架应用于官方话语体系之可能

概念隐喻理论是由莱考夫（George Lakoff）和约翰逊（Mark Johnson）在1980年所提出的。[7] 概念隐喻理论强调人们的经验和认知能力在语义理解中的重要作用。他们提出了经验主义的语义观，并认为现有的许多概念系统是由隐喻构建的。这种隐喻式推理一是基于人的经验，二是基于具体到抽象域的映射，即从源域（sourcedomain）到目标域（target domain）的映射。

莱考夫的政治研究是从语言和认知研究延伸而来的。人们的思维依赖于框架、原型、隐喻、意象等语言和认知手段。在这一理论基础上，莱考夫在《别想那只大象》一书中将认知科学以及社会学中的“框架”（frame）理论运用到了政治学等领域中。当我们所见、所闻的事物所代表的价值观、道德观与我们自身的价值观、道德观相契合时（即所见、所闻的事物所构建的框架与我们的心理框架相契合时），对所见所闻的感知就引起我们对其所代表的价值观的共鸣，反之则无法产生认同。也就是说，框架构建了我们的观念，决定了我们的思考方式，继而影响了我们的行为方式。

在完善我国官方话语体系时，我们首先要正视的问题是，因为不重视公民的理性能力，官方话语一直缺少与民间话语对话的经验和策略研究。在实践中，官方话语使用的大量概念由于与公民所经历或知悉的负面经验体验关联，使得相关概念再次被使用时，反而激起了公民的反感。[8] 因此若要将法律概念隐喻框架运用于现代官方话语体系，则必须要充分重视公民的理性能力，尤其是公民的法律理性能力。

在我国，将法律概论隐喻框架现代官方话语体系的可行性，源自于法律话语与政治话语之间的共性以及互补性：

首先，从话语表达的内在意志来看，马克思主义认为任何国家的法都具有阶级性。而在社会主义国家中，法是人民意志的表现，并体现为国家意志。我们可以这样说，政治话语和法律话语都是国家意志的体现。但是为什么在现代社会发展的过程中，法治国家都逐渐趋向于使用法律话语来阐述和构建国家意志体系

---

〔7〕 该理论最早出自 George Lakoff 和 Mark Johnson 合著的《Metaphors We Live by》一书。笔者参考的是本书的 2003 年版。

〔8〕 前文所说的“跨省抓捕”一词就是如此。虽然跨省抓捕本身是合乎刑事诉讼法的，但是由于和王帅案实体的瑕疵结合，而导致该词语被隐喻了“违法抓捕”的含义。

呢？其主要原因是法律话语主要是通过立法和司法的过程表达出来的，体现了多元声音的博弈过程，符合现代国家的民主原则。在现代国家中，立法体现的是社会多个利益集团的互相博弈；司法的过程则是一个原被告双方平等协商的过程。在此过程中由于充分重视参与博弈的双方或多方的理性能力，因而可以融入了多元化的社会声音。

其次，从社会主义价值观来看，不论是法律话语还是政治话语，其不仅是沟通和交流的工具，更是思想和文化的载体。十八大报告中，我党提出了“科学立法、严格执法、公正司法、全民守法”，继续深化推进社会主义法治建设。法律追求的三大价值中，很重要的一重价值就是“秩序”，这与我国“和谐”“稳定”的社会建设追求是极为一致的。

再次，从修辞特点的互补性来看，法律话语本身的一些重要修辞特点，如逻辑性和程序性，也能有效弥补政治话语的修辞缺陷，增加政治话语的说服力。如从程序性特点来说，法治精神中崇尚的“程序正义”，其中一层含义就是要使案件判决结论得到人民的普遍认可，除了案件实体判决应当合法公正之外，判决程序本身也必须符合公平正义的要求。也即，即使一个案件的实体权利处分无误，但若不符合程序正义的要求，侵犯了案件当事人的程序权利，也可能导致案件判决的修辞无效。例如，在美国著名世纪大审判——辛普森审判中，在刑事审判中辛普森被判无罪而在民事审判中他却需要承担民事赔偿责任之原因所在。因为刑事审判和民事审判在程序正义的要求上是有所差异的。

最后，从话语使用者自身的风险承担来看，法律话语使用的法律概念中本身隐含着丰富的法治内涵。当使用法律概念隐喻框架时，可以使有限的字词传达出更多层次的意义。这样能够有效地避免由于官方话语的表达不当而导致的修辞失效。

哈贝马斯认为话语具有三种修辞功能：一是对事物外在性的描绘与呈现；二是对自己内在意向性的表达；三是通过话语建立交往关系。在实践中，不同话语体系或有不同侧重。以官方话语为重要代表的政治话语则更侧重后两种功能：通过话语对政治价值的描述，在与目标听众交往的过程中，使听众接受自己的政治价值。一种好的修辞方法是有助于政府传播主流意识形态，也有助于政府引导社会舆论的。从这个角度出发，法律话语和以官方话语为代表的政治话语有着共同修辞目标。通过概念隐喻与框架，可以极大地提高论证的效率。那么为什么我们不能使法律概念变成一种隐喻，并由此构建一个话语框架，通过使听众诉诸理性和诉诸法律来实现修辞的功能呢？正如陈金钊教授所说的那样：“法律话语与法治思维具有同质性，是一个事物的不同侧面，都重视规则和程序的作用，强调逻辑推理方法的运用，重视在平等的话语氛围内探究决策方式。”〔9〕将法律话语使用的概念作为隐喻并形成“法治”话语框架引入官方话语体系，产生所谓的现代政治话语体系，从普遍意义上来说，是为了更好地实现真正意义上的“依法治国”。

四、“陈永洲”事件的法律隐喻框架分析

莱考夫在《“框架”致死》中提出了一个著名的口号：“学会了运用‘框架’，你就学会了控制话语权。”在建立了隐喻框架之后，官方话语的说服力是直接的、巨大的。“通过战略性地部署和重复某一类信息，或者通过将它们与‘熟悉的文化符号’联系起来，框架化进程决定了人们如何关注一个问题，如何解释和记忆这一问题，以及如何相应地作出评价和反馈。”〔10〕

在开始阐述之前，需要特别强调的是，莱考夫很强调“概念是体验性的”。这个命题在法律范畴几乎是绝对成立的。现代国家应当使用法律概念建立起这样一种隐喻和话语框架：合法的即是正义的，所以我们应当依法而行。话语框架的建立，需要通过概念和隐喻反复的正确使用，不断地激活公众的思想。但是，这种反复使用是难以在单一事件中实现以及体现的。因此，接下来，我们将仅以“陈永洲”事件为例，假想若存在一个符合法治精神的法律概念隐喻和框架，那么应当如何在该框架之下实现官方话语价值的传达。

首先，依据刑法概念定义核心问题。其实，学界对于损害商业信誉罪入刑的合理性久有争议。其中最主要的争议点就是该罪名的设置会不会导致公司逃避正常及正当的社会监督。在本罪中犯罪对象是追求商业利益的公司。若官方话语对此类事件进行评价的时候表现出太明显的倾向性，就难免让公众产生公器私用的怀疑。要消除公众对此的误解，则应当首先通过法律概念明确定义该事件中涉及的主要法律问题。损害商业信誉罪属于我国《刑法》第三章“破坏社会主义市场经济秩序罪”中第八节“扰乱市场秩序罪”。刑法分则中的各罪是按照犯罪行为侵犯的主要犯罪客体来划分章节的。对于立法者而言，本罪所侵

〔9〕陈金钊：《权力修辞向法律话语的转变——展开法治思维与实施法治方式的前提》，载《法律科学》2013年第5期。

〔10〕［德］玛利亚·邦德·桑德拉·希：《意识形态变迁与中共的合法性：以官方话语框架为视角》，载《国外理论动态》2014年。

犯的客体是市场秩序这一公共利益，而非受害公司的个体利益。因此，相对于在报道中反复强调中联重科公司的商业信誉受损以及股价下跌，更应当强调受害人是因为股价波动而受到损失的广大中联重科的股民以及本事件中主要受到损害的犯罪客体是正常的市场秩序。当问题一旦从某个特定公司的利益受损，转变为市场秩序以及广大股民的财产权上，问题的本质就发生了变化，从私益转换为了公益。这样自然也能相应减少公众对案件中是否存在地方保护主义、以权谋私的猜测。

其次，依循犯罪构成明确事件原因。在确定了问题之后，就要在框架之内为事件寻找原因。这个时候就可以按照损害商业信誉罪的犯罪构成来阐述事件的原因。除却对犯罪构成的客观方面“捏造和散布”的要求之外，损害商业信誉罪对于行为人的主观方面有着严格的要求。新闻报道者如果要构成损害商业信誉罪，必须要具有主观上的“恶意”。这种“恶意”应当至少包括两方面：一是行为人明知其所作报道是虚假的；二是行为人明知道其报道行为会造成被报道对象商誉的减损。此时则可以开始探讨行为人所作报道是否与事实相符。然后则可以在讨论为何陈永洲要作出不实的报道时，顺理成章地引出其收受他人利益的事实。在具体操作时，相较于在案件未决阶段就直接将各方当事人的自述以及证据材料播放出来，以期达到使得事件真相拨云见日的效果。对于未决案，更为通用的报道方法是：采用记者口述的方法，以“根据侦查机关已掌握的证据表明”为句首标志来进行叙述，以“本台将会继续关注案件的进展”为报道结束的标志。这样一方面能够表明案件未决的性质，降低直接采用言词证据材料而产生的报道失实的风险，以及避免公众对于媒体审判的质疑。另一方面也能够充分表达报道的客观性。

再次，紧扣程序正义提出解决方案。在公众对本案的实体内容已经有所了解的基础上，则需要进一步为本案提供法律上的解决方案。在刑事案件中，要紧扣《刑事诉讼法》及相关的程序法来展现案件已经经过以及即将进入的程序。要特别注意的是，应该将对犯罪现象进行的新闻报道和针对某个社会关注案件召开的官方新闻发布会区分开来。由于欠缺与民间话语直接对话的传统，我国国家机关，尤其是基层部门，并不惯于召开新闻发布会回应公众质询。即使召开发布会，由于欠缺事前的策略研究与公关培训，发言人在发布会上失言的例子也并不罕见。对犯罪现象的报道需要尽可能地平衡公共性、公益性与被报道者的个人隐私与名誉，努力实现报道的客观。但是，在针对社会关注案件召开的官方新闻发布会时，则可以针对公众对案件的质疑来逐一进行回答。像在本案中，若在逮捕早期，由执行逮捕的公安机关召开新闻发布会，则可以及时厘清公众对于案件程序和实体情况两部分的疑问。

最后，借助道德评价实现框架扩展。为了使框架能够被更好地接纳，可以通过增加事件的解读角度来争取更多不同价值观上的支持者。如本案中涉及了新闻记者的职业道德问题。相对于央视习惯性地站在道德制高点上用居高临下的视角来对事件进行评价，用同是新闻工作者的角度，来表达对于同行中出现违法违规行为的惋惜和反省，会更容易激起普遍公众的认同。要注意的是，道德评价与诉诸道德的谬误不同。道德评价的本质是对行为或社会现象作出价值判断，直接述说意识形态的内容，这并不与理性要求相冲突。

按照莱考夫的说法，隐喻是人类的生存方式。通过反复地使用法律概念隐喻，构造“合法的即是正义的，所以我们应当依法而行”的话语框架。在实践中，不断用法律概念和隐喻激活官员与公众的大脑，强化国民法治思维，改变其思维方式，这也是改变我国官方话语权威性不足现状的有效方法。

五、结语

韦伯对于现代国家有这样一个论断：认为现代国家的暴力运用应当是理性的，即“应用有形暴力的规则的理性化，在合法的法律秩序的概念中，理性化是它的最终的归宿”。现代政治文明对官方话语使用法治概念和精神来进行有效修辞的做法是存在共识的。但比对当今中国的历史和社会特征，我们不难发现中国虽然已是现代国家，但在很多时候仍习惯使用传统官方话语体系。然而随着民主精神的普及，普遍听众对“法治”概念理解不断深入，若执政者使用“法治”概念的程度仍停滞不前，则反而会造成普遍听众对其权威性的质疑。这也正是陈永洲事件中官方权威遭遇质疑出现的情况。

“依法治国”作为现代民主制度中重要的组成部分，正是现代国家特征的极为重要的一点。十八大再次提出要全面推进依法治国。十八届三中全会通过的《中共中央关于全面深化改革若干重大问题决定》更明确提出要“推进国家治理体系和治理能力现代化”。我国虽然是一个历史悠久的传统文明古国，但是同时也是一个极为年轻的现代法治国家。我国的国家组织形式与我党的执政方式都迥异于西方国家。这就决定了我们不能照搬他国的经验，要从自身特点出发找寻适合我国的现代化之路。但是，我们也必须要承认，西方国家的法治理论在客观上对我国的法治国家建设产生了非常重要的影响。因而，若要推进我国“依法治国”进程，则应当充分借鉴他国，尤其是公认已经进入现代国家的列国的治理经验。落实到官方话语使用方面，一场自上而下的真正意义上的普法行动在所难免。从顶层开始，从执政者本身对法律概念理解和法治思维培养方面入手，在整个社会形成对法律概念共同含义的隐喻，并构建符合法治精神的话语框架。借助法律概念隐喻框架，实现官方话语体系的现代化的转变，将会是我党执政能力现代化的重要一环，也是我国法治建设的一个重要内容。

“诠释学循环”

——概念、类型及运用

陈　雨*

目前国内为数不少的教科书和专著都在阐述法学方法论、尤其是法律解释理论时都会提到“诠释学循环”（hermeneutic circle）的概念。[1] 这不难理解：因为司法活动具有一定程度上的不确定性，其来源包括成文法自身难免的缺陷与不圆满、语义理解的多样性以及由权威性和稳定性带来的滞后性，其次事实亦不易认定。裁判过程将法官、事实以及规则之间组成紧密联系。现实的复杂需要法官在司法裁判过程中找到事实与法律规则之间正确的联系，避免过于谨慎或者自由裁量权膨胀的情况出现。法律规则指导司法活动，其运用与实施依赖于使用主体对其的认识和解读。作为适合某个规则的事实构成，取决于该特定规范对它的描述；而规范的意义，只有被运用于特定事实时才得以具体化。“法律的延续始终伴随着事实与规范在现实和潜在中的冲突，但却始终不能完全将其抛弃。”[2] 法律规范中并无解决疑难案件的现成答案，在法律与事实的互动关系中，主体需要重新理解法律并构建适用于个案的裁判规范。这意味着，普适性规范与个案加以结合得到最终裁判结果的过程，需要司法者的参与和构建。在这个过程中，诠释学循环对实现法律规则内部的自洽性，进行合理的外部论证，保证法律的确定性起到了不可忽视的作用。

但遗憾的是，关于“什么是诠释学循环”，大多只是简单地提及“欲理解整体，必先理解部分；而欲对部分有准确理解，也必须有整体观念”；至于诠释学循环在司法裁判中的运用，则大多只将其与体系解析挂钩云云。这种理解无疑过

* 中国政法大学 2011 级法学双专业双学位本科生。

〔1〕 例如舒国滢主编：《法理学导论（第 2 版）》，北京大学出版社 2012 年版。

〔2〕［德］巴特·范克林克：“事实与规范：欧根·埃利希与汉斯·凯尔森间未竟之争论”，载《法律方法与法律思维》，法律出版社 2011 年版，第 252 页。

于简单了。本文旨在通过对司法过程中诠释学循环之概念的梳理界定，明确其在裁判活动中的地位，以期提供一个更加全面而准确的理解。

一、诠释学循环的概念与定位

（一）诠释学循环的概念

诠释学循环从古代修辞学的方法发展而来，最初用于圣经解释，后发展成文本解释的一般原则。随着历史发展，诠释学循环的内容也在不断加以丰富。19世纪，施莱尔马赫明确了诠释学的中心问题是诠释学循环，将解释的对象从特定的文本扩展到一切文本，界定了诠释学循环的概念，其针对的主要是文本部分与整体之间的循环。狄尔泰继承和发展了诠释学循环的思想，要求具体的解释者和解释文本之间不断进行循环。

埃塞尔将先见学说移入法律发现之中，认为只有前理解的存在才使得理解规范的具体意义期待成为可能。20世纪海德格尔将诠释学从方法论和认识论性质的研究转变为本体论性质的研究，使诠释学循环获得全新的本体论意义。“海德格尔对诠释学循环的描述和生存论的论证，表现出一种决定性的转折。”〔3〕伽达默尔从阐述理解的历史性原则入手，构筑了哲学诠释学体系。他认为普遍与个别、一般与特殊、抽象与具体的关系是在不断建构和相互作用的。在这个方面，考夫曼认为“唯有理解者带着一个前理解（约瑟夫·埃塞尔）或先见（汉斯·格奥尔格·伽达默尔）去着手对待文本时，这可能是缔约时疏忽的情况，他才有可能谈论文本。”〔4〕恩吉施要求法律者的“目光在大前提与生活事实之间顾盼”，具体就是“至少要把法律应然思维的那些部分，即对于具体法律案件及判断是急需的部分，拉近、整合。”〔5〕进一步发展诠释学循环的内涵，即在事实与规范之间进行循环得以使得法律得以正确适用。据事实获取法律评价，根据法律补充案件事实，规范与事实相互靠近，交叉说明。

认可整体与部分的存在及有机统一的观点是诠释学循环得以展开的认识前

---

〔3〕［德］汉斯·格奥尔格·伽达默尔：《真理与方法》（上），洪汉鼎译，上海译文出版社1999版，第376页。

〔4〕［德］阿图尔·考夫曼：《当代法哲学和法律理论导论》，温弗里德·哈斯默尔主编，郑永流译，法律出版社2013年版，第147页。

〔5〕［德］卡尔·恩吉施：《法律思维导论》，郑永流译，法律出版社2014年版，第71页。

提。诠释学循环是关于文本解释的一种普遍原则，是部分与整体、主观与客观、前见与创见之间的不断循环。综合西方学者的见解，我们可以将最宽泛的"诠释学循环"的概念分解为三个部分：其一，单个句子只有在文本整体理解下才能获得其所处特定文本确切的意义，故为理解每个句子就必须先理解整个文本。部分和整体之间始终相互决定，存在循环过程，而不是简单的因果关系。其二，解释者与文本之间存在循环，是解释者主观理解通过文本意思判断后的再理解和重认识，在不断修正和配合中形成新的理解。在这个层面上，"诠释学循环属于主观性范畴，诠释学循环其实是意义的循环。"〔6〕其三，文本有其特定的描述和评价对象，两者之间展开循环。文本本身是对特定对象的总结和阐述，普遍化和一般化，而该特定对象也是因文本的规范而得以实现。将特定对象与文本得以确立对应关系就需要将两者不断地反复比对。

所以，诠释学循环的目的是使价值判断逐步正当化，揭示司法实践中主观因素存在的正当性与合法性。诠释学循环不是法官主观裁量、对法律文本自由解读的另一种表述，与对法官主观性的宣扬是两个不同的问题。诠释学循环通过在一定的选择权范围内找到适当的平衡点从而对案件做出最恰当的判断。文本本身有其核心意思还具有一定的开放空间，法律规范同时具有确定性和模糊性。司法活动不可避免地存在有主观性因素。诠释学循环没有挣脱法官对文本的忠诚以及追求法律解释的客观性的框架，恰恰相反，其循环始终在法律规则和事实规范所建构的限制之内。

（二）诠释学循环的定位

循环的开展首先需要明确循环存在于司法活动中的具体范围。明确存在的范围首先要对司法过程的层面加以认识和区分。该区分对于评判法律论证性质的标准等很重要。本文基于司法过程两个层面——法的发现和证立展开论述。"法律证立有着独立于法律发现过程的内在性质。"〔7〕法律领域中的发现与证立二分以哲学上的相关区分为依据。法的发现涉及发现并作出判决的过程，法官的主观因素——直觉、偏见在该部分对判决施加影响；证立则是对判决及其评价标准的确证，是司法过程客观性存在的表现。具体而言，法的发现是指在某个特定情形下作出判决以及作出该判决过程所包含混同的各个因素在内的整个过程；法的证立

〔6〕 戚渊："论法律科学中解释与诠释"，载《法学家》2008年第6期，第89页。

〔7〕 焦宝乾：《法律论证导论》，山东人民出版社2006年版，第189页。

是指依据适当的已经证立的标准或判断对判决予以合理化和正当化的逻辑说理过程。

司法实践中的判断思维活动往往是通过直觉而非逻辑演绎得出初步结论，再经由逻辑严谨的步骤加以证立，司法者发现决定并通过制定法而证立“前者关涉到发现并做出判决的过程，后者涉及对判决及其评价标准的确证。”〔8〕直觉和预感是特定个案中得出正确解决办法的关键因素，证明过程并非得到证明的最初根源。法学方法论的传统进路，以拉伦茨、恩吉施为代表，并没有明确区分发现与证立。诠释学进路，以考夫曼为代表，重在考察“法的发现”，诠释学循环是主要的理论贡献。分析进路，以阿列克西为代表，重在考查“证立”层面。

发现与证立存在内在联系，但是“发现的过程与证立的过程应当加以区别。”〔9〕证立往往取决于并反过来影响发现的程序，是对法官所做决定的客观检验和推论过程。“在法的发现过程（司法实际裁决）中，的确到处充斥着利益之争；但在法的证立的层次上，却需要对各种利益主张进行理性的论辩与证立。”〔10〕法的发现产生于裁判者个体的偏见和价值判断等因素，影响法官做出判决的过程。这并不意味对司法裁判的客观性有所损害。法的证成是对法律论证的进一步检验，根据阿列克西的观点可以分为内部证成和外部证成两个层面。论证的直接目的就是要证明裁判结论的妥当性和正当性。当认可结论是正当的时候，即意味着已经证成。“从抽象规范中证立决定仅是有次要的意义，这种证立事后理性化了其中的非理性决定，并在一定程度上也许发挥着控制的功能。”〔11〕

通过对两者的明确，不难发现诠释学循环在法的发现层面进行作用，法官、法律规范和事实之间互动展开循环。诠释学循环作为寻求理性的出发点，在发现层面上对司法裁判加以影响和协调。发现的逻辑往往不能用语言充分表达，是一种意会过程，有着极大的创造性和主体性，但并非随意的主观判断。对法的发现活动的理解可以进一步可以认识到，结论的得出离不开诠释者在特定环境下所有的前理解。海德格尔认为所有的理解和解释都依赖于解释主体的前理解。“解释从来就不是对某个先行给定的东西所作的无前提的把握。”〔12〕前理解在规范和事

---

〔8〕焦宝乾：“法的发现与证立”，《法学研究》，2005年第5期，第158页。

〔9〕［德］罗伯特·阿列克西：《法律论证理论——作为法律证立理论的理性论辩理论》，舒国滢译，中国法制出版社2002年，第284页。

〔10〕雷磊：《规范理论与法律论证》，中国政法大学出版社2012年版，第169页。

〔11〕［德］卡尔·恩吉施：《法律思维导论》，郑永流译，法律出版社2004年版，第51~52页。

〔12〕［德］海德格尔：《存在与时间》，1979年法文版第150页，转引自《真理与方法》“译者序言”，第7页。

实之间产生了一种在先的诠释活动且与之创设了密切相关的联系，划定了特定的视域。法官的前理解引导规范和事实并相互使彼此具体化，并反过来被两者具体化的区域所束缚。因为正如哲学诠释学集大成者伽达默尔认为的，理解不是一种主体性的行为，是一种置身于传统过程中的行动，使得过去和现在得以中介，换言之解释主体与文本或者说解释对象之间是对等的，前理解、事实与规范在循环开展的过程中没有主客之分。"解释是一个对话过程，或者更具体地说，解释关系双方通过对话逐渐融合各自视域、实现相互理解。"〔13〕

三、诠释学循环的类型

诠释学循环是司法裁判中最基本、最具指导性的方法之一。与前文对于解释学循环概念的理解相对应，法学范围内涉及的诠释学循环可以区分为三种类型。第一种形式的诠释学循环涉及文本部分和整体之间的循环，第二种形式为前理解（解释者面对文本时的假定）和文本（解释对象）之间的循环，第三种形式为规范与事实之间的循环。〔14〕

首先，"个别只有通过整体才能被理解，反之，整体只有通过个别才能被理解。"〔15〕法律文本部分与整体之间的联系表现为在对特定规范加以理解时需以其所属的规范体系的理解为前提，但不理解单个规范则不能准确地理解和把握整个规范体系，此时主体就需要在两者之间展开诠释学循环。"具体到法律诠释学领域，不能被人们理解的东西通常是法律文本，诠释学在该领域的任务就是通过对文本的理解和阐释来说明文本的含义。"〔16〕对特定规则的理解，必须基于既定的规则框架及其对该特定规则相关的规则的理解和认识。裁判者需明确各个关联法条之间的交接点并加以整合，确定适合于特定案件的法条，将单个法律规范需置于由多数此类单个规范而形成的特定体系中加以理解和阐释。

其次，裁判者无法脱离传统、社会环境以及人生经历等带来的诸多影响。个体差异和多样性直接导致了理解的多元性。面对文本之时，法官持有的在先的观

---

〔13〕朱庆育："修辞学与法律思维"，载《法律论证与法学方法》，山东人民出版社2005年第1版，第172页。

〔14〕［德］罗伯特·阿列克西：《法 理性 商谈》，朱光、雷磊译，中国法制出版社2011年第1版，第67~69页。

〔15〕［德］弗里德里希·阿斯特：《诠释学（1808）》，载洪汉鼎主编：《理解与解释——诠释学经典文选》，东方出版社2001年版，第10页。

〔16〕王利明："论法律解释学"，《中国法学教育研究》，第5卷第1辑（2010），第2页。

点和假定与文本对接，两者之间相互影响。“只要是理解，就是不同的理解，也就是一种重新应用。”〔17〕法律领域中的解释者与解释对象之间的诠释学循环表现为——对法律文本的理解在循环中对解释者的预设加以修正，并进一步促进对法律文本的感知。

再次，规范和事实之间的诠释学循环就是将抽象的具有普遍性的规范适用于具体的个案，将案件事实与规范之间进行比照的过程。处理普遍与特殊的关系需要双向进行，分为将一般应用于特殊和从特殊寻求到一般。案件事实与法律规范不能自动对接，尤其是在一些疑难案件中，事实往往处于过渡阶段，并不能清晰地加以界定，这时候就需要来回斟酌。司法裁判活动不仅是基于事实与规范单纯的逻辑演绎，而是将事实与规范有机结合从而确定案件处理效果的过程。“一方面法律理念须对于生活事实开放，它必须被实体化、具体化以及实证化，以便于形成概念；而另一方面所预见的生活事实须以法律理念为导向来进行典型建构及形成。”〔18〕事实与规范之间的诠释学循环关系对法律论证具有重要意义，作为整个建构的框架在法律适用的过程中起到核心作用。

四、诠释学循环的司法运用

（一）法律文本的部分和整体之间的循环

法律文本的部分和整体之间的诠释学循环主要的影响体现为解释方法中的体系解释。“盖每一法律规范，系属一个整体，其条文之解释，自亦应本诸论理的作用，就整个体系构造加以阐释，以维护各个法条之连锁关系。”〔19〕法官适用法律规范前需对前后语境加以关照，正确判断和理解法律规范的含义和适用范围，通过体系解释把握适用法律规范的体系性价值和目的。换言之，“法律条文只能当它处于与它有关的所有条文的整体之中才显出其真正的含义。”〔20〕

体系解释涉及的是同一法律体系内部的空间结构关系——法律规范串联起来而形成的有机整体，最能直接表现诠释学循环，在循环的过程中推进理解条文。“从方法论角度来看，体系解释是受到了系统论、逻辑学、解释学等方法的影响，

---

〔17〕［德］伽达默尔：《诠释学Ⅰ：真理与方法》，洪汉鼎译，商务印书馆2007版，第420页。

〔18〕［德］阿图尔·考夫曼：《法律哲学》，刘幸义译，法律出版社2004年版，第230页。

〔19〕杨仁寿：《法学方法论》，中国政法大学出版社2013年第1版，第143页。

〔20〕［法］亨利·莱维·布津尔：《法律社会学》，许钧译，上海人民出版社1987年版，第70页。

也可以说是这些方法在法律解释中的具体运用。"[21] 单取某一规范，极为容易对案件的处理出现误解和偏差，以致无法得出恰当的结论。法律制度是一个完整的体系。法官在寻找裁判规则时，不能受单个条文或制度的局限，应当也必须将相关的制度、法条等进行循环往复地斟酌，对规则的部分及整体走做出最妥当的解释，即通过体系解释寻找妥当的大前提。"只有遵循借助整体来理解个别规则，才能避免法律解释中仅考虑特定的法条，而对法条进行误读。"[22]

举最高人民法院发布的指导性案例 13 号——王召成等非法买卖、储存危险物质案为例对此说明。被告人王召成、金国森在未依法取得剧毒化学品购买、使用许可的情况下，约定由王召成出面购买氰化钠。之后王召成、金国森均将上述氰化钠储存在浙江省绍兴市南洋五金有限公司其二人各自承包车间的带锁仓库内，用于电镀生产。另三名被告分别向王召成购买氰化钠，均储存于各自车间的带锁仓库或水槽内，用于电镀生产。本案的争议点之一在于氰化钠等剧毒化学品是否属于刑法规定的毒害性物质问题。

指导性案例对这一问题持肯定意见，认为氰化钠等剧毒化学品属于刑法第一百二十五条第二款规定的毒害性物质。从体系解释的角度看，对刑法中相同用语应当作统一理解。刑法第一百一十四条、第一百一十五条、第一百二十五条、第一百二十七条、第一百三十六条和第二百九十一条之一都有"毒害性物质"的表述。在司法实践中，对于氰化钠等剧毒化学品属于刑法其他条文中的毒害性物质并无争议。因此，从刑法对毒害性物质的概念保持一致性的角度看，对刑法第一百二十五条中的毒害性物质与其他条文中的毒害性物质也应当作同样理解。刑法中相同用语应当具有相同含义。

法律体系是由具有内在逻辑联系的制度和规范所构成的内在一致的体系结构。对法律体系的理解，保障体系的融贯性对明晰具体法律规范或概念的含义具有重要的意义。而对具体规范的理解又能进一步反过来深化对体系的认识。同一法律不同规范之间往往起到相互衔接和补充的作用，有意义上的关联。"解释规范时亦须考量该规范之意义脉络、上下关系体系地位及其整个脉络之功能如何。"[23] 法律文本的意义由既定的范围、需要和目的确定，具有诠释学循环性，受其制约。

---

〔21〕 王利明：《法学方法论》，中国人民大学出版社，2011 年第 1 版，第 340 页。

〔22〕 [法] 亨利·莱维·布津尔：《法律社会学》，许钧译，上海人民出版社 1987 年版，第 348 页。

〔23〕 [德] 卡尔·拉伦茨：《法学方法论》，陈爱娥译，商务印书馆 2003 年版，第 316 页。

（二）解释者和解释对象之间的循环

裁判者的前理解对法律文本的解释具有重要意义，前理解是对文本理解的前提，为文本的整体理解奠定了基调。基于社会长期熏陶、职业积累和环境制约，在产生具体判断之前法官已有关于判断的认识和期待，难以避免自身价值因素对裁判过程的渗透。“是非感是一种拥有正确先前理解的技术。”[24] 前理解使得理解者对法律文本的理解向其预设的结论发展，获得法律文本的意义之后再反过来加以辩证和批判。

具体案件的处理有对法律适用的正确性与合理性的客观诉求，在不侵犯立法权限的基础上，法官需对其主观认识的态度极其审慎，为解释法律文本的做法提供充分理由。将自身与文本的理解彼此修正而不是武断的得出结论。结论需要满足能体现实质法治的要求，保障法实施的正确性和正义平等。“正确性的要求无法在制度性及准制度性（法律文本与立法材料）的框架内得到完全的满足，而必须借助于道德、伦理或实用性的评价，即客观目的论解释或曰普遍实践解释来实现。”[25] 比如社会的变迁使得不少过去认为是犯罪的行为不再被认为是犯罪；过去不被认为是犯罪的，现在被认为是犯罪。诠释学循环通过结合和事实上对法官解释法律权力的凸显，将法律文本置于特定的案件环境和时代背景下加以适用，不仅要解释文本在特定框架中所意指的内涵，还要通过解释者的特定认识解释文本在当下的现实意义。

举美国宪法史上的里程碑案件——布朗诉教育委员会案[26] 为例。该案中的原告（来自堪萨斯、南卡罗莱纳、弗吉尼亚、特拉华四个黑人学童）在原本只收白人学生的州立学校获教育的要求遭到拒绝后，分别在各州提起了诉讼，案件因法律问题具有共性而合并审理。1954 年 5 月 17 日，美国联邦最高法院裁决，黑人与白人学童不得进入同一所学校就读的种族隔离法律剥夺了黑人孩子在教育上的平等权利。该案使得美国联邦最高法院在普莱西诉弗格森案[27] 中确认的种族

---

〔24〕［德］阿图尔·考夫曼：《法律哲学》，刘幸义等译，法律出版社 2004 年版，第 85 页。

〔25〕雷磊：“再论法律解释的目标——德国主客观说之争的剖析与整合”，《环球法律评论》，2010 年第 6 期，第 47 页。

〔26〕Brown v. Board of Education, 347 U. S. 483 (1954)

〔27〕Plessy v. Ferguson, 163 U. S. 537 (1896)，简称普莱西案。该案中，最高法院判决州政府的 separate but equal（隔离但平等）政策符合宪法平等保护条款的规定，事实上确认种族隔离政策的合法性。

隔离政策失去合法性[28]。

本案的争议焦点在于公立学校的种族隔离是否侵害了黑人应得到的第十四修正案提供的法律平等保护。该案中大法官沃伦（Mr. Chief Justice Warren）没有依照法规最初的立法意图和目的，而是突破了立法的权威，结合自身对社会发展和平等的理解，对解释对象做出了特定条件下的正确结论。第十四修正案通过（1868 年）时的社会情况与该案的时间有近一个世纪，美国社会及具体的教育状况已发生较大的变化，使得第十四修正案无法明确教育问题。本案中法官基于教育的全面发展以及在社会中的地位对种族隔离是否剥夺了黑人原告权利加以权衡，面对现实问题——公共教育领域对黑人的歧视以及对国家和人民生活有不利影响，得出公共教育领域“隔离但平等”原则并不适用，彻底瓦解了种族隔离政策的法律基础，宣告公立学校中黑白种族隔离制度违宪。

法官根据案件的具体情况进行自由裁量时考虑到社会生活事实的复杂性，法律无法作出统一规定，因而赋予法官个案认定的权力。法官处于这种不可化解的困境中，这种困境来源于规范性的法律文本中所包含的。“宪法解释是探求宪法规范客观内涵的一种活动，其目标在于追求解释的合理性、正当性与宪法秩序稳定性价值。”[29] 随着时代的变化，对文本的理解随之有所改变。法官对特定事件的理解与法律文本的循环彰显了对司法实质正义的追求。

法律必须稳定但又不能静止，法律文本在面对社会变迁时需要与之相适应，这就要求解释者在面对其所处的时代背景下做出相适应的合理判断。

（三）规范与事实之间的循环

对文本的意义理解需在与事实相互比照上加以阐释，而非事前在抽象层面上对之加以确定。司法裁判是主体在大前提与生活事实之间往返流转的过程，来回比较案件事实与规范的构成要件。“事实行为与规范必须适应，这意味着事实行为与规范必须通过一个积极的创立性行为被等置。”[30]

---

〔28〕 Oliver Brown, et al. v. Board of Education of Topeka, et al. 347 U. S. 483

It was a landmark United States Supreme Court case in which the Court declared state laws establishing separate public schools for black and white students to be unconstitutional. The decision overturned the Plessy v. Ferguson decision of 1896, which allowed state - sponsored segregation, insofar as it applied to public education.

〔29〕 韩大元：“《宪法解释程序法》的意义、思路与框架”，《浙江社会科学》，2009 年第 9 期，第 15 页。

〔30〕 [德] 亚图·考夫曼：《类推与事物本质——兼论类型理论》，吴从周译，台湾学林文化事业有限公司 1999 年版，第 44 ~ 60 页。

事物之间有共同点也有不同，具有普遍联系但没有绝对相同，从而才有类型界定的意义。事实与规范的互动说明了法律适用的特征。“事实构成的意义，只有在考虑到其适用情境、规范体系关联及适用者的观念之间的关系之后才能确定。它分别于后三者之间存在着反思关系，即处于诠释学循环中。”〔31〕法律的适用不是单纯地理解法律条文的意义并将其运用于某事件，而是法律本文的普遍规范内涵和特定事实之间不断地循环理解。“他关切的是规范所意指的意义内容与案件事实所表现的意义内涵是否一致。有关的意义内涵并非自始确定，直到相互比较的程序中，它们才会显现出来并可得认识，亦必借此程序始能判断，该当案件事实是否适合该当规范。”〔32〕

举德国联邦最高法院“盐酸案”为例。该案中被告用稀盐酸泼洒原告脸面并夺取其在储蓄所欲存储的巨额钱款然后逃跑。泼洒的稀盐酸直接导致原告视网膜发炎以及面部灼伤，并留下永久性疤痕。该案的争议点在于是否能认定被告违犯德国刑法上的加重强盗罪。根据当时有效的德国刑法第250条，加重强盗罪的构成在于行为人携带武器实施强盗行为，并以武力或以武力胁迫防止或压制他人的反抗。对盐酸是否为该条规定中所言的武器的判断直接影响到被告罪行的认定。最终联邦最高法院的判决将盐酸认定为武器，而该判决在法律界引起了很大争议。盐酸的本质是具有腐蚀性的化学试剂，并不是传统意义上的武器。将盐酸认定为该规定内容中的武器，其认定基础已超越武器的抽象概念，通过对损害的结果的相似性等其他因素加以考量。

考夫曼一度明确赞同联邦最高法院的判决。他主张对特定概念和规则的理解应根据使用的环境和方式来认定，认为第250条规定的武器在刑法典公布当时可能根本没有，但作为一种能够用以杀害及伤害人的东西，在生活事实的本质上盐酸与传统概念下的武器并无两样，可以视同武器。但之后的文章中考夫曼指出，“我必须承认错误。在我这篇类推的文章中，我自己把可容许的类推（解释）的界限划得太广。”〔33〕

如何将具体案件中难以清晰界定和划分却对案件结果有重要影响的要件与特定规则加以联系，需要对特定规则和概念的内涵和外延与案件来回比照，相互约束得出最后结果。考夫曼所提出的事物本质在比照的过程中发挥作用。“法律规

〔31〕雷磊：《类比法律论证——以德国学说为出发点》，中国政法大学出版社2011版，第45页。

〔32〕［德］拉伦茨：《法学方法论》，陈爱娥译，商务印书馆2003年版，第16页。

〔33〕［德］阿图尔·考夫曼：《法律哲学》，刘幸义等译，法律出版社2004年版，第161页。

范并非已圆满地包含在法律规范中，法律判决也并非已圆满地包含在法律规范中，想要得到具体的、真实的法，还必须从具体的生活关系才能得出，也就是只有在规范与具体的生活事实，当为与存在相互对应、交互作用时，才能产生具体、真实的法。”〔34〕诸如盐酸案在司法实践中的冲突根源即如何将特定事实通过法律规范加以准确的认定。客观结果是确定的，争议点在于对法律规范中武器的确定，是否认定为刑法上的武器对于定罪和量刑起到关键的作用。实践中如果不处理好这样的冲突，会极大的损害司法的公正和法律的稳定性。

对事实从法律角度进行剖析和加工，使得所谓法律事实本身超脱于生活事实，即事实的法律概括。对法律规范进行诠释，使其能准确地适用到个别事实，针对特定事实呈现个别性特点，即将法律事实化。两个过程通过循环的展开而得到衔接统一。

四、诠释学循环的缺陷及其改进

应当指出，诠释学循环尽管在司法裁判中有着重要意义，但它无法提供实践性的具体操作方法，无法直接客观地指出如何才能使得司法判决更好。它也有着不容忽视的弊端。首先，获取文本含义和主体认识的客观方法并不能通过诠释学循环加以揭示。诠释学循环使规范与事实——这一构成素材的两端——联结的存在，作为一种服务形式，而算不上一种完全的诠释方法，具有理解性，而非规范性；具有认识论意义，没有为法律诠释学提供方法论上的指导，只是将主观因素及其在法律领域中加以规定和认可。其次，法的确定性原则要求判决是在先行法律秩序之内自洽地作出的，但是现行法律是一张由过去的立法决定和司法决定或者习惯法的种种传统所构成的不透明网络的产物。法的种种建构构成了每个判决在其特定时间的背景，而每个情境都有偶然性。这种偶然性带来的不确定性在一定程度上有控制的范围和约束，但其界定标准无法通过诠释学循环得以明确。

司法裁判中三个类型的诠释学循环存在的类型是对裁判中客观过程的主观重建，给法官发现和认识过程提供了基本的思维模式和基本框架。而重建只能是对现实的解释活动和裁判过程加以说明和总结，不能直接给予方法论上的指导。针对这一点，构筑哲学诠释学的哲学家伽达默尔认为，诠释学的目的本就不是为客观有效的理解提供原则，而是尽可能全面地思考理解本身。“理解的关键不是操

---

〔34〕［德］阿图尔·考夫曼：《法律哲学》，刘幸义等译，法律出版社2004年版，译序。

作和控制，而是参与和开放，不是知识而是经验，不是方法而是辩证法。”〔35〕虽如此，诠释学循环会对裁判过程引发间接的要求。

首先，法律文本的部分和整体之间的循环，给立法活动中注意文本的整体关联性提出了要求。裁判过程中，主张法官通过法律条文的意义脉络加以关联，确定条文的意义。注意文本之间的联系，不能断章取义，时刻加以警醒。选择适用法律时，应充分发挥文本在其体系中的价值和语境。司法者适用体系解释的方法对规范加以解释，其前提必须是法律体系本身满足自足性和圆满性，也就对立法者制定内部统一外部协调一致的法律提出了要求。

其次，“对一个人来说是作为一种被历史所确证的传统主题而有效的东西，对另一个人来说却是一种意识形态，或一种纯粹的偏见。”〔36〕为更好地展开解释者和法律文本之间的循环，提高判决的客观性和说服力，当务之急便是提高法官自身的法律素养。要使司法者的前理解超出个人理解的范畴，获得法律人共同体的认同和社会的接受，从而使前理解成为共同理解，最终实现裁判者的主观性与文本之间的循环过程的客观性与合理性。诠释学循环给予了主体性的参与以正当性，同时也对主体的理解提出了要求，限定了范围。“尽管诠释学理论没有说明有关确认和摒弃的标准，但它认识到了解释者对解释的创造性贡献这一问题，它使得批评姿态成为可能，并促进其发展。”〔37〕司法者思维过程始终不能脱离法律规范的框架，应多从法律本身研究司法问题。尽量在法律的意蕴之内完成司法裁判，脱离传统、社会环境、人生经历带来的偏见，坚持客观公正的立场。

再次，规范与事实之间的循环对事实细节的准确性和清晰性提出了更高的要求。过渡性的事实往往无法很好地与法律加以对应。对事实进行归属判断时需要进行价值衡量，明晰其各个细节。当事人主张的要件事实细节越清晰，则其与规范之间的匹配就越清晰，因此需要司法活动参与者尽可能地探查事实的清晰性。往返比照排斥不相关事实，将规则准确运用于特定案件得出最终结论。

法谚云“法爱衡平”，诠释学循环贯彻了司法过程思维方式的协调与衡量的要求，但因为没有准确地界定衡量的标准和和具体的方法，因而在实务中还需结合其他具体的论证方法得出最终裁判结果。

---

〔35〕［美］理查德·E. 帕尔默：《诠释学》，潘德荣译，商务印书馆2012年版，第281页。

〔36〕［德］哈贝马斯：《在事实与规范之间——关于法律和民主法治国的商谈理论》，童世俊等译，生活·读书·新知三联书店2003年版，第247页。

〔37〕［德］罗伯特·阿列克西：《法 理性 商谈》，朱光、雷磊译，中国法制出版社2011年版，第68页。

案例指导与指导案例

论指导性案例的使用与滥用

——一种经验主义视角的考察

孙海波*

“法律的生命一直在于经验而不在于逻辑”〔1〕，法律研习者对霍姆斯大法官的这句流传甚广的名言想必并不陌生。这话暗含两层意思，一方面只有通过实践这个桥梁，静态之法、书本之法才能转化为动态之法、实践之法，另一方面经验的不断累积可以发展和改造法律。同样的道理，一个个静态的指导性案例唯有借助于司法实践才能转变为动态的案例指导制度。因此从这个意义上来说，当事人、代理律师、法官等相关主体只有在实践中实际使用了指导性案例，才能从根本上激活指导性案例的生命力。尤其是在指导性案例的发布有明显的“提速”之后，如何在司法实践中规范性地使用这些案例则是一个急需解决的问题。

坦白地说，目前无论是理论界还是实务界并不十分清楚指导性案例的实际使用情况。学者们对于指导性案例的使用方法的讨论，也仅仅停留在一种理论上的构想或探讨。一个个具体的指导性案例看似简单、明了，但一旦被放置于实践必然会遭遇之前所未曾预料到的种种难题。比如说在司法过程中何者有权提出某个指导性案例？应当以何种方式提出某个指导性案例？法院在什么情形下可以参照或不参照某个指导性案例？应当参照指导性案例中的哪一部分内容？应当提倡明示参照还是隐性参照？法官对于某个指导性案例的偏离是否需要说明理由？等等，以上这些问题都可以归入指导性案例的使用范畴。

由于当事人、法官等相关主体对指导性案例的使用主要是靠着经验慢慢摸索，故而在实践中出现了诸多不规范使用指导性案例的现象，甚至还暴露出了一些较为严重的问题，比如说指导性案例的滥用。为了充分、全面地了解当下指导

---

* 北京大学法学院法理学专业博士生，美国南加州大学古尔德法学院联合培养博士生。本文是北京大学才斋课题项目“疑难案件的裁判经验和方法”（CZ201309）的阶段性研究成果。

〔1〕 Oliver Wendell Holmes, Jr. *The Common Law*. Little, Brown, 1881, p. 1.

性案例被实际使用的现状，笔者将选取一百余份实际使用了指导性案例的已决案件，来揭示指导性案例在实践中是“被怎么用”的。在此基础上，笔者还要进一步讨论指导性案例之滥用的成因与表现形式。通过以上的分析，帮助人们增进对于指导性案例运作实践的认识，同时也推动相关主体在实践中“学好”“用好”“用活”指导性案例。

一、制约指导性案例使用的潜在因素

在案例指导制度确立之前，案件要么只能作为司法裁判的结果，要么作为学术讨论和教学的资料来使用；而在案例指导制度建立之后，案例在司法实践和法学研究中的地位大大提升。顾名思义指导性案例具有“指导性”，这主要是针对司法裁判而言的，当事人或代理律师可以根据指导性案例中所确立的对某一典型问题的解决方法来强化己方的主张和诉求，或者用来反驳对方的主张和诉求。同样地，它也可以指导后案法官对于类似案件的裁判。此处笔者并不是特别关心“指导性案例是什么”，所感兴趣的是“指导性案例在实践中有何功用”，换句话说有哪些因素制约或激励相关主体在实践中开启对指导性案例的使用。

学者们对指导性案例的功用提出了各种各样的观点，常见的比如落实司法公开原则进而促使当事人息诉服判、保障法律的统一适用、增强裁判的说理性以及提高司法的公信力，[2] 又比如填补法律漏洞和限制法官的自由裁量权，[3] 再比如还可以补充和发展既有的法律等[4]。

这和普通法系中先例的存在理由有相似之处，法官之所以遵循先例是考虑到“确定性”“信赖”“平等”“效率”“实践经验的运用”“对法官个性的限制”“特定诉讼的终结”[5] 等因素。以上这些因素或多或少地都会对指导性案例的作用产生一些影响，但实践中相关主体对指导性案例的使用主要受制于接下来将要讨论的三个要素，它们分别是类似案件应当类似处理、司法体系的科层制结构以及直接或间接的利益驱动。

---

〔2〕 参见于同志：“论指导性案例的参照适用”，载《人民司法》2013 年第 7 期，第 64 页。

〔3〕 参见王利明：“我国案例指导制度若干问题研究”，载《法学》2012 年第 1 期，第 72 ~73 页。

〔4〕 参见汪世荣：“补强效力与补充规则：中国案例制度的目标定位”，载《华东政法大学学报》2007 年第 2 期，第 110 ~112 页。

〔5〕 See Richard A. Wasserstrom, *The Judicial Decision: Toward a Theory of Legal Justification.* Stanford University Press, 1961, pp. 60 ~79.

（一）类似案件应类似处理

《最高人民法院关于案例指导工作的规定》第七条规定，“最高人民法院发布的指导性案例，各级人民法院审判类似案例时应当参照”。这实际上是“等者等之，不等者不等之”的形式正义原则在司法工作中的具体要求和体现。用拉伦茨的话来说，法律的性质之一就是要“平等处理”或“平等对待”，即对于本质上相同的事物或现象，法律应给予相同的法律评价。〔6〕某个案例如果想要取得指导性案例的身份，首先它必须具有较强的典型性或代表性，比如1号指导性案例直接针对的是房屋买卖合同中的“跳单”现象，它所确立的解决思路或裁判要点是“同一房源信息经多个中介公司发布，买方通过正当途径获取该房源信息的，有权在多个中介公司中选择报价低、服务好的中介公司交易，此行为不属于‘跳单’违约”。此后所产生的类似案件，法官可以参照指导性案例中已确立的裁判要点和思路来裁决。

每一个判决都有一种生殖力，按照它自己的面目进行再生产，对未来同类或类似性质的案件产生某种指导力量。〔7〕指导性案例的这种“指导性”力量，受到了理性权威与制度权威的共同保证。所谓理性权威，是指指导性案例借由其判决说理而产生了一种理性的说服力；而所谓制度权威，指的是指导性案例的选编、发布经过了严格的法定程序安排。〔8〕在这个背景和意义下，类似案件应类似审判就不仅仅停留于抽象的道德观念或精神层面，而已经上升为了一种法律原则，这意味着法院对于使用或拒绝使用指导性案例必须给出充分的理由，不得恣意为之。除此之外，在法院应当参照而没有参照、不应参照却实际参照了指导性案例的情况下，“法官要承受一定的后果责任，即其判决要被上级法院撤销”。〔9〕以上主要是从法官或者法院的角度来说的，实践中当事人或代理律师对指导性案例也是十分敏感的，“总是把活动重点放在对大量判例的研究上，并在论辩中加以引证”〔10〕，对此在本文第三部分会有更加细致的讨论。

---

〔6〕参见：［德］卡尔·拉伦茨著《法学方法论》，陈爱娥译，商务印书馆2003版，第39～42页。

〔7〕参见：［美］本杰明·卡多佐著《司法过程的性质》，苏力译，商务印书馆1998年版，第9页。

〔8〕参见张骐：“再论指导性案例效力的性质与保证”，载《法制与社会发展》2013年第1期，第92～93页。

〔9〕张骐：“论类似案件应当类似审判”，载《环球法律评论》2014年第3期，第24页。

〔10〕［美］约翰·亨利·梅利曼著《大陆法系》，顾培东、禄正平译，法律出版社2004年版，第47页。

（二）司法体系的科层制结构

相关主体在实践中积极使用指导性案例，还和中国科层制的司法结构紧密相关。“科层理想型”（hierarchical ideals）这个概念最早是由美国耶鲁大学法学院达玛什卡教授提出来的，与其对应的概念是“协作理想型”（coordinate ideals）。根据达玛什卡教授的描述，科层型的司法组织表现为一种金字塔结构，处于上层的人权力越来越大，级别相同的官员则是平等的，但是当他们之间产生争议或遇到疑难问题时，往往会将争议事项提交给共同的上级去处理，下级的决策、裁决必须接受上级的全面检查和监督。[11] 中国上下级法院之间的监督与被监督关系也呈现出了一种鲜明的科层制色彩，法官审判的自主性在一定程度上会受到审判委员会、庭长、院长、上级法院的制约或影响。法官（尤其是基层法院的法官）在裁判中对于指导性案例的使用，同样也无法逃脱这张巨大的、隐形的“权力—关系”网络的限制。

张骐教授注意到了这一点，他在调研中也发现上级法院、本级法院的院长和审判委员会在包括对指导性案例的使用等诸多方面都拥有很大的权威。[12] 从理论上讲，对于是否使用指导性案例、如何使用指导性案例这些问题，虽然法官个人拥有着决定权，因为它是待决案件的裁判者，最清楚对于某个指导性案例的使用是否必要、妥当。但是由于前述权力网络所催生的潜在的制约性因素，迫使法官在很多时候持一种被动的“观望”态度，如果当事人在庭审过程中提出了某个指导性案例而自己不参照审判，当事人可能会以此为由提起上诉。而对于一些热点、疑难案件，审委会、庭长、院长或上级法院可能会直接或间接地要求法官参照相关的指导性案例。梅丽曼教授也指出，实践中法官断案也会经常参照判例，这主要是因为：第一，法官深受先前法院判例的权威的影响；第二，法官不愿独立思考问题；第三，不愿冒自己所作判决被上诉审撤销的风险。[13] 此

---

〔11〕 达玛什卡教授认为科层制司法包括三个要素，分别是官员的职业化、严格的等级秩序和决策的技术性标准。相应地科层制下的法律层序呈现出按部就班的递进式程序、卷宗管理、渐进式的审判、官方程序的排他性逻辑法条主义与程序规制等特征。参见：［美］米尔伊安·R. 达玛什卡教授著《司法和国家权力的多种面孔——比较视野中的法律程序》，郑戈译，中国政法大学出版社2004年版，第28～29、76～83页。

〔12〕 参见张骐：“指导性案例中具有指导性部分的确定与适用”，载《法学》2008年第10期，第99页。

〔13〕 ［美］约翰·亨利·梅利曼著《大陆法系》，顾培东、禄正平译，法律出版社2004年版，第47页。此外，对于民法法系国家判例（先例）制度存在之合理性的论证，请参见：张骐著《法律推理与法律制度》，山东人民出版社2003年版，第91～104页。

外，有的法院也可能会将“是否使用指导性案例或使用指导性案例的数量等”作为绩效评判的一个重要标准。

（三）直接或间接的利益驱动

前面已经略微提及，指导性案例所解决的问题必须是一种较为普遍、典型的问题，它所确立的问题解决思路和阐明的判决理由本身是具有很强的权威性和说服力的。在司法实践中，相关主体对指导性案例的使用受到了直接或间接的利益驱动。也就是说，相关主体之所以会在司法过程中援用或参照某个指导性案例，是因为这能够为他带来直接或间接的利益和好处。举例来说，24 号指导性案例确立了“交通事故的受害人没有过错，其体质状况对损害后果的影响不属于可以减轻侵权人责任的法定情形”，后来的交通事故案件中的受害人一方如果自身也存在体质性因素，那么他就极有可能援用 24 号指导性案例所确立的裁判要点来反对将体质性因素作为减轻侵权人之责任的主张，从而确保自己的损害能够得到有效的赔偿。同样的道理，如果当事人不谙熟法律和司法案例，他的代理律师也会设法找到有助于己方的指导性案例，很明显其目的就是为了获得胜诉。此外，法院为了解决疑难法律问题、避免做出同指导性案例相互矛盾的判决以及提高判决的可接受性，事实上也会积极寻找有助于解决待决案件的指导性案例。总而言之，一些功利性的因素在很大程度上也决定着相关主体在实践中对指导性案例的使用。

二、指导性案例使用的实践格局

虽然以上所论及的这些因素，决定了指导性案例在实践中的使用成为一种必然，它有着广阔的作用空间，但这毕竟只是一种理论上的分析。实践中相关主体是否使用了指导性案例？使用的基本情况是怎样的？他们是以何种方式使用这些指导性案例的？他们使用了指导性案例中的某一部分还是整体？这种使用是否合法、妥当？等等。以上这些问题无法从应然性的讨论和构想中找到准确的答案。前述问题均依赖于对指导性案例使用的实践进行描述。想要准确地揭示实践中指导性案例的使用情况，离不开对司法实践的经验性观察和研究。为此笔者通过中国裁判文书网、北大法宝、威科先行等司法案例数据库检索、搜集和筛选出 101

件使用了指导性案例[14]的已决案件，这个数字虽然并不十分庞大，但相对于人们并不清楚、至今也尚未有人描述实践中究竟是否使用了指导性案例以及在多少案件中使用了指导性案例，这101件案件已经是一个相对有规模的案件数量了，足以帮助我们大体上来了解一下“法官在实践中是如何对待指导性案例的”。

（一）使用指导性案例的案件类别

101个使用指导性案例的案件审级主要集中于二审程序，相应地使用指导性案例次数最多的也主要是中级人民法院，基层人民法院次之。从案件的类别上来看，实践中对于指导性案例的使用主要集中于民事领域，使用了民事指导性案例的案件占案件总数的95.05%，而行政案件和刑事案件的数量则相对极少，分别只占2.97%和1.98%。（见下图1）

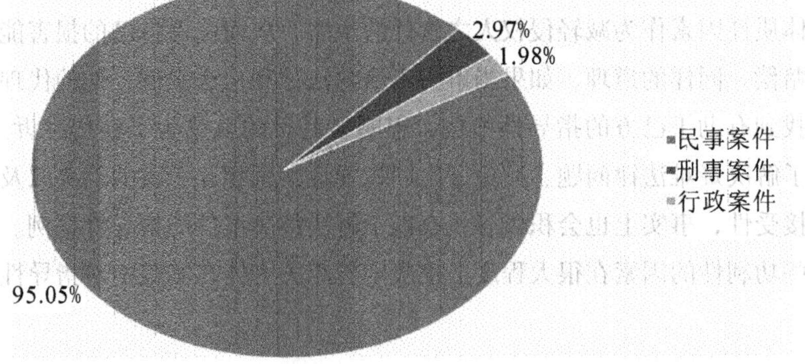

图1：使用指导性案例的案件类别分布

这与三类指导性案例的数量分布明显失调，在前七批总计31个指导性案例中，民事、刑事和行政指导性案例的比重分别是58.06%、35.48%和6.45%。民事指导性案例的数量虽多但所占比重也仅仅不过是过半数而已，而相比之下相关主体对于刑事和行政这两类指导性案例的使用尚未完全打开局面，绝大多数刑事和行政指导性案例尚未进入司法过程。（见下图2）

[14] 迄今最高人民法院已先后发布了十批共计52个指导性案例，鉴于后三批均是在2014年底、2015年初才发布的，在短暂的时间内它们很难获得使用，即便被使用了我们一时从技术上也难以追踪，因此本文只讨论前七批指导性案例（指导性案件1号至31号）的使用情况。

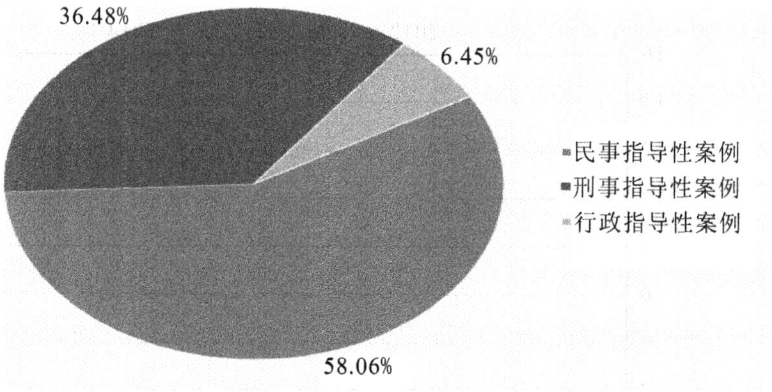

图 2：指导性案例的类别分布

（二）指导性案例使用的年份分布

由于第一批指导性案例发布于 2011 年 12 月底，在其发布之后仍然需要一段时间来供人们学习和研究。因此，指导性案例一旦发布就在实践中获得使用，这种现象发生的可能性是极小的。笔者所搜集的 101 个案件中并没有案件是分布于 2011 年的，这一点与我们刚刚的判断基本一致。从年份上来比较，使用指导性案例的数量逐年递增，2012 年使用指导性案例的数量仅 4 件，2013 年这个数字增长到 13 件，而 2014 年使用指导性案例的案件数量已高达 84 件，这表明指导性案例的使用已经逐渐打开局面，案例指导制度在实践中也从试探和摸索慢慢走向成熟和完善。而从月份分布上来看，2012 年和 2013 年指导性案例的使用相对分散化，仅仅只集中在个别月份，2014 年的分布则均匀了很多，几乎每一个月都有相关的指导性案例被使用。以此来看，伴随着指导性案例的数量增长，今后实践中使用指导性案例的案件数量也会日益增多，这是案例指导制度发展的必然趋势。（见下图 3）

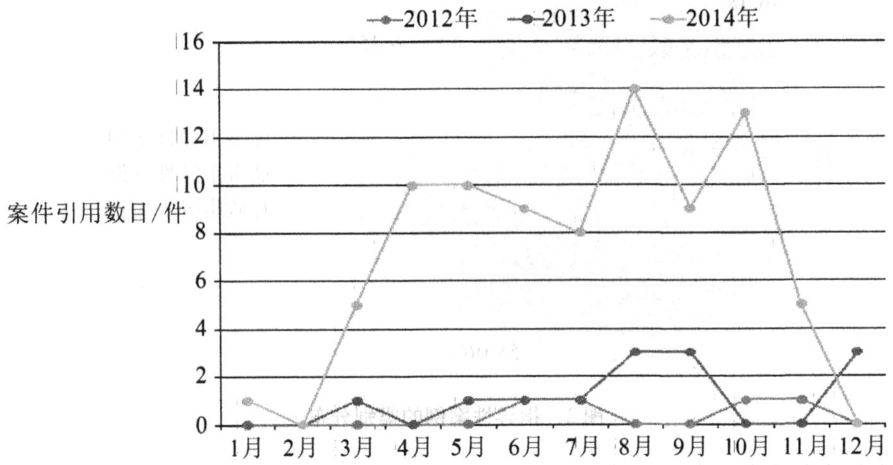

图 3：2012 年至 2014 年指导性案例使用的基本情况

（三）指导性案例的使用次数及首次使用时间

单纯从数量上来看，尽管相关的指导性案例已经在 101 个案件中得到了使用，但这并不意味着所有已经发布的指导性案例在实践中均已发挥了其作用。事实上，截至目前只有一小部分指导性案例进入了司法过程。具体来说：首先，在前七批指导性案例中，只有 1 号、2 号、5 号、6 号、8 号、9 号、13 号、15 号、17 号、23 号和 24 号指导性案例得到了使用，尚有 20 个指导性案例还未曾被使用过。其次，即便是对于以上 11 个指导性案例而言，它们被使用的频次也不尽相同，甚至也存在相当大的落差。比如 2 号和 6 号指导性案例分别只被使用过一次，相应地 1 号和 9 号指导性案例被使用的次数较多一些，均高达六次之多。另外，特别值得注意的是，24 号指导性案例（该案涉及的问题是"在交通事故纠纷中，受害人自身的体质性因素不能作为减轻侵权人责任的法定情形"）被使用高达三十九次。这一方面说明了此类案件具有很强的代表性，其所涉及的问题在实践中频繁发生，另一方面也说明司法实践中人们对于该指导性案例的内容和精神有了越来越透彻的把握和认识。最后，我们也看到，一个普遍的现象是自指导性案例发布后到其正式被使用之前总是存在着一定的时间间隔，其中间隔最短的是 24 号指导性案例（65 天），而间隔较长的是 2 号指导性案例，其中时间相差长达 836 天之久。时间间隔是难以避免的，但是不能相隔得过长。但从整体来看形势还是好的，因为指导性案例的首用时间与首发时间的间隔越来越短，从下图我们可以清晰地看到这一点。（见下图 4）

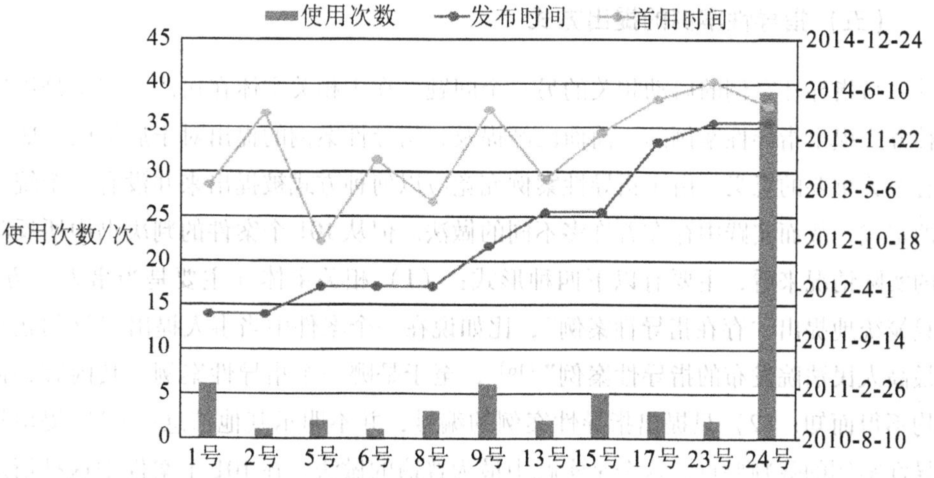

图4：指导性案例的使用次数及首次使用时间

（四）指导性案例使用的启动主体

指导性案例的使用是一个动态的过程，它包括两个具体的阶段，首先是相关主体在裁判过程中提出了某个或某些指导性案例，主张它（们）与眼前待决案件相似或不相似；其次是在经过一系列的调查和比较活动之后，法院从而最终决定参照或不参照该指导性案例。〔15〕因此，从逻辑上讲，指导性案例的提出是指导性案例最终获得参照的前提。理论上，法院、当事人、当事人的代理律师或其他代理人以及公诉方（刑事案件中的控方）均有权在庭审过程中提出在他/她看来与眼前待决案件相关的指导性案例。在英美普通法的实践中，由于法律寄生于既往卷帙浩繁的先例，故而除了事实和证据调查之外，庭审的其余绝大多数时间都集中于“找法”（discovery of law），寻找、甄选和提出先前的判例主要是法院的职责，同时当事人和律师也总是极力提出对己方有利的判例。在笔者所分析的101个案件中，当事人或其代理人主动提出指导性案例的高达77件，法院和法官主动提出的仅有23件，此外还有1件是公诉方提出来的。由此可见，当前指导性案例在司法过程中的启动主要是由当事人一方所完成的，法院及法官对指导性案例的启动的积极性还有待提高。

〔15〕指导性案例的使用应当包括“提出指导性案例”与“参照指导性案例”，对于这个“二阶划分”目前并没有引起学界的重视。学者们常常使用“参照”或“援引”来指代指导性案例的使用，然而无论是“参照”还是“援引”其所强调的重心主要是指导性案例之使用的第二个阶段。对此，必须予以澄清。

（五）指导性案例的提出方式

与指导性案例的启动相关的另一个问题，在于相关主体在司法过程中是以何种方式提出指导性案例的。前面已经提及，指导性案例的提出对于后续的参照具有至关重要的意义。由于指导性案例究竟应以何种方式被提出来并没有一个统一的定式，故而实践中存在着许多不同的做法。但从101个案件的判决书中所反映的实际情况来看，主要有以下四种形式：（1）相关主体（主要是当事人一方）只笼统地提出“存在指导性案例”，比如说在一个案件中当事人提出“该问题有最高人民法院发布的指导性案例”[16]，至于是哪一个指导性案例、其内容如何均不得而知；（2）只提出指导性案例的编号，并不明示其他信息；（3）提出指导性案例的裁判要点，这个是实践中最为普遍的做法，在101个案件中这种情形高达43件，从一个侧面也反映出了相关主体对于裁判要点的青睐；（4）此外，在极个别的案件中，相关主体提出的是指导性案例的裁判说理或案件事实内容。显然以上四种方式各有其优劣，笔者认为在案例指导制度初创时期，人们并不可能对所有指导性案例都能耳熟能详、信手拈来，因此在提出指导性案例的时候，至少需要明示以下信息：指导性案例的编号、名称、裁判要点以及提出该指导性案例的目的（提出这个指导性案例是要干什么）。

（六）法官对于被提出的指导性案例的态度

一旦某个指导性案例经由“提出”这个环节而进入了司法过程，法官势必面临着是否需要以及如何回应已被提出的某个（些）指导性案例的问题。法院本来就是一个讲道理的地方，司法推理也是“在法律争辩中运用法律理由的活动”[17]。在大多数案件中，法院对于当事人所提出的指导性案例采取了一种置之不理的态度，既不参照也不给出任何这么做的理由。根据笔者的统计，仅仅只有在22个案件中法官对于其参照或拒绝参照的决定明确给出了理由，而高达四分之三以上的案件中法官并没有对参照或不参照指导性案例提供理由。严格地讲，使用指导性案例的一个决定性因素在于待决案件与指导性案例存在实质的相似性，至于它们之间实际上是相似还是不相似，需要法院予以证明并且要将证明的过程以判决说理的形式明示出来。说明理由或给出理由（giving reasons）已成为法治的构成

[16] 四川省内江市中级人民法院（2014）内民终字第444号民事判决书。

[17] Steven J. Burton. *An Introduction to Law and Legal Reasoning*. Little, Brown, 1995, p. 1.

性要素，在柯恩博士看来一个“不给出理由”的法律体系将至少面临三个问题：第一，它作出的决定将缺乏一致性；第二，增加公众对于法律认识的困难；第三，理由容许争论，不给出理由则可能导向一种专制之治。[18]因此，法官在司法过程中无论是对所提出的指导性案例决定进行参照还是决定偏离（拒绝参照）都必须明确地给出充分的理由。

（七）待决案件与指导性案例的相似性判断

案例指导制度的功能在于实现“类似案件案件类似处理”、统一法律适用，因此某个指导性案例最终获得参照的关键在于待决案件与其之间存在着实质的相似性。从积极的方面说如果决定参照某个指导性案例，就必须证明待决案件与该指导性案例之间在实质上是相似的；而从消极的意义上讲，如果法官想要偏离（或拒绝参照）某个已被提出的指导性案例时，就必须证明待决案件与该指导性案例在实质上是不同的。鉴于是否参照某个指导性案例的最终决定权是法院说了算的，法官对于其决定必须给出令人信服的理由，因此由法官承担相似性判断的证明责任较为适宜。对此，于同志法官认为“引用指导性案例应以不在裁判文书中表述案情对比理由为宜，只需要揭示指导性案例的名称和编号，以及指导性案例的具体指导规则即可”[19]。这种观点明显是有问题的，因为案件相似性判断的核心在于重要事实之间的比对，如果离开了案情和事实的对比，相似性判断和指导性案例的参照将难以为继。从当前的审判实践来看，相似性判断是一个极其薄弱的环节，近90%的案件法官并没有对相似性判断作出任何说明，这既反映了法官对于相似性判断的重视程度不够，也反映出了法官并不是特别谙熟相似性判断的具体技术和操作方法。

（八）使用指导性案例的具体内容

一个完整的指导性案例包括编号、标题、关键词、裁判要点、相关法条、基本案情、裁判理由和裁判结论等内容，它们中的哪一或哪些部分具有指导性或可供参照呢？对此最高人民法院并没有给出明确的指示或说明，学界对此也存在着争议，有学者认为应当是指导性案例中对法律问题进行分析和论证的裁判理由部

---

〔18〕参见［美］玛蒂尔德·柯恩：“作为理由之治的法治”，杨贝译，载《中外法学》2010年第3期，第354~361页。

〔19〕于同志：“论指导性案例的参照适用”，载《人民司法》2013年第7期，第65页。

分，[20] 也有学者认为是指导性案例中所确立的具有规则形式的裁判要点，[21] 还有学者认为应当将指导性案例作为一个整体来看待，不应割裂裁判要旨、判决理由与案件事实之间的关系。[22] 相比之下，笔者倾向于支持第三种观点，因为裁判要点作为裁判的精华内容是从判决理由和案件事实中提炼和归纳出来的，不能因为裁判要点具有规则的表述形式就可以将其从判决整体中脱离出来使用。从这个意义上说，裁判要点的指导性效力的射程既取决于待决案件与指导性案例在重要事实方面的相似程度，同时也取决于指导性案例本身判决说理的详略及说理质量的高低。实践中法官们参照最多的部分是裁判要点，其次是裁判说理和法律适用部分，此外还有相当一部分的案件究竟参照了指导性案例的何种部分内容并不明确。

三、指导性案例之滥用的诸种表现形式

通过以上的分析，我们十分欣慰地看到中国法院和法官在指导性案例的司法使用上已经迈出了关键的一步，案例指导制度真正在司法实践中得以落地生根。然而，让我们仍然心存忧虑的是相关主体在使用指导性案例的过程中也表现出了一些不规范的做法，其中较为突出和紧迫的一个问题是滥用（abuse）指导性案例。“用好、用活指导性案例”是案例指导制度的较高追求，其前提首先应当规范地使用指导性案例。滥用所对应的概念是“合理地使用”或“正当地使用”，大体上说违背事物的性质、超越其必要限度就属于滥用。[23] 本文中笔者是在一种广义的意义上使用“滥用”的，既包括一般性的滥用，也包括误用和不当使用。从使用主体来说，既包括当事人或代理人（律师）对指导性案例的滥用，也包括法官或公诉人对指导性案例的滥用。对指导性案例之滥用予以禁止的道理是很明显的，因为它会给司法过程带来不必要的复杂和论证负担，甚至也极有可能会导致一个不合法、不公正的判决。因此，为保证案例制度的健康发展，对于滥用指导性案例的问题不得小觑。

---

〔20〕 参见张骐：“试论指导性案例的‘指导性’”，载《法制与社会发展》2007 年第 6 期，第 46 ~ 47 页。

〔21〕 参见周佑勇：“作为过渡措施的案例指导制度”，载《法学评论》2006 年第 3 期，第 139 页。

〔22〕 参见宋晓：“裁判摘要的性质追问”，载《法学》2010 年第 2 期，第 90 ~ 93 页。

〔23〕 在普通法领域中，对判例滥用的现象也是存在的。对此请参见 Theodore J. St. Antoine: “The Use and Abuse of Precedent in Labor and Employment Arbitration.” *University of Louisville Law Review* 52 (2014): 431 ~ 583. 也可以参见 Mason, Sir Anthony. “The Use and Abuse of Precedent.” *Australian Bar Review* 4 (1988): 93 ~ 103.

（一）对指导性案例性质认识的不足

指导性案例与其他一般性案例的区别，在于其发布主体的特定性、遴选与发布程序的严格性以及效力地位的特殊性。具体来说，指导性案例是通过最高人民法院审判委员会的讨论并最终由最高人民法院以专门的形式予以发布的，对于以后类似案件的审判具有指导性效力。一般案例的效力主要是针对争讼当事人的，并不对其他案件发生直接的指导或参照效力，但这并不妨碍法官借鉴其判决思路与说理方法。目前，只有指导性案例才有资格进入司法裁判的过程，也就是说，法官不得在判决书中引用指导性案例以外的其他任何案例。实践中混淆指导性案例与一般性案例的现象仍然十分普遍，这属于滥用指导性案例的一种表现形式。但需要承认的是，当事人而非法官往往会在这方面"有意无意"地犯错误。容易被误用为指导性案例的案例主要有：最高人民法院以外所发布的"公报案例"〔24〕、法官或学者所撰写的典型案例或疑难案例评析、本院或上级法院曾经裁判过的类似案件等。一厢情愿地给这些案例扣上"指导性案例"的帽子，却并不能使之发挥指导性案例的效力或功能。

由于我国所奉行的是成文法传统，指导性案例虽然是最高人民法院经过专门程序发布的，但是它毕竟不等同于司法解释，并不属于正式的法律渊源，而只是一种非正式的、辅助性的法律渊源。它的这种性质决定了其在司法裁判中不能充当司法裁判的根据，而只能作为一种对于特定裁决结论之形成（法律适用）与证明（判决说理）可供参考的说服性理由。最高人民法院研究室负责人在接受记者采访时也指出，参照与法律、司法解释的适用是不同的，后者是司法裁判的根据，而对指导性案例的参照只能作为司法说理的根据而非司法裁判的根据。〔25〕然而，实践中由于相关主体对于指导性案例上述性质的认识错误，导致了将指导性案例作为裁判的根据并写进了判决书中。比如说在一个出租汽车运输合同纠纷案中，一审法院直接根据指导性案例24号作为裁判的根据，二审法院则对这一做法进行了否定：原审法院直接引用最高人民法院2014年第24号荣宝英诉王阳、

〔24〕 据统计，1985年至2008年间发布的公报案例已多达600余个，显然这个数字目前会更大。公报案例虽然不是指导性案例，但在案例指导制度的发展过程中具有十分重要的意义，将其看作指导性案例的前身一点都不夸张。这些案例对各级人民法院的审判工作产生了重要的指导意义，其中一些经典的案例甚至产生非常深远的影响，比如很多人耳熟能详的"贾国宇案""五月花案"就是很好的例子。参见：沈德咏主编《最高人民法院公报案例大全》（上、下卷），人民法院出版社2009年版。

〔25〕 参见周斌："审案应参照指导性案例不得借题发挥"，载《法制日报》2011年12月21日，第005版。

永诚财产保险股份有限公司江阴支公司机动车交通事故责任纠纷案指导案例，确有不妥，应予纠正。[26]因此，准确地辨明指导性案例的性质和地位，对于防止指导性案例的滥用、误用具有至关重要的意义。

（二）只关注指导性案例的形式而疏忽其实质内容

中国法官长期所坚持的法条主义思维使得他们下意识地特别偏爱或青睐“规则”或“具有规则之形式的东西”，因为这些东西不仅看起来直观、简练、易懂，而且操作起来也十分的便捷。而在一个指导性案例中唯有裁判要点最具有一般法律规则的特点与形式，裁判要点“是通常被置于案例之前、以简洁的文字表现出人们对指导性案例中所蕴含的裁判规则的概括、归纳和总结”[27]，而裁判规则则主要表现为“对案件争议焦点涉及的法律问题进行评析后形成的‘裁判要旨’”[28]，总的来说裁判要点可以被看作裁判规则的表现形式，而裁判规则是裁判要点的核心内容。披上规则外衣的裁判要点在实践中备受青睐，从前面的讨论中我们也可以看到这一点，相关主体在裁判过程中最频繁提起的就是裁判要点，法官在审判中也较高频次地引用或参照裁判要点，正如张骐教授所说，“人们通常所看到的是裁判要旨，但所希望得到的是通过裁判要旨所表现出的裁判规则”[29]，而对于除此之外的判决理由、重要事实缺乏足够的重视，而这些内容同样也具有十分重要的意义。[30]

裁判要点是裁判内容中精华部分的浓缩，是结合案件事实从判决理由中提炼出来的，是指导性案例的一个重要组成部分，这就决定了我们不能将其孤立看作一个“规则”，不能将其硬生生地从指导性案例的整体中剥离出来。也就是说，裁判要点作用的发挥离不开其赖以生成的案件事实与判决理由。还是以24号指导性案例为例，如果眼前待决案件在重要事实上稍微有所变动，比如交通事故案件中受害者一方也是机动车驾驶人，又比如作为侵权人的机动车一方如果没有过

---

〔26〕参见：浙江省宁波市海曙区人民法院（2013）甬海西商初字第262号民事判决书，以及浙江省宁波市中级人民法院（2014）浙甬商终字第474号民事判决书。

〔27〕张骐：“指导性案例中具有指导性部分的确定与适用”，载《法学》2008年第10期，第90页。

〔28〕于同志：“谈裁判规则的归纳与生成”，载《人民法院报》2008年5月14日，第5版。

〔29〕张骐：“指导性案例中具有指导性部分的确定与适用”，载《法学》2008年第10期，第90页。

〔30〕于同志法官通过调研指出，实践中法官也愿意关注案例裁判要旨或裁判规则以外的要素，比如作为指导性案例的判决书原文，特别是这些判决书原文中的法律论证或推理部分，他们期望从中找到可以适用于当下待决案件的裁判思路、推理方法等。参见于同志：“论指导性案例的参照适用”，载《人民司法》2013年第7期，第64页。

错，那么24号指导性案例的裁判要点还能够发挥指导性作用吗？实践中甚至出现了当事人提出了一个事实上对自己不利的指导性案例的现象，这就是只粗浅地关注指导性案例之形式而忽略其内容的一个表现。另外，裁判要点是最高人民法院审判委员会所提炼和归纳的，由于最高人民法院审判委员会并不是那个指导性案例之来源案件的实际裁判者，它的归纳难免会存在疏漏甚至错误，因此后案法官仍然有必要将裁判要点重新放回指导性案例的事实和判决理由中去检验和修正，但是这种行为除了纠正裁判要点的明显错误之外不得超越既有裁判要点所确立的要点和范围。

（三）任意启动指导性案例的使用

我们似乎一直在鼓励、提倡人们积极地在司法过程中使用指导性案例，但是似乎忽略了一个基本的前提，那就是人们在什么情况下可以启动指导性案例的使用呢？换句话说，是不是在任何案件的裁判中都可以引入指导性案例？对这个问题的回答，仍然取决于对于指导性案例基本性质与地位的认识。实践中，滥用指导性案例的形式之一就在于任意启动对指导性案例的滥用。这种做法将指导性案例看作万能钥匙，过分地夸大了指导性案例的功能与作用。由于目前指导性案例在我国只是一种非正式的法律渊源，它所起到的只是一种辅助性或补充性的作用。从指导性案例的类型来看，以案释法型案例占绝对优势，此外还有一小部分案件属于新类型案例和填补法律空白型案例，〔31〕所以绝大多数指导性案例旨在解释或具体化特定的法律规范，比如前面所谈的指导性案例24号就是对《侵权责任法》第二十六条、《道路交通安全法》第七十六条第一款第二项中的“受害人的过错”进行了解释。但是，当调整某个待决案件的法律规范是清晰、确定的时候，是否还允许相关主体启用指导性案例呢？

笼统地说，只有在疑难案件（hard case）中，才有必要引入指导性案例。具体来看大致包括以下几种情形：（1）法律的规定不明确或模糊，需要进一步的实质性法律解释才能发现个案的裁判规范，〔32〕或者人们对于调整某个法律问题的

---

〔31〕参见四川省高级人民法院、四川大学联合课题组：“中国特色案例指导制度的发展与完善”，载《中国法学》2013年第3期，第36页。

〔32〕参见：于同志著《刑法案例指导：理论·制度·实践》，中国人民公安大学出版社2011年版，第358页。

法律条文的理解不一存在着争议;〔33〕(2)在诸如网络遗产等新型案件或者其他特别疑难的案件中,出现了法律漏洞,也就是我们经常所说的"无法可依",〔34〕既然没有可供使用的法律规范,那么法官对相关指导性案例的寻求或诉诸才有必要。这一点和普通法系中的判例的启用情形不一样,因为在普通法系中判例本身就是正式的法律渊源,法律规则或法律原则寄生于判例之中,后案法官只能从卷帙浩繁的判例中去筛选、提取和归纳法律规则或原则,因此判例在司法过程中的进入是必然的,也是必要的。然而,实践中多数时候对于是否使用或引用指导性案例,几乎完全由法官个人决定。〔35〕为了限制或防止实践中对于指导性案例的任意启用,相关主体在启用指导性案例的同时,必须证明待决案件至少属于以上两种情形之一,亦即必须完成指导性案例的可使用性证明。

(四)漠视或参照指导性案例的随意性

由于指导性案例的效力仅仅是一种事实上的约束力、一种软指导性,所以法官并没有义务一定在待决案件的裁判中参照某个已被提出的指导性案例。也就是说,在正当的条件下或者拥有充分的理由时,后案法官可以偏离或者决绝参照指导性案例。这一点我们可以从普通法系遵循先例原则的理论与方法中汲取营养。尽管英国的法院在遵守先例方面较之美国要更加地严格、规则、保守和形式化一些,但也并不主张先例是不可偏离或推翻的。〔36〕萨尔蒙德说"当先例出错而且是清晰而又严重的错误时就可能会被推翻或搁置",〔37〕与此类似,布莱克主张先例可以被推翻的条件是存在"例外情形"或"拥有充分理由",〔38〕但是这二人的共同问题在于他们都没有解释清楚什么是"清晰而又严重的错误",存在着哪些"例外情形",以及法官拥有"何种充分的理由"。阿蒂亚和萨默斯教授对此

---

〔33〕参见刘星:"多元法条主义",载《法制与社会发展》2015 年第 1 期,第 124 ~ 130 页。另外,笔者在正文中所谈及的法条冲突是一个笼统的概念,它同时包括法律规则与法律规则的冲突、法律规则与法律原则的冲突以及法律原则与法律原则之间的冲突。

〔34〕也有学者将此称之为"待决案件缺乏具体的制定法规范"。参见刘作翔、徐景和:"案例指导制度中案例的适用问题",载《湘潭大学学报(哲学社会科学版)》2008 年第 2 期,第 45 页。

〔35〕参见张骐:"指导性案例中具有指导性部分的确定与适用",载《法学》2008 年第 10 期,第 97 页。

〔36〕关于英国和美国在遵循先例原则方面差异的细致解释,可以参见:[英]阿蒂亚、[美]萨默斯著《英美法中的形式与实质——法律推理、法律理论和法律制度的比较研究》,金敏等译,中国政法大学出版社 2005 年版,第 98 ~ 110 页。

〔37〕John Salmond. "Theory of Judicial Precedents." *Law Quarterly Review*. 16 (1900): 378.

〔38〕See Henry Campbell Black. *Handbook on the Law of Judicial Precedents; or The Science of Case Law*. St. Paul, Minn.: West Publishing Co., 1912, pp. 2 ~ 3.

则列举了一些具体的情形，比如说某个先例已过时，或者先前判例的推理存在缺陷，或者先前的法庭对先例的理解有误，或者先例眼下已不再符合新的道德观和社会意识。[39] 同样的道理，指导性案例的退出机制也是案例指导制度的一块重要内容，只不过目前鲜有人论及这一问题。

细心的读者会发现笔者并没有使用“推翻”，而是使用了“偏离”或“漠视”，因为“推翻”往往是指拥有更高的正式权威的主体或机关对自己或下级之决定给予否定性的处理。显然从理论上讲除了最高人民法院有可能推翻自己发布的指导性案例之外，其他机关或主体并不具有这种权力。在指导性案例的使用过程中，后案法官如果有充分理由认为不应参照某个（些）已被提出的指导性案例，他仅仅有权漠视或偏离该指导性案例，而无权推翻或否定其效力。但是，后案法官在作出漠视或偏离指导性案例的决定之前，必须要进行相应的调查、论证并明确地说明理由。结合前述普通法系中的遵循先例原则，漠视或偏离指导性案例的情形包括但不限于以下情形：（1）待决案件与指导性案例在实质上并不相似，亦即两个案件并不是类似案件；（2）指导性案例所确立的裁判要点或裁判规则已经为制定法所确立或明确推翻；（3）指导性案例本身存在着缺陷，比如与既有的法律规则或法律原则冲突，又比如其所确立的裁判要点模糊不明；（4）指导性案例已过时，不适宜继续存在；（5）数个指导性案例彼此之间存在着冲突，而又无法确定各自的优先效力性[40]。

实践中一个普遍的现象在于，当事人或代理律师（人）在裁判过程中提出了一个指导性案例，而法院对此并不理会。也就是说，法院对当事人所提出的指导性案例并未进行回应，不仅没有参照该指导性案例进行裁判，而且对于为何拒绝参照该指导性案例也并不给出任何理由，这明显属于随意偏离或漠视指导性案例的重要表现形式之一。与此相对应的是另一个极端，即在不该参照指导性案例的情形下，法院参照了却不给出为何作此参照的理由，也就是说，它并没有证明待决案件与指导性案例之间存在实质的相似性，也并未推翻不宜适用指导性案例的其他情形，比如以上（2）、（3）、（4）、（5）等。如果说肆意偏离或漠视指导性案例勉勉强强能够算作广义的指导性案例的滥用，那么在不应参照指导性案例的情形下却硬生生地参照的做法则明显属于对指导性案例的滥用了。此外，还有一

〔39〕参见：[英] 阿蒂亚、[美] 萨默斯著《英美法中的形式与实质——法律推理、法律理论和法律制度的比较研究》，金敏等译，中国政法大学出版社2005年版，第102页。

〔40〕参见胡云腾、于同志：“案例指导制度若干重大疑难争议问题研究”，载《法学研究》2008年第6期，第22页。

种现象是对指导性案例的隐性参照或默示参照，即法官只是间接地参照了指导性案例所表达的原则或精神，而究竟参照了指导性案例的何部分内容、如何参照的均不在判决书中明示，如此一来对法院使用指导性案例的行为就难以进行有效的监督，因此也为其滥用指导性案例创造了一定的空间。

四、余论：走向指导性案例的规范化使用

行文至此，笔者以司法实践中指导性案例的使用为主线，先后讨论了制约和激励相关主体使用指导性案例的潜在因素，基于问卷材料分析了法官对于指导性案例的认识和期待，以101份使用了指导性案例的司法判决作为基点描述了指导性案例使用的实践现状。虽然实践中对指导性案例的使用已经有了一个比较好的开端，指导性案例“指导”类似案件的审判已经成为了一种现实，但是我们看到相关主体在指导性案例的使用方面仍然存在一些不规范的做法，其中突出表现在对指导性案例的滥用问题。为了更好地抑制这种不当使用指导性案例的现象，笔者深入剖析了滥用指导性案例的诸种形式及其可能的内在成因。尽管在指导性案例的使用过程中出现了一些不规范的做法，但是我们仍然应当对案例指导制度的发展保持信心，为此笔者从众多使用了指导性案例的案件中挑选出了一个范例（“毛海艳、隋海龙机动车交通事故责任纠纷案”），在该范例中无论是当事人对指导性案例的援引方式还是人民法院的参照都是比较充分、细致的，对此笔者将其中的精华部分摘录如下：[41]

最高人民法院为了纠正保险公司借参与度鉴定得出的概率来减轻其应负赔偿责任的规避法律行为，避免“以鉴代审”现象的肆意泛滥，于2014年1月26日发布第24号指导案例，该指导案例的发布对于制止类似本案上诉人的各保险公司规避法律的行为，具有很好的规范和约束作用。该指导案例的主要裁判理由为：“……。”作为国家最高司法机关，最高人民法院发布的指导性案例对全国法院审理类似案件具有指导作用。第24号指导案例与本案案情基本一致，该指导案例没有依据鉴定机构出具的参与度鉴定意见减轻保险公司应负的赔偿责任，原审法院应当参照第24号指导案例对本案作出判决。同时，自今年最高人民法院发布第24号指导案例之后，全国法院对各保险公司提出参与度鉴定申请均不再

〔41〕 参见：山东省东营市中级人民法院（2014）东民一终字第108号民事判决书。

准许，这就从源头上杜绝了保险公司故意拖赔少赔的理由，从程序上与实体上维护了受害人的合法权益。

以上是当事人对指导性案例的援引及其具体的表述，接下来我们看看人民法院是如何回应当事人要求其参照第24号指导性案例之主张的：

被上诉人毛海艳原审提交的医院诊断治疗病历，能够证实本案交通事故导致其颈椎间盘突出症、颈髓损伤后遗症。从本案证据的证明力来分析，医院诊断病历反映了毛海艳受伤住院治疗的真实情况，能够证实本案交通事故导致毛海艳颈椎间盘突出症、颈髓损伤后遗症。在最高人民法院公布的第24号指导性案例中，影响参与度比例认定的因素为受害人的特异体质；而在本案中，影响参与度比例认定的为涉案交通事故造成的伤病，并非受害人的特异体质。举重以明轻，第24号指导性案例没有依据鉴定机构出具的参与度鉴定意见减轻保险公司应负的赔偿责任，本案也不应依据参与度鉴定意见减轻上诉人应负的赔偿责任。

从以上所摘引的内容来看，在该案中当事人在启动指导性案例之时，不仅提出指导性案例的编号、核心内容（裁判要旨），而且也领悟到了第24号指导性案例的原则和精神，此外他也明确了提出该指导性案例所要达到的目的。在面对当事人所提出的指导性案例的情形下，人民法院并没有以消极的回避态度敷衍了事，而是采取正面的、细致的回应，最终决定参照24号指导性案例裁决该案，唯一美中不足的是人民法院对于该案与24号指导性案例之间的实质相似性的证明和说明还不够直接、充分和具体。当然该案只是较好地使用了指导性案例的一个例子，相信还会有许多比该案在指导性案例的使用上更加值得赞许的例子，限于篇幅的原因没有办法一一列举。俗话说，万事开头难，在案例指导制度的初创时期遇到一些难题甚至暴露出一些问题是在所难免的，案例指导制度的发展本身就是一个不断积累经验、不断试错和不断完善的过程。清楚地认识当下指导性案例使用的基本现状，了解和学习在指导性案例使用过程中所存在的一些问题，才会从根本上推动案例指导制度健康地发展。

《法学方法论论丛（第二卷）》勘误

编者声明：本论丛第二卷“专题”中的译文存在多处与原文不符之处，特此勘误，并向读者致歉！

1. 第19页

原文：

支撑性理由
↓
事实 & 价值→法律应然

应为：

支撑性理由
↓
事实 & 价值→法律应然

（垂直箭头对准水平箭头的中部）

2. 第24页

原文：

$$\text{向法律内的变形 } T_2^2 = \begin{cases} \text{范畴—变形} \\ T_2^2 = \text{标准—变形} \end{cases}$$

应为：

$$\text{向法律内的变形 } T_1^1 = \begin{cases} \text{范畴—变形} \\ T_1^2 = \text{标准—变形} \end{cases}$$

3. 第44页

原文：“……实践问题 F 可能是 a_1、$\boldsymbol{a_1}$ 与 a_3 在时间点 t_1 与 t_2 之间实施的程序 P^p 的对象。在该程序的开始［也就是在时间点 t_1 上——译者注］，a_1、$\boldsymbol{a_1}$ 与a_3 就 F 建议了各不相同的、彼此相互排斥的回答 n_1、$\boldsymbol{n_1}$ 与 n_3。在时间点 t_2 上不同的人提供的回答也显得极为不同。此处值得关注的是以下三种可能性：（i）a_1 - a_3一致赞同 $\boldsymbol{n_i}$；（ii）a_1 - a_3一致赞同 $\boldsymbol{n_i}$；（iii）至少有一个 a_i 支

持 n_i，且至少有一个 a_j 支持 n_j……”

此段中加粗体字母应依次为：$\boldsymbol{a_2}$、$\boldsymbol{a_2}$、$\boldsymbol{n_2}$、$\neg \boldsymbol{n_i}$。

3. 第 47 页

原文：“在法律商谈（P^j）中，上述双重方面可以通过一套由法律商谈的特殊规则与形式构成的体系（p_2^j，$\cdots p_m^j$，）表现出来。”

应为：R_1^j，$\cdots R_m^j$，

4. 第 54 页

原文：

（5）：“制定法文本包含语句 P”

（6）：“包含在制定法文本中的语句 P 具有清晰的内容 I_i”

（7）：“包含在制定法文本中的语句 P 具有被解释的内容 I_j”

应为：

（5）P_i^1：“制定法文本包含语句 P”

（6）P_i^2：“包含在制定法文本中的语句 P 具有清晰的内容 I_i”

（7）P_i^3：“包含在制定法文本中的语句 P 具有被解释的内容 I_j”

5. 第 55 页

原文：“如果制定法文本具有人们赋予给它的内容，那么断言就为真。与此相应的，一项能够建立在断言基础之上的规范断言也为真。”

应为：“如果制定法文本具有人们赋予给它的内容，那么断言就为真。与此相应的，一项能够建立在断言 P_i^2 基础之上的规范断言也为真。”

6. 第 55 页

原文：“作为开端，可以确认将断言类型（7）区分为三种子类型。依照前面的术语，断言涉及的是解释断言。它指向了制定法文本 L 的意义内容。以为基础，我们总是可以表达以下规范断言：‘在（芬兰的）法律秩序中，具有内容 I_j 的规范 N 是有效的’。”

应为：“作为开端，可以确认将断言类型（7）区分为三种子类型。依照前面的术语，断言 P_i^3 涉及的是解释断言。它指向了制定法文本 L 的意义内容。以 P_i^3 为基础，我们总是可以表达以下规范断言：‘在（芬兰的）法律秩序中，具有内容 I_j 的规范 N 是有效的’。”

7. 第 64 页

原文：

$$
L \begin{array}{l} \nearrow P_{c1}(I_2) \overset{KOH}{\longleftrightarrow} S_i \\ \\ \searrow P_{c2}(I_2) \underset{KOH}{\longleftrightarrow} S_j \end{array}
$$

应为：

$$
L \begin{array}{l} \nearrow P_{c1}(I_1) \overset{KOH}{\longleftrightarrow} S_i \\ \\ \searrow P_{c2}(I_2) \underset{KOH}{\longleftrightarrow} S_j \end{array}
$$

8. 第77页，将“它们”改为“上文”。
9. 第80页，将“无防卫状态”改为“无辜与无防御状态”。
10. 第84页，将“juristische”改为“juridische”。
11. 第86页，将“之一”改为“首先”。

图书在版编目（CIP）数据

法学方法论论丛．第3卷／舒国滢主编．—北京：中国法制出版社，2016.1

ISBN 978－7－5093－6810－7

Ⅰ.①法…　Ⅱ.①舒…　Ⅲ.①法学－方法论－文集

Ⅳ.①D90－03

中国版本图书馆CIP数据核字（2015）第249811号

责任编辑　陈　兴　　　　封面设计　李　宁

法学方法论论丛．第3卷

FAXUE FANGFALUN LUNCONG. DISANJUAN

主编/舒国滢

经销/新华书店

印刷/人民日报印刷厂

开本/787毫米×1092毫米 16　　　印张/16　字数/248千

版次/2016年1月第1版　　　2016年1月第1次印刷

中国法制出版社出版

书号 ISBN 978－7－5093－6810－7　　　定价：49.00元

北京西单横二条2号　　　值班电话：66026508

邮政编码 100031　　　传真：66031119

网址：http：//www.zgfzs.com　　　**编辑部电话：66010405**

市场营销部电话：66033393　　　**邮购部电话：66033288**

（如有印装质量问题，请与本社编务印务管理部联系调换。电话：66032926）